Heaven 헤븐

My Trip to HEAVEN
by David E. Talyor

Copyright ⓒ 2011 by David E. Taylor

Published by Destiny Image
P.O. Box 310, Shippensburg, PA 17257-0310

Korean translation Copyright ⓒ 2011 by Pure Nard
2F 774-31, Yeoksam 2dong, Gangnam-gu, Seoul, Korea

The Korean edition is published by arrangement with Destiny Image.
All rights reserved.

본 저작물의 한국어판 저작권은 Destiny Image와의 독점 계약으로 한국어 판권은 '순전한 나드' 가 소유합니다.
저작권자의 허락 없이 이 책의 일부 또는 전체를 무단 복제, 전재, 발췌하면 저작권법에 의해 처벌을 받습니다.

헤븐

초판발행 | 2011년 2월 7일
3쇄 발행 | 2011년 2월 28일

지은이 | 데이비드 E. 테일러
옮긴이 | 임정아

펴낸이 | 허철
편집 | 송혜숙
디자인 | 오순영
인쇄소 | 고려문화사

펴낸곳 | 도서출판 순전한 나드
등록번호 | 제2010-000128
주소 | 서울 강남구 역삼2동 774-31 2층
도서문의 | 02) 574-6702 / 010-6214-9129
편집실 | 02) 574-9702
팩스 | 02) 574-9704
홈페이지 | www.purenard.co.kr

ISBN 978-89-6237-083-6   03230

헤븐

데이비드 E. 테일러 지음

이 책을 하나님 아버지께 바칩니다.
하나님은 내 나이 열일곱 살 때에 그분의 아들
예수님을 나타나게 하심으로써 나에게 계시하셨습니다.
하나님 아버지, 감사합니다.
또한 이 책을 나의 왕이시며 가장 친한 친구인 예수님께 바칩니다.
예수님은 내 삶의 이유이십니다.
인생에서 칠흑같이 어두운 시기를 지나는 동안에도
예수님은 줄곧 나와 함께하셨습니다.
나아가 이 책을 인격이신 성령님께 바칩니다.
성령님은 내가 이 땅에서 사는 동안
가장 친밀한 동반자이시며 친구이십니다.

-

내 영감의 원천이신 예수님께 감사드립니다.

목 차

서문 8

01 얼굴을 마주 보며 받은 제자 교육 15

02 수건을 제거하기 95

03 천국 심판대 앞에서의 만남-그리스도의 속죄소 139

04 주님이 나를 아들 됨과 승인으로 이끄시다 175

05 예수님이 예배와 도시들과 나라들 안에 영화롭게 나타나시다 223

06 2000년, 특별한 천국 여행 257

07 예수님의 인생 최대의 목적과 초점

   -하나님 아버지와 친밀함을 누리는 오른편 자리 301

08 예수님이 친히 나를 하나님 아버지께 소개하시다 341

미주 363

Heaven
My Trip to

Face-to-face with Jesus

목차 7

서문

이 책은 나의 첫 번째 저서인 『예수님의 얼굴』(The ultimate intimacy: Face to face appearances from Jesus, 순전한나드)의 후속편이다. 이 책의 취지를 더 철저하게 이해하기를 원하는 독자들은 부디 그 책을 꼭 읽어보라고 강력하게 추천하는 바다. 본서에 소개된 수많은 내용이 전편을 기반으로 쓰였기 때문이다. 그 책을 읽은 사람 중에 예수님으로부터 얼굴을 대면하는 방문을 받기 시작했다는 이들이 점점 많아지고 있다. 이 중에는 목사들, 사역자들, 사업가들도 있다. 그동안 한 번도 예수님을 만난 적이 없었던 수많은 남녀가 생전 처음으로 그리스도의 얼굴을 마주 대하는 체험을 했다고 고백한다. 첫 번째 책에서 나는 예수님이 내게 나타나셨던 경험들을 이야기했다. 당시 내 나이는 열일곱 살이었다. 그때만 해도 나는 구원받지 못한 상태로 여전히 세상에 빠져 허우적거리고 있었다. 갱단에 속하여 마약도 하면서 방탕한 삶을 살았다. 전편과 후편에서 나는 예수님의 나타나심을 경험한 사건들을 성령님의 인도하심에 따라 배열했다. 따라서 각각의 체험은 독자들이 쉽게 이해하며 따라올 수 있도록 일부러 시간적인 연속성을 고려하지 않은 채로 소개했다.

이 책에는 실제로 목격하고 체험했던 수많은 영광스러운 장면을 실었다. 몸을 빠져나가 예수 그리스도와 함께 천국으로 여행을 떠난 적도 있었다. 이 책을 읽을 때마다 매번 나는 그리스도와 천국을 이리저리 거닐던 순간의 영광스러움을 동일하게 경험하곤 한다. 예수님은 나를 데리고 지옥도 구경시켜주셨다. 본서에는 그때의 체험들을 통해 깨우친 경고의 내용들도 소개되어있다. 이 책은 예수님과의 대면이라는 주제를 다루는 다른 수많은 책과는 차별성을 가진다. 이 책에서 내가 진정으로 강조하는 것은 그리스도와의 관계(relationship)와 친밀함(in-timacy)이다. 그동안 예수님과 얼굴을 대면한 만남들이나 보좌에 계신 하나님 아버지와의 만남에 관해 쓴 책들을 여러 권 읽어보았다. 그중에서도 내가 가장 소중하게 여기는 세 권의 책이 있는데, 그 제목은 다음과 같다. 제시 듀플리안트(Jesse Duplantis)의 『*Heaven, Close encount-ers of the God kind*』(천국, 하나님과의 친밀한 만남들), 지옥을 방문한 경험을 저술한 메어리 캐더린 백스터(Mary K. Baxter)의 『정말 지옥은 있습니다』(*A Divine Revelation of Hell*), 릭 조이너(Rick Joyner)의 『빛과 어둠의 영적 전쟁』(*The Final Quest*). 그밖에도 토마스 주남(Choo Thomas)의 『천국은 확실히 있다』(*Heaven is so real*)와 빌 와이즈(Bill Wiese)의 『지옥에서의 23분』(*23 Minutes in hell*) 등이 있다. 이 중에서도 맨 처음에 언급한 세 권은 나에게 가장 깊은 통찰을 안겨준 책이다. 여기에서 주님은 한 가지 중요한 사실을 가르쳐주셨다. 주님이 이 책들의 여러 저자에게 주신 체험은 대부분 하나님으로부터 받은 약속들이나 과제들과 관련이 있었다. 주님이 그들에게 허락하신 경험들은 아마도 주님의 몸에 대한 그들의 사역과 관련이 있는 것으로 보인다. 다시 말해 그들의 체험은 오로지 주님과의 친밀함만을 강조하기 위한 것은 아닌 것 같다.

물론 예수님과 대면하는 만남은 부분적으로는 교회와 세상을 향한 하나님의 목적과 사명을 전달하려는 취지도 있다. 그러나 주님이 다른 그 무엇보다도 가장 소중히 여기시는 것은 친밀함이다. 그리스도께서 세상에 오신 이유도 순전히 이것 때문이었다. 주님은 우리와 하나님과의 관계를 화해시키려고 이 땅에 오셨다. 주님은 우리가 한때 잃어버렸던 하나님과의 친밀함을 다시금 회복시켜주기를 원하셨다. 이는 단순히 예수님 혹은 하나님 아버지의 얼굴을 대면하는 일회성 체험을 말하는 것이 아니다. 주님은 우리가 평생토록 하나님과 더불어 친밀한 관계를 누리며 살아가기를 바라신다. 나는 지난 이십여 년간 지속적으로 주 예수 그리스도의 얼굴을 대면하는 체험을 했다. 천국의 보좌를 방문하여 하나님 아버지를 뵈었던 적도 여러 번 있었다. 이 책은 그동안의 체험들을 담은 기록이기도 하다. 그때 이후로 이런 형태의 하나님과의 관계는 지금 이 순간까지도 줄곧 내 삶 속에서 지속된다. 당신도 나와 같은 삶을 살 수 있다. 본서는 단순히 하나님과의 일회적인 만남을 촉구하기 위해 쓰인 것이 결코 아니다. 이 책은 주님과의 친밀한 관계 가운데로 들어오라고 권유하는 초대장이다.

첫 번째 책에서는 하나님의 사랑에 관하여 나누었다. 얼굴을 마주 대하는 만남의 관계에서 하나님의 사랑은 긍휼과 자비를 통해 계시되었다. 후속편인 본서에서는 천국 방문에 대한 이야기와 더불어 내가 그동안 통과했던 성숙의 과정도 설명하려고 한다. 예수님이 이 성숙의 과정을 통과케 하신 이유가 있었다. 주님은 친히 아버지 하나님이신 여호와께 나를 '하나님의 아들'(Son of God)로서 소개시켜주려는 목적을 가지고 계셨다. 아울러 주님은 이 땅에서 이루어지는 사역에서 나를 하나님과 일대일로 동역할 수 있는 자로 준비시켜주기를 원하셨다. 어떤 독자들은 이 책의 일부 내용이 다소 이해하기 힘들다고 느낄 수도 있다. 분명히 말하자면 나는 이 책에서 하나님의 사랑에 내재된 또 다른 측면을 다루었다. 이 내용은 오늘날 주님의 몸 된 교회가 반드시 들어야만 하는 메시지다. 이 메시지는 우리를 더 높은 영역 안에서 하나님과 동행하면서 그리스도와 더 심오한 수준의 친밀함을 누리는 새로운 길로 안내할 것이기 때문이다. 하나님의 사랑은 징계를 통해서도 우리에게 계시된다.

> 여호와여 주로부터 징벌을 받으며 주의 법으로 교훈하심을 받는 자가 복이 있나니 (시 94:12)

> 주께서 그 사랑하시는 자를 징계하시고 그가 받아들이시는 아들마다 채찍질하심이라 하였으니 너희가 참음은 징계를 받기 위함이라 하나님이 아들과 같이 너희를 대우하시나니 어찌 아버지가 징계하지 않는 아들이 있으리요 (히 12:6-7)

당신은 예수님은 물론 하나님 아버지와 친분을 나누며 살아가기 원하는가? 그렇다면 당신은 주님이 베푸시는 훈련 과정을 반드시 통과해야 한다. 이 과정을 통과함으로써 주어지는 기쁨과 보상은 당신을 궁극적인 친밀함 가운데로 인도할 것이다. 이 부분에 관해서는 『예수님의 얼굴』에서는 단지 운만 떼어놓았을 뿐이다. 궁극적인 친밀함은 그리스도께서 당신에게 나타나시기 시작하는 시점에서 출발한다. 예수님의 얼굴을 마주 대하는 방문을 받는다는 것은 정말 경이로운 사건이다. 그러나 이러한 만남 자체가 중요한 것은 아니다. 예수님의 사명과 사역은 우리와 하나님을 화해시키시고 우리를 하나님 아버지께로 데려가시는 일이었다. 주님은 우리가 하나님 아버지께로 갈 수 있는 길을 이미 회복시켜놓으셨다. 이 길은 우리의 죄로 말미암아 한동안 상실되어있었다. 이것이야말로 가장 위대한 차원이요 최고의 영광이다. 예수님의 얼굴을 대면하는 것만으로는 충분치 못하다. 우리는 개인적인 방식으로 예수님에 의해 여호와 하나님께로 이끌려가야 한다. 하나님은 예수님의 아버지이지만, 동시에 우리의 아버지이기도 하다.

> 내 아버지께서 모든 것을 내게 주셨으니 아버지 외에는 아들을 아는 자가 없고 아들과 또 아들의 소원대로 계시를 받는 자 외에는 아버지를 아는 자가 없느니라 (마 11:27)

궁극적인 친밀함은 예수님만을 아는 것을 넘어서서 예수님을 보내신 하나님 아버지를 아는 것이기도 하다. 이 사실에 관해서는 예수님께서 요한복음 17장 3절에서 직접 말씀하셨다.

영생은 곧 유일하신 참하나님과 그가 보내신 자 예수 그리스도를 아는 것이니이다 (요 17:3)

당신을 하나님과 얼굴을 대면하는 관계로 인도하실 유일한 분은 바로 예수님이시다.

예수께서 이르시되 내가 곧 길이요 진리요 생명이니 나로 말미암지 않고는 아버지께로 올 자가 없느니라 (요 14:6)

예수님은 선지자들과 과거의 수많은 남녀를 보좌에 계신 하나님 아버지께로 데려가셨다. 이와 마찬가지로 예수님은 당신도 천국으로 인도하실 수 있다. 『예수님의 얼굴』과 그 후속편인 본서에 소개된 간증들과 가르침들을 통하여, 주님은 그동안 수천 명의 사람에게 나타나셨다. 나아가 주님은 그들로 하여금 영광스러운 천국 방문을 경험할 수 있게 해주셨다. 이제까지 내가 전해 들은 보고의 내용들은 정말 깜짝 놀랄 만한 것들이다. 자, 이제 자리에 앉아 안전벨트를 매라. 주님과 함께하는 영광스러운 천국 여행을 통해 굉장한 일들을 경험하게 될 것을 기대하라!

1

Face-to-face discipleship

얼굴을 마주 보며
받은 제자 교육

"예수님이 얼굴을
대면하는 방문을 통해
특별 훈련을 시작하시다."

Face-to-Face with Jesus

01

얼굴을 마주 보며 받은 제자 교육

Face-to-face discipleship

*"예수님이 얼굴을 대면하는
방문을 통해 특별 훈련을 시작하시다."*

주님의 개인적인 제자가 되다

Becoming His personal disciple

주님이 나에게 처음으로 나타나신 것은 열일곱 살 때였다. 그 무렵부터 주님은 나를 제자로 양육하기 시작하셨다. 당시만 해도 나는 주님이 친히 나를 훈육시키고 계신다는 사실을 미처 깨닫지 못했다. 그 때의 방문에서 주님은 가장 친했던 친구들마저 다 버리고 주님을 따라오라고 말씀하셨다. 주님이 나를 개인적으로 훈련시키시는 과정은 그후 일 년간 지속되었다. 내가 열여덟 살이 되었을 때, 주님은 내게 주님의 종으로서 복음을 전하라는 사명을 위임하셨다. 그 후 열아홉 살이 되자, 주님은 내가 과연 믿음으로 행하는지를 테스트하신 후에, 나를 주님의 친구라고 불러주시기 시작하셨다. 주님은 내가 경력과 고향도 모두 포기하고 주님이 가라고 하시는 곳은 어디든지 순종하여 가려는 마음이 있는지를 확인해보기 원하셨다. 나는 주님의 말씀에 순종했다.

내가 처음으로 주님의 부르심에 순종한 후, 나는 방문의 특성이 이전과는 사뭇 달라졌음을 알아차렸다. 이후의 방문들에서 주님은 다른 사람들 앞에서도 나를 주님의 친구라고 불러주셨다. 열아홉 살 무렵에 주님이 요구하시는 순종의 조건들을 충족시켜드렸다는 점을 나는 깨닫지 못했다. 나는 단지 주님을 사랑했을 따름이었다. 오늘날과는 달리 그 당시에는 실제로 내게 일어나던 일들에 관해서 계시조차 가지고 있지 못했다. 열아홉 살의 나이에 나는 이미 삼 년 동안이나 지속적으로 주님과 동행하는 삶을 살고 있었다. 그러는 사이에 나도 모르게 아브라함과 같은 방식으로 순종과 믿음의 테스트도 통과한 것이다. 주님은 내게 돈 한 푼 없는 상태로 주님이 명령하시는 일을 하겠느냐고 물으셨고, 나는 실제로 그 일을 했다. 나는 단순히 주님을 믿었다. 그 일을 할 때만 해도 나는 그것이 얼마나 중대한 의미가 있는지 알지도 못했고 깨닫지도 못했다. 그러나 오랜 세월이 지나고 나서야 비로소 주님은 내가 주님과 동행하기 시작한 순간부터 주님의 개인적인 제자이자 학생이었고 문하생이었다고 말씀하셨다. 주님은 내게 모든 것을 포기하라고 요구하셨다. 주님은 경력을 비롯하여 어린 시절부터 살았던 도시마저 버리기를 원하셨다. 주님은 내게 오직 믿음만을 가지고 주님을 따라오라고 하셨다. 나는 주님의 명령에 순종하기 시작했다. 부모님, 가장 친한 친구들, 심지어 내 목숨보다도 훨씬 더 많이 주님을 사랑하고 싶었다. 당시에는 잘 알지 못했지만, 주님은 나를 제자 양육의 수준으로 이끄셨다. 바로 그 무렵 나는 처음으로 열린 환상을 보았고 예수님과 얼굴을 마주 대하고 서있는 체험을 하였다. 순종의 시험을 통과하고 난 후부터 방문의 양상이 변화되고 있었다. 주님과 얼굴을 대면하는 만남들이 시작되고 있었다. 그 만남이 이루어질 때마다 매번 주님은 나를 직접적으로 가르쳐주셨고 제자로 양육시켜 주셨다.

예수님의 개인적인 제자가 되는 법
How to become a personal disciple of Jesus

예수님에게 개인적으로 훈련받다

나는 예수님께 개인적으로 훈련받는 제자가 되어있었다. 물론 이런 상황을 제대로 알고 있지는 못했다. 나는 주님을 따르기 위해 모든 것을 포기한 상태였다. 그 무렵에 주님은 또 다시 나를 방문하셨다. 그리고는 아브라함이 걸었던 믿음의 행보와 동일한 방식의 삶을 살아가라고 말씀하셨다. 주님은 내게 모든 것을 버려두고 주님이 인도하시는 대로 따라오라고 하셨다. 이는 내가 주님의 개인적인 학생이 되었음을 의미했다. 달리 표현하자면 주님이 나의 개인적인 스승이자 교관이 되어주셨다.

'제자'(disciple)라는 단어는 헬라어 '마테타스'(mathetas)에서 유래한 '훈련'(discipline)과 어원이 같다. '마테타스'는 '배우는 사람, 학생, 교육받고 훈련받을 학생으로서 명부에 등록된 사람'이라는 뜻이다.[1] 훈련 과정에서 주님은 우리에게 무언가를 확증시켜주시기도 한다. 그뿐만 아니라 훈련 과정에는 이따금씩 (진실하게 주님을 따르는 사람이라면) 주님이 우리 삶 속에 존재하는 무질서한 것들을 바로잡아 주시는 일도 포함된다. 제자가 된다는 것은 곧 훈련을 받는다는 의미다.

당신도 예수님의 얼굴을 마주 보면서 제자 교육을 받을 수 있다
You can have personal face-to-face discipleship from Jesus

주님이 얼굴을 마주 보면서 일대일의 특별 훈련을 받을 수 있게 하신 까닭은 내가 사도의 직임으로 부르심을 받았기 때문은 아니었다. 물론 사도 사역에 대한 부르심을 위해서는 주님과 얼굴을 대면하는 방문을 반드시 체험해야 한다. 그런데 성경에서 예수님은 주님께 오는 자는 '누구든지'(any man) 주님의 제자가 될 수 있다고 말씀하신다.

무릇 내게 오는 자(any man)가 자기 부모와 처자와 형제와 자매와 더욱이 자기 목숨까지 미워하지 아니하면 능히 내 제자(my disciple)가 되지 못하고 (눅 14:26)

예수님은 모든 사람을 지칭하셨다. 성령님께서는 이 성경 구절에서 내게 또 하나의 요지를 조명하셨다. 본문에서 예수님은 '내 제자'(my disciple)라는 말에 역점을 두셨다. '내'(my)라는 단어를 통해 주님이 우리를 훈련시키시고 양육시키시는 일에 대한 책임을 몸소 떠맡으시겠다는 점을 강조하셨음을 알 수 있다. 이 구절을 읽는데 내 안에 굉장한 경이로움이 느껴졌다. 이 성경 구절에서 비로소 깨닫게 된 사실이 있다. 예수님이 나와 얼굴을 대면하려고 찾아오신 목적은, 부분적으로는 성경 말씀 중에 내가 잘 이해하지 못하는 내용들을 가르쳐주시기 위함이었다.

때때로 나는 잠자는 동안에 천국으로 빠르게 이끌려가곤 했다. 예수님 앞으로 인도되어 예수님께 필요한 가르침을 받기도 했다. 이 내용은 본서의 뒷부분에서 좀 더 구체적으로 이야기하겠다. 자, 이제 준비를 갖추라! 예수님은 당신이 주님의 개인적인 제자가 될 수 있는 방법을 이미 성경에서 말씀하셨다. 예수님이 지정하신 패턴을 제대로 준수하며 따라가기만 한다면, 당신도 반드시 나와 같은 체험들을 하게 될 것이다.

주님이 명령하시는 일은 무엇이든지 그대로 순종하여 행할 때, 이 두 가지 관계는 모두 이루어질 수도 있다. 주님의 제자가 되기 원한다면, 당신은 그동안 소유하던 모든 것을 버리고 다른 그 누구보다도 주님을 더욱 사랑하라는 명령에 순종해야 한다. 내가 구원을 받고 몇 년이 지난 후 주님은 아직 대학생이었던 내게 복음을 전하는 사역자가 되라고 말씀하셨다. 이 일은 종 됨(servanthood)의 수준에서 시작되었다. 최초로 예수님의 방문을 받았던 순간부터, 주님은 가장 친했던 친구들도 버리고 내 목숨마저 포기한 채 나아가 주님을 따를 것을 요구하셨다.

그렇다면 주님이 당신과 얼굴을 대면하는 만남을 시작하셨을 때, 주님과 당신과의 관계가 어떤 수준에 있는지 판별할 수 있는 기준은 무엇일까? 주님이 당신에게 세상의 그 무엇보다 주님을 더욱 사랑하며 모든 것을 버리고 주님께 순종하라고 요구하시는가? 주님이 당신에게 나타나셔서 개인적인 제자 양육에 관한 사항들을 가르쳐주고 계신가? 이 경우는 주님이 당신을 제자로 훈련시켜주시는 수준에 해당한다. 주님이 당신을 방문하셔서 당신이 해야 할 사역이나 과제를 위임하고 계신가? 이 경우는 아마도 종의 수준에 해당할 것이다. 혹시 당신은 예수님과 함께 시간을 보내면서 주님과 단둘이서 사귐을 누리고 있는가? 그렇다면 당신은 친밀함을 경험하는 중이다. 이상에 언급된 관계의 모든 측면은 종종 겹칠 때가 많다. 다시 말해서 제자 양육과 종 됨의 수준을 동시에 경험할 수도 있다. 당신은 주님의 나타나심이 지니는 각각의 상이한 양태들을 구분할 줄 알아야 한다. 그래야만 주님이 당신에게 어떤 수준의 관계를 원하시는지, 또한 당신이 주님과 어떤 수준에서 관계를 주고받고 있는지를 분별할 수 있다.

당신은 어느 누구보다도 주님을 더욱 사랑하는가?
Do you love Him more than anybody?

내가 주님을 알게 된 것은 십대 무렵이었다. 그런데 그때부터 이미 주님은 내게 가장 친했던 친구보다 더욱더 주님을 사랑하라고 요구하셨다. 나아가 내가 주님의 제자로서 전심으로 주님을 따라갈 수 있으려면 친한 친구들과의 관계도 끊어버려야 한다고 말씀하셨다. 그 후 대학생이 되었을 때는 또 다른 수준에서 주님을 따라오도록 하셨다. 곧바로 주님은 나를 종 됨의 차원으로 이끌어가셨다. 남녀노소를 불문하고 얼마나 많은 사람이 주님께서 진정으로 원하시는 바를 이행하지 못하고 살아가는지 아는가? 그들이 주님께 전적으로 순종하지 못하는 이유는 경건한 관계 속에 존재하는 불경건한 혼의 묶임들(soulties) 때문이다. 여기에는 아내나 남편, 아버지, 어머니, 자녀들, 친구들, 심지어 자기 자신과의 관계 등도 포함된다. 하나님은 사람들에게 이런 관계들을 허락하셨다. 그러나 사람들은 이러한 관계에 지나치게 밀착되어있고 혼적으로 깊이 묶여있는 나머지, 하나님이 그 관계들을 포기하고 주님의 뜻을 따르라고 요구하시기라도 하면, 이내 갈등 상황에 빠져버리고 만다. 예수님이 말씀하시려는 요지는 다음과 같다. 우리는 다른 사람들을 사랑하는 것보다 훨씬 더 많이 주님을 사랑해야 한다. 주님을 향한 사랑이 매우 크기에 마치 우리가 다른 사람들을 미워하는 것처럼 보일 수도 있다. 그러나 주님은 우리에게 다른 사람들을 미워하라고 말씀하시는 것이 아니라, 단지 그들보다 주님을 더 많이 사랑하기를 원하시는 것이다. 따라서 이 맥락에서 '미워하다'는 덜 사랑한다는 것을 의미한다. 그 누구도 우리의 마음과 정신(mind) 속에 마련된 주님을 위한 자리를 대신 차지해서는 안 된다. 주님은 당신의 마음속에 있는 주님을 향한 친밀함을 그 무엇보다도 소중히 여기신다. 그러므로 당신도 마땅히 이를 소중히 여겨야 한다.

예수님은 성경에서 서로 다른 관계의 수준들을 언급하신다
Jesus mentions different dimensions of relationship in scripture

처음에 제자들은 학생의 신분으로 주님과 관계를 주고받았다. 그들은 예수님으로부터 개인적인 훈련을 받았다. 예수님은 그들에게 하나님의 나라를 전파해야 할 사명을 주어 파송하셨고, 이때부터 그들과 주님과의 관계는 또 다른 수준으로 옮겨갔다. 바로 종 됨의 수준이었다. 그 후에 예수님이 주님의 종들을 친구로 승격시켜주시는 모습을 볼 수 있다(요 15장 참조). 제자들은 예수님과 매일매일 친밀하게 동행하던 삼 년 반 동안에 관계 안에 내재된 서로 다른 수준들을 모두 통과하면서 계속해서 변화되었다. 이와 같은 일은 오늘날 하나님과 동행하며 살아가는 우리에게도 동일하게 적용된다.

우선 우리는 예수님의 학생이자 제자의 수준에서 시작한다. 마치 교실과도 같은 분위기에서, 우리는 현장에서 주님을 섬겨드림으로써 주님의 사역을 도와드린다. 그런 다음에는 제자와 종의 수준에서 친구의 수준으로 옮겨가야 한다. 요한복음 15장 15절에서 예수님은 제자들을 종에서 친구로 승격시켜주셨다. 그러나 단지 주님이 성경에 이런 사실을 언급하셨다고 해서, 자동적으로 다음 수준의 관계로 나아가게 되는 것은 결코 아니다. 우리와 주님과의 관계가 지속적으로 성장하기 위해서는 반드시 충족되어야 할 조건들이 있다. 제자들은 모든 것을 버리고 주님을 좇음으로써 궁극적인 대가를 치렀다.

> 이제부터는 너희를 종이라 하지 아니하리니 종은 주인이 하는 것을 알지 못함이라 너희를 친구라 하였노니 내가 내 아버지께 들은 것을 다 너희에게 알게 하였음이라 (요 15:15)

본문에서 주님은 '이제부터는'이라는 표현을 사용하신다. 다시 말해, 지금 이 순간 이후로부터는 우리를 섬김(service)의 수준에서 우정(friendship)의 수준으로 이동시켜주시겠다는 말씀이다. 예수님이 통과케 하시는 과정은 다음과 같다. 우선은 제자로 양육시키신다. 그런 다음 종의 수준으로 부르시고, 궁극적으로는 우정의 관계로 이끄신다. 나는 이미 젊은 시절에 이 모든 단계를 통과하고 있었다. 그러나 당시에 나는 하나님의 말씀을 제대로 알지 못했기에 도대체 내가 무슨 과정을 통과하는지 정확히 인식하거나 분별하지 못했다. 여기서 내가 말하려는 요지를 오해하지 말기 바란다. 주님은 당신이 주님과 우정을 나누는 수준으로 옮겨갔다고 해서 양육을 중단하시지는 않는다. 당신이 하나님과 친구 관계가 된 이후에도, 여전히 주님은 당신을 종이요 제자로서 대하신다. 주님은 당신의 삶에서 이러한 관계의 기반들을 계속 구축해가고 계신다. 하나님과 당신 사이에 이루어지는 관계의 각 수준은 지속적으로 확장되고 점점 더 심오한 차원으로 발전된다. 시간이 지남에 따라 당신은 더 위대한 제자, 더 위대한 종, 더 위대한 친구로 발전하는 것이다. 이 과정은 결코 중단되거나 소멸되지 않는다. 하나님이 우리에게 가르쳐주셔야만 하는 것들은 무궁무진하다. 내가 하나님과 우정을 나누는 과정으로 들어간 이후에도 나는 하나님의 부르심과 과제를 감당할 수 있는 자로서 온전히 준비되기 위해서는 아직도 갈 길이 요원한 상태였다.

첫 번째 수준: 예수님과의 제자 양육 관계

내 제자

> 무릇 내게 오는 자가 자기 부모와 처자와 형제와 자매와 더욱이 자기 목숨까지 미워하지 아니하면 능히 내 제자가 되지 못하고 (눅 14:26)

예수님의 제자가 되기 위한 조건들

- 주님의 말씀 안에 머물러야 한다(요 8:31 참조).
- 자기를 부인하고 날마다 자기 십자가를 져야 한다(눅 9:23, 눅 14:26-

27 참조).

- 열매를 맺어야 한다(요 15:8 참조).
- 자기 소유를 다 버려야 한다(눅 14:33 참조).
- 자신의 목숨을 비롯하여 모든 절친한 관계보다 주님을 더 사랑해야 한다(눅 14:26 참조).
- 예수님을 따라가야 한다(눅 9:23 참조).
- 주님을 부끄러워하거나 주님을 부인하지 말아야 한다(마 10:33, 막 8:38, 눅 9:26 참조).

예수님의 제자에게 주어지는 보상

- 박해도 받겠지만 관계들과 땅과 모든 것을 백배나 받을 것이다(마 19:29, 막 10:28-31 참조).
- 새 세상에서 보좌에 앉아 지정된 나라들을 주님과 함께 심판하고 다스릴 것이다(마 19:27-30 참조).
- 내세에서 영원한 생명을 얻을 것이다(마 19:29 참조).
- 예수님으로부터 왕권을 받을 것이다(눅 22:28-29 참조).
- 주님의 나라에 들어가 주님의 밥상에서 함께 먹고 마시는 기회를 누릴 것이다(눅 22:28-30 참조).

두 번째 수준: 예수님과의 종 됨의 관계

나를 섬기는 자

사람이 나를 섬기려면 나를 따르라 나 있는 곳에 나를 섬기는 자도 거기 있으리니 사람이 나를 섬기면 내 아버지께서 그를 귀히 여기시리라 (요 12:26)

종의 조건들

- 예수님을 따라야 한다(요 12:26 참조).
- 영적으로나 신체적·정신적·정서적으로 예수님이 계신 곳에 함께 있어야 한다(요 12:26 참조).
- 작은 일에 신실해야 한다(마 25:21, 23, 눅 16:10, 19:17, 고전 4:2 참조).
- 슬기로워야 한다(마 24:45 참조).
- 착해야 한다(마 25:3 참조).
- 주님의 뜻을 알아야 한다(눅 12:47 참조).
- 자신을 준비해야 한다(눅 12:47 참조).

예수님의 종에게 주어지는 보상

- 하나님 아버지께서 그를 높여주실 것이다(요 12:26).

주님의 친구에 비교하여 주님의 종이 가지는 약점

종은 주인이 하는 것을 알지 못함이라 (요 15:15)

주님의 친구는 주님이 하시는 일을 모두 알고 있다. 그러나 주님의 종은 주님이 무엇을 행하시는지 알지 못한다.

세 번째 수준: 예수님과의 우정

나의 친구

너희는 내가 명하는 대로 행하면 곧 나의 친구라 이제부터는 너희를 종이라 하지 아니하리니 (요 15:14-15)

예수님과 우정을 나누기 위한 조건들

- 주님이 우리에게 무엇을 명하시든지 그대로 행해야 한다(요 15:14 참조).

예수님의 친구에게 주어지는 보상

- 예수님은 하나님 아버지에게서 들으신 모든 것을 우리에게 알려

주신다. 주님은 우리와 친밀함을 주고받으신다. 종은 예수님과 이런 식의 관계는 누리지 못한다(요 15:15 참조).

네 번째 수준: 주님과의 아들 됨의 관계

하나님의 아들이 되기

영접하는 자 곧 그 이름을 믿는 자들에게는 하나님의 자녀가 되는 권세를 주셨으니 (요 1:12)

아들 됨의 조건들

- 예수님을 믿어야 한다(요 1:12 참조).
- 예수님을 맞아들여야 한다(요 1:12 참조).
- 주님의 징계와 훈육과 채찍질과 꾸지람을 인내해야 한다(히 12:7 참조).
- 하나님의 영으로 인도함을 받아야 한다(롬 8:14 참조).
- 하나님의 말씀 안에서 지도와 훈련을 받아야 한다(갈 4:1-2 참조).
- 고난을 통해 순종을 배워야 한다(히 11:8 참조).

하나님의 아들에게 주어지는 보상

- 하나님의 상속자-하나님으로부터 유업을 받는다(롬 8:17 참조).
- 예수님과 공동 상속자가 된다(예수님은 당신의 형님이다). 당신은 예수님이 하나님의 나라에서 이미 유업으로 받으신 것들을 동일하게 상속받게 될 것이다(롬 8:17 참조).
- 그리스도와 함께 영광을 받을 것이다(롬 8:17 참조).

※ 참고 사항: 이 언약의 내용에 관해서는 나의 첫 번째 책을 참고하기 바란다.

다섯 번째 수준: 하나님과의 결혼 언약

결혼 언약-하나님이 '선택하신 자'와 맺으신 언약

> 내가 네게 장가들어 영원히 살되 공의와 정의와 은총과 긍휼히 여김으로 네게 장가들며 진실함으로 네게 장가들리니 네가 여호와를 알리라 (호 2:19-20)

결혼 언약의 조건들

- 주님과 연합해야 한다. 영 안에서 하나가 되어 주님과 결혼한다(고전 6:17 참조).
- 당신의 몸을 특별한 방식으로 구별하여 주님께 드려야 한다. 죄와 타락, 음행 등을 멀리해야 한다. 당신의 몸을 온전히 성별하여 주

님께 영원히 바쳐야 한다(고전 6:13-20 참조).
- 영적인 옷을 깨끗하고 정결하게 함으로써 스스로 준비하고 있어야 한다(계 19:7-8 참조).
- 당신은 주님으로 영적인 혼인 예복을 입어야 한다(마 22:1-14 참조).
- 당신은 이 결혼 언약 안에서 다음과 같은 다섯 가지 방식으로 주님께 영원토록 헌신하고 순복해야 한다.

    A. 정의(in righteousness)

    B. 공평(in judgment)

    C. 사랑(in loving kindness)

    D. 긍휼(in mercies)

    E. 성실한 마음(in faithfulness)

주님과 결혼한 자, 주님께 선택받은 자에게 주어지는 보상

- 당신과 주님 사이의 관계가 점점 성숙해지고 당신이 주님을 결혼 언약 안에서 받아들임에 따라, 주님은 특별한 방법들을 사용하셔서 당신이 주님과 누리는 관계를 보호하시고 당신의 구원을 보장하실 것이다.

    A. 징계와 위험의 시기를 지나는 동안에, 마지막 때의 환난의 날들을 줄여주심으로써 선택하신 자의 구원을 보장하신다(마 24:22 참조).

    B. 당신의 구원을 보장해주시기 위하여 죽음으로 심판하신다(고

전 5:5, 12:30-32 참조).

C. 당신이 사탄에게 넘겨져 어떠한 형태로든 심판을 당하도록 허락하시는 이유는 당신을 영원히 죽지 않고 살 수 있게 하시기 위해서다(고전 5:5 참조).

D. 주님은 선택하신 자들이 영원히 살 수 있게 하시려고 때와 시간과 계절을 주관하신다. 주님은 이 결혼 언약을 영원히 당신과 함께하는 영속적인 언약으로 맺어놓으셨기 때문이다(호 2:19, 마 24:22 참조).

※ 참고 사항: 이 언약의 내용은 『예수님의 얼굴』을 참고하기 바란다.

여섯 번째 수준: 주님과의 사랑 언약 관계

배우자를 향한 사랑을 초월하다

그대는 내게 심히 아름다움이라 그대가 나를 사랑함이 기이하여 여인의 사랑보다 더하였도다 (삼하 1:26)

사랑 언약의 조건들

- 당신은 결혼한 두 남녀 간에 이루어지는 자연적인 사랑보다 훨씬 더 깊이 하나님을 사랑해야 한다. 사랑 언약 안에서 주님을 향한

당신의 사랑은 결혼 언약에서의 사랑의 분량을 훨씬 더 능가해야 한다(삼하 1:26 참조).

• 당신은 자신을 사랑하는 것만큼, 아니 그보다 훨씬 더 많이 주님을 사랑해야 한다(삼상 25:26, 눅 14:26 참조).

예수님과의 사랑 언약 관계에서 주어지는 보상

• 당신이 죽었거나 천국에 간 이후에도, 당신과 당신의 가족들(당신의 가족은 누구든지)에게 특별하고 영원한 긍휼과 자비의 언약이 적용된다(삼하 9:1, 사 55:3 참조).

※ 참고 사항: 이 언약의 내용에 관해서는 『예수님의 얼굴』을 참고하라.

일곱 번째 수준: 주님과의 오른편 언약 관계

하나님의 오른편에 앉으시다

> 그러므로 너희가 그리스도와 함께 다시 살리심을 받았으면 위의 것을 찾으라 거기는 그리스도께서 하나님 우편에 앉아 계시느니라 (골 3:1)

> 내 좌우편에 앉는 것은 내가 주는 것이 아니라 내 아버지께서

누구를 위하여 예비하셨든지 그들이 얻을 것이니라 (마 20:23)

주님과의 오른편 언약 관계의 조건들

- 하나님 아버지만이 당신을 하나님의 오른편에 계신 예수님 옆에 앉게 하실 권세를 지니신 분이심을 잘 이해해야 한다. 이 일은 오직 하나님 아버지에 의해서만 이루어진다(마 20:23 참조).
- 당신은 예수님의 생명 안에서 이 자리를 얻기에 적합한 자로 하나님 아버지에 의해 준비되어야 한다(마 20:23 참조).
- 주님을 사랑하라는 첫째 되고 가장 위대한 계명에서 벗어나서는 안 된다(마 22:37-38 참조).
- 주님과의 첫사랑을 절대로 잊지 말아야 한다. 주님을 향한 당신의 사랑은 점점 증가되어야 하며, 줄어들거나 소멸해서는 안 된다(계 2:1-3 참조).
- 이 세상에서 주님을 위해서나 동료 형제자매를 위해서 순교자가 되어 죽는 한이 있더라도, 기꺼이 주님을 사랑해야 한다(마 10:38 참조).
- 이 땅에서 사는 동안 주님에 대한 사랑이 영원토록 증가되는 길로만 가야 한다(엡 3:19 참조).
- 이 세상의 그 무엇이나 그 누구보다도 예수님을 훨씬 더 사랑해야 한다(마 10:37 참조).
- 설령 당신이 가진 모든 것을 잃게 될지라도, 당신의 삶의 초점은

주님을 사랑하는 것이 되어야 한다(빌 3:7-8 참조).
- 예수님을 향한 당신의 사랑은 하나님 아버지에 의해 준비되고 인정받고 귀히 여기심을 받고 칭찬을 받아야 한다(마 20:23 참조).

주님과의 오른편 언약에 따르는 보상

- 주님께서 친히 당신의 상급과 보상이 되어주실 것이다(빌 3:8, 14 참조).
- 당신은 예수님과 영원토록 특별한 관계와 심오한 친밀함을 누릴 것이다. 이러한 관계를 열심히 추구하는 사람은 극소수일 것이고, 마침내 도달하는 사람은 더 극소수에 불과할 것이다(빌 3:14, 고전 9:24-25 참조).
- 하나님 아버지께서 친히 당신을 하나님의 오른편에 계신 예수님의 옆 자리에 앉게 하실 것이다(마 20:23 참조).
- 당신은 성자 예수님을 사랑한 까닭에 하나님 아버지로부터 최고의 영예를 받게 될 것이다(요 16:27 참조).
- 당신은 하나님 아버지의 온 제국(empire)에서 예수님처럼 큰 능력과 권세를 부여받는 영예를 누릴 것이다. 그뿐 아니라 당신에게는 하나님의 온 제국 중에 성부 하나님이 예수님께 주신 왕국(kingdom)에서 최고 권력의 자리가 주어질 것이다(눅 22:29-30 참조).

※ 참고 사항: 이 언약의 내용에 관해서는 『예수님의 얼굴』을 참고하기 바란다.

여덟 번째 수준: 여호와 하나님 아버지와의 언약 관계

예수님은 우리에게 하나님 아버지를 소개하고 계시하신다

> 내 아버지께서 모든 것을 내게 주셨으니 아버지 외에는 아들을 아는 자가 없고 아들과 또 아들의 소원대로 계시를 받는 자 외에는 아버지를 아는 자가 없느니라 (마 11:27)

이 언약 관계의 조건들

- 우선은 예수님을 인정하고 받아들여야 한다(요 13:20, 막 9:37, 요일 2:23, 요이 1:9 참조).
- 하나님의 아들이신 예수님을 사랑해야 한다(요 14:21, 23, 요 16:27 참조).
- 하나님의 아들이신 예수님을 공경해야 한다(요 5:23, 14:21, 23, 16:27 참조).
- 예수님의 인도하심을 받아서 하나님 아버지께로 나아가야 한다(마 11:27, 요 14:6 참조).

이 언약 관계에 따르는 보상

- 하나님 아버지께서 특별한 방법으로 우리에게 사랑을 드러내시겠

다고 약속하신다(요 14:21, 23 참조).
- 하나님 아버지께서 친히 우리에게 오시겠다고 약속하신다(요 14:23 참조).
- 예수님처럼 하나님 아버지께서도 우리를 처소로 삼으셔서 우리와 함께 머무시고 우리와 함께 살아가실 것이다(요 14:23 참조).
- 예수님은 우리와 하나님 아버지와의 관계가 증진될 것이라고 약속하셨다. 이는 우리가 예수님의 이름으로 직접 하나님 아버지께 기도를 드릴 수 있게 된 것을 염두에 두고 하신 말씀이다(요 16:26-27 참조).
- 예수님은 하나님 아버지를 당신에게 계시하실 것이다(마 11:27 참조).
- 예수님으로 말미암아 당신은 하나님 아버지와 대면하여 만나는 온전한 화해를 이루게 될 것이다(요 14:6, 고후 5:18-20 참조).

※ 참고 사항: 이 언약의 내용에 관해서는 나의 첫 번째 책인 『예수님의 얼굴』을 참고하기 바란다.

얼굴을 마주 보며 가르쳐주시는 교사
The face-to-face teacher

예수님이 나타나셔서 얼굴을 마주 보며 훈련시켜주시는 목적과 의미

이 장을 집필하는 주된 목적은 내가 예수 그리스도와의 직접적인 만남을 통해 초자연적으로 훈련과 지도를 받을 수 있게 된 이 경이로운 기회를 당신에게 상세히 설명하기 위함이다. 그런데 이와는 대조적으로 오늘날 너무나도 많은 사람이 단지 사람에게 훈육을 받는 수준에만 머물고 있다. 그들은 하나님으로부터 직접 양육을 받은 경험이 한 번도 없다. 물론 내가 하나님의 종들이 오중 사역(five-fold ministry)을 통해 행하는 제자 양육을 평가절하하려고 이런 말을 하는 것은 결코 아니다. 나는 하나님을 믿는 신자들을 단 한 명이라도 비난하고 싶은 마음은 없다. 실제로 예수님은 우리에게 온 세상으로 나아가 모든 사람을 제자(학생, 문하생)로 삼으라고 명령하셨다. 주님은 우리가 그들의 개인적인 교사가 되어, 그들에게 우리가 들은 주님의 말씀들을 가르쳐서 지키게 하라고 말씀하셨다. 영적인 아버지들, 멘토들, 높은 위상과 지혜를 갖춘 사람들에게 훈련과 양육을 받는다는 것은 무척 훌륭한 일이며 성경적으로도 옳다. 이런 형태의 제자 양육은 다른 방법을 통해서는 도저히 터득할 수 없는 소중한 교훈들을 배울 수 있게 한다. 그뿐만 아니라 다른 사람이 여러 해에 걸쳐 어렵사리 체득한 지식을 짧은 시간 안에 획득함으로써 그만큼 세월을 아낄 수 있다. 한편 성경은 세례 요한도 제자들을 거느리고 있었다고 언급한다. 엘리야도 선지자의 생도들이라 불리던 이들과 함께 엘리사를 훈련시킴으로써 하나의 본보기가 되었다. 여기서 선지자의 생도들이란 엘리야의 예언 사역을 통해 훈련받고 있었던 학생들과 제자들을 말한다. 주님이 이 땅의 교사들에게 주님의 백성을 맡기셨다는 사실은 성경에서도 명백히 언급되어있다. 그러나 나는 지금 당신에게 무척 멋진 기회와 계시에 관한 이야기를 전하는 중이다. 예수님은 성경에서 당신을 주님의 개인적인 학생으로 받아들이시겠다고 이미 약속하셨다.

주님은 당신과 얼굴을 마주하고 가르치시는 개인교사가 되어주신다
He will be your face-to-face rabonni-teacher

> 너희가 나를 선생이라 또는 주라 하니 너희 말이 옳도다 내가 그러하다 (요 13:13)

그동안 예수님은 우리의 삶 속에서 구원자, 구속자, 치유하시는 분 등의 이름으로 나타나셨다. 그러나 이제부터는 주님, 랍오니(rabonni), 선생님 등의 칭호가 당신의 삶 가운데에서 선포될 것이다. 당신은 이런 모습의 예수님에 대해 어떻게 생각하는가? 예수님은 당신을 사랑하신다. 그러므로 예수님이 당신에게 나타나시는 일은 매우 경이로운 체험이자 기회다. 주님은 성경 속 옛 시대의 사람들에게 나타나신 방식대로 당신에게도 꿈을 통해, 열린 환상을 통해, 비몽사몽(trance) 간에, 유체이탈(out-of-body) 체험 등을 통해 나타나신다. 주님은 오늘날도 여전히 이러한 방법들을 사용하셔서 당신을 가르치시고 훈련시키신다. 예수님이 어떻게 나의 개인적인 삶 속에 이런 일들을 행하셨는지에 관해서는 이미 소개한 바 있다. 주님은 오직 나 한 사람만을 주님의 개인적인 학생으로 훈련시키신 것이 아니었다. 나는 그동안 직원들의 삶과 우리가 사역하는 사람들의 삶에서도 동일한 일들을 행하시는 모습을 목격해왔다.

내가 사람들에게 강조하는 것이 있다. 그들이 실제로는 나를 통해 훈련과 제자 양육을 받고 있지만, 만일 그들이 기꺼이 대가를 치르고 희생할 마음만 있다면, 그들도 얼마든지 나처럼 예수님과 얼굴을 마주 보면서 주님에게 개인 교습을 받을 수 있다는 점이다. 주님은 그들과 얼굴을 대면하는 친구가 되어주고 싶어 하시는 만큼, 그들을 위해 얼굴을 마주 보며 가르치시는 교사도 되기를 원하신다. 이제까지 나는 사람들에게 다음과 같은 사실을 가르쳐왔다. "예수님께서 여러분을 이곳에 보내주셨고, 저로 하여금 여러 해 동안 주님께 직접 배운 내용들을 여러분에게 가르치고 훈련하고 양육하도록 하셨습니다. 그러나 저는 어떻게 여러분도 저처럼 예수님의 개인적인 학생이 되어 주님과 얼굴을 마주 보며 가르침을 받을 수 있는지, 또한 이 일을 위해 치러야 할 대가는 무엇이며 통과해야 할 과정은 무엇인지에 관해서도 소개하고자 합니다. 저는 『예수님의 얼굴』에서 제가 주님과 얼굴을 마주 대하는 친구 사이로 지내게 된 경위를 말씀드렸습니다. 이와 마찬가지로 주님은 여러분을 위해서도 얼굴을 마주 보며 가르쳐주시는 교사가 되어주실 것입니다. 저는 지금까지도 줄곧 주님께 개인적인 훈육을 받으며 살고 있습니다. 주님은 제게 하셨던 것과 유사한 방식으로 여러분을 개인적으로 훈육시켜주기를 원하십니다." 다시 말해 이제 예수님은 교사의 모습으로 당신에게 계시될 것이다. 예수님은 당신을

'내 제자'(요 8:31)로 친근하게 알아주실 것이다. 정말 굉장한 일이지 않은가!

예수님은 성경을 계시하시는 분
Jesus is a revelator of the Scriptures

이에 그들의 마음을 열어 성경을 깨닫게 하시고 (눅 24:45)

주님은 그동안 주님의 나타나심을 체험하는 각양각색의 소중한 사람을 내 사역에 붙여주셨다. 주님은 그들을 방문하셔서 얼굴을 마주 보면서 주님이 어떤 분이며 성경에 담긴 내용이 무엇인지 등에 관하여 직접 훈련시키시고 양육시켜주신다. 예수님과의 이런 식의 계시적인 관계는 성경 안에 있는 '회색지대들'(gray areas)을 명확하게 이해할 수 있게 해준다. 성경 속에는 또렷이 이해되지 않는 부분도 상당히 많다. 이는 대부분 문맥을 정확히 이해하기 위해 필요한 구체적인 내용들이 충분치 않기 때문이다. 예를 들어, 예수님이 나를 유다의 무덤으로 데리고 가신 적이 있었다. 사실 나는 유다의 죽음을 다루는 두 군데의 성경 구절의 의미를 확실히 이해하지 못하고 있었다. 주님의 도우심을 받고나서야 비로소 상세한 내용들이 누락된 본문의 의미를 제대로 알 수 있었다. 구체적인 설명이 불충분한 상태로는 그 누구라도 유다가 어떤 식으로 죽음을 맞이했는지 이해하기가 힘들 것이다.

다음 내용을 생각해보자. 사도행전에서는 예수님이 죽은 자 가운데서 살아나신 후 제자들에게 나타나셨다고 밝힌다. 부활하신 예수님은 제자들과 함께 이 세상에 사십 일간 머무셨다. 이 사십 일 동안 주님은 제자들에게 하나님의 나라에 관하여 가르치시고 훈련시켜주셨다. 성경에서 예수님은 우리에게 무엇보다 먼저 하나님의 나라를 열심히 추구하라고 명령하신다. 이상의 두 가지 사실을 기반으로, 나는 예수님이 과연 이 사십 일 동안에 하나님의 나라에 관해 제자들에게 구체적으로 무슨 훈련을 시켜주셨는지 몹시 궁금했다. 성경은 이 기간에 이루어진 수업 내용에 대해서는 자세히 다루지 않는다.

이때 예수님이 제자들에게 가르치신 하나님의 나라에 관한 진리는 이전의 삼 년에 걸쳐 말씀하셨던 비유들과는 확실히 달랐을 것이다. 아마도 훨씬 더 광범위한 내용이었을 것이 틀림없다. 분명 주님은 이전과는 다른 수준과 다른 차원의 진리들을 제자들에게 가르치셨을 것이다. 하나님의 나라에 관해서 제자들은 예수님과 동행했던 초창기 무렵과는 다른 내용을 전달받았을 것이다. 이러한 사실은 예수님이 직접적으로 하신 말씀으로도 확인할 수 있다. 예수님은 제자들이 주님의 제자이자 종으로서 신실하게 주님과 동행하며 섬기는 모습을 지켜보신 후에 다음과 같이 말씀하셨다. "이것을 비유로 너희에게 일렀거니와 때가 이르면 다시는 비유로 너희에게 이르지 않고 아버지에 대한 것을 밝히 이르리라"(요 16:25). 이는 예수님이 십자가 위에서 돌아가시기 전에 주님의 제자들과 친구들을 향해 주신 말씀이다. 이 말씀을 볼 때, 주님이 이 사십 일간 하나님의 나라에 관하여 이전과는 전혀 다른 새로운 차원의 진리를 가르쳐주셨으리라는 것을 짐작할 수 있다. 주님의 메시지는 훨씬 더 집중적이었다. 그뿐만 아니라 주님이 계시하신 새로운 진리들은 제자들로 하여금 세상을 완전히 뒤엎어놓기 위해 필요한 능력으로 구비되었다. 나는 이 배움이 하나님의 나라 안에서 지내온 지난 삼 년 반 동안의 훈련 과정 중에서 금상첨화와도 같은 시간이었을 것이라고 믿는다.

나는 예수님이 이 기간에 도대체 무엇을 가르치셨는지 궁금해서 견딜 수가 없었다. 오늘날 우리 세대에서는 이미 잊힌 그 메시지의 내용은 과연 무엇이었을까. 나는 예수님이 사도들에게 가르쳐주신 내용 중 상당한 부분들이 다음 세대로 전달되지 못한 채 그대로 없어졌다고 생각한다. 여기에는 중세 암흑시대를 비롯하여 역사상 실재했던 다양한 요인이 영향을 미쳤을 것이다. 이 소중한 지식이 재발견되어 우리 세대에 유용하게 쓰일 수 있으려면, 예수님과 얼굴을 대면하는 체험이 반드시 필요하다. 주님은 부활하신 후에 사도들과도 이런 식으로 만나셨다. 우리는 주님과의 만남을 통해 훈련받는 과정 속에서 이 소중한 정보를 회복시켜야 한다. 결론적으로 말하자면, 예수님만큼 우리를 잘 훈련시킬 수 있는 사람은 이 세상에 아무도 없다. 물론 예수님으로부터도 훈련받고 훌륭한 사람에게서도 훈련받을 수만 있다면 굉장한 영예겠지만 말이다.

얼굴을 마주 보며 훈련받고 교육받다: 나의 태만함과 예수님의 나타나심

Being disciplined and trained through face-to-face encounters: Jesus appears to me about slothfulness

집을 떠나 대학에 들어간 첫해에 주님이 다시 나를 찾아오셨다. 1990년의 일이었다. 당시 나는 주님 안에서 매우 미성숙한 상태였다. 이때의 체험을 가리켜 나는 주님과 얼굴을 마주하면서 받은 제자 교육이라 부르고자 한다. 나는 여전히 학생 수준이었다. 주님은 나타나셔서 나를 훈련시켜주시기 시작하셨다. 나는 주님의 개인적인 제자가 되었고, 이후로 줄곧 기꺼이 자원하는 마음으로 주님을 사랑하였다. 세상도 버렸고, 전혀 쓸모없는 관계들도 모두 끊어버렸다. 나는 사우스캐롤라이나의 찰스턴(Charleston)에서 요리사가 되기 위한 공부를 하고 있었다. 그리스도인이 된 지도 이 년밖에 되지 않았었다. 주님의 방문을 받으며 나는 엄청나게 많은 내용을 배웠다. 사실 그 무렵만 해도 나는 인생에서 일어나던 일들의 의미를 모두 이해하고 있지는 못했다. 그러던 어느 날의 일이었다. 우리 교회에 다니는, 훌륭하고 존경스러운 성도인 달린(Darlene)이 나를 찾아왔다. 그녀는 사랑하는 가족을 잃은 우리 교회의 어떤 가정에 심방을 좀 가자고 했다. 우리가 그 성도의 집에 도착했을 때 주님이 내게 이렇게 말씀하셨다. "잠시 욕실로 가서 기도해라." 그러나 나는 주님께 순종하지 않았다. 만일 내가 주님의 말씀에 순종했더라면, 앞으로 소개하려는 다음과 같은 일은 결코 일어나지 않았을 것이다.

　아무튼 나는 주님의 말씀대로 순종하지 않았다. 우리가 그 집 안으로 들어가서 앉는 순간, 나는 그곳에 슬픔의 영이 감돌고 있음을 감지했다. 사랑하는 사람을 죽음으로 잃은 까닭이었다. 여기에서 당신이 이해하고 넘어가야 할 사실이 있다. 내가 어려서 다니던 교회에서는 아무리 슬픈 시절을 지내는 순간일지라도 항상 기뻐하고 즐거워해야 한다고 가르쳤다. 나는 그 메시지의 의미를 잘못 받아들였다. 그로 인해 나는 균형 감각을 심각하게 잃어버렸다. 그 집 안에 슬픔이 가득 차 있는 모습을 목격한 나는 자리에서 일어났다. 그리고는 거실에 앉아 있던 유족들을 향해 예언적인 메시지를 선포하기 시작했다. 하나님은 그들이 찬양하기를 원하신다는 내용의 메시지였다. 나는 그들에게 어서 일어나서 주님을 찬양하라고 다그쳤다. 나의 어조에는 약간의 책망하는 듯한 뉘앙스가 묻어있었다. 성경은 우리에게 슬퍼하는 자들을 위로해주라고 말씀하고 있건만, 나는 그런 내용은 조금도 고려하지 않았다. 아니 이해하려고도 하지 않았다. 내 태도는 애도의 시간을 보내는 유족들을 위로하기는커녕 오히려 질책하고 있었다. 집으로 돌아오는 길에 달린은 내내 아무 말도 하지 않고 침묵으로 일관했다. 나는 설마 내가 잘못을 저질렀으리라고는 생각지도 못했다. 도저히 해서는 안 되는 일을 했다는 사실은 더더욱 깨닫지 못했다.

　십대 초반이었을 때, 나는 달린의 가족인 브라운즈 집에서 돌봄을 받았다. 그들은 정말로 훌륭한 집안의 사람들이다. 오늘날까지도 여전히 그들은 내 마음속에서 특별한 자리를 차지하고 있다. 내가 집을 떠나있는 동안에 그들에게 돌봄을 받을 수 있었다는 것은 굉장한 축복이었다. 나는 그때의 일을 결코 잊을 수가 없다. 마침내 목적지에 이르렀을 때, 달린이 이렇게 말했다. "데이비드, 주님이 제 마음에 무언가를 말씀하시네요. 그 메시지를 데이비드와 나누어야 할 것 같아요." 그녀는 계속해서 말을 이어갔다. "오늘 데이비드가 그 가정을 위해 사역하고 예언하던 태도는 잘못된 것이었어요. 데이비드가 선포한 내용은 주님으로부터 온 메시지가 아니었어요." 그 무렵에 하나님은 나를 사용하고 계셨다. 그러나 여전히 나는 수없이 많은 실수를 저지르며 살고 있었다. 하나님께 조금 쓰임을 받고 있다는 이유로, 나는 주님이 내게 말씀하신다고 느껴지는 것에 대해서는 다소 완강하고 성급한 태도를 보이고 있었다.

나는 그녀가 말하는 교정의 내용을 받아들이지 못하겠다고 대답했다. 그뿐만 아니라 사실 그녀의 말이 하나님으로부터 감동받은 메시지라는 느낌도 전혀 들지 않았다. 우리는 그 문제를 놓고 적잖은 언쟁을 벌였다. 우리 두 사람 사이에서 격한 말들이 오가던 순간에 나는 그녀에게 다음과 같이 말했다. "자, 이렇게 하면 어떨까요? 제가 오늘밤 기도 중에 주님을 만나서 과연 당신이 옳은지 그른지를 여쭈어보겠어요. 만약 주님께서 당신이 옳다고 말씀하시면, 그때는 당신에게 미안하다고 사과드리죠. 그러나 주님께서 아니라고 하시면, 저는 제가 주님의 메시지라고 확신하는 쪽을 고수하겠어요." 정말이지 나는 짝짝이 신발을 신고 있는 것만큼이나 완전히 잘못되어있었다. 그러면서도 그 사실을 전혀 깨닫지 못했다. 나의 제안에 그녀는 알았다고 대답했고, 우리는 각자 헤어져 제 갈 길로 갔다. 실제로 그날 밤 나는 주님을 만나서 여쭈어보았다. 사랑하는 사람을 잃은 그 귀한 가정을 향해 내가 선포했던 예언 메시지는 과연 옳은 것이었을까, 아니면 틀린 것이었을까?

예수님이 나를 책망하시고 교정하시다
Jesus rebukes and corrects me

그날 밤 예수님이 꿈에서 나를 찾아오셨다. 주님은 꿈속에서 내 질문에 대답하셨다. 꿈의 첫 번째 장면은 내가 예수님의 바로 옆에 서있는 모습이었다. 내가 기억하기로는 아마도 주님이 나의 오른쪽에 서 계셨던 것 같다. 주님과 내가 나란히 서있는데, 그 맞은편에 또 한 명의 내가 서있었다. 도저히 믿기지 않는 장면이었다. 내가 나를 바라보고 있노라니 이상한 점이 발견되었다. 나는 짝짝이 신발을 신고 있었다. 신발 두 짝의 색깔이 서로 달랐다. 나의 관점은 완전히 잘못되어있었던 것이다. 예수님은 처음으로 나를 향해 고함치시듯 말씀하셨다. "왜 너는 제대로 알지도 못하면서 성급하게 행동하는 거냐!"(Half-cocked!) 바로 그 순간에 나는 잠에서 깨어났다. 이전에 아버지와 옛날 어른들이 이런 표현을 사용하는 것을 들은 적이 있었지만 정확히 어떤 뜻인지 잘 몰라서 아버지께 이 말의 의미를 여쭈어보았다. 아버지의 설명은 다음과 같았다. "너는 무엇인가에 대해 부분적으로만 옳다. 하지만 너는 그 일을 어떻게 해야 올바로 수행할 수 있는지에 관해서는 전혀 모른다. 그러므로 여전히 너는 옳지 못한 상태다." 아버지의 대답을 듣고 나서야 비로소 나는 하나님이 이 표현을 통해 무엇을 말씀하려고 하셨는지를 깨달았다. 이 꿈은 전날 달린의 말이 주님의 메시지였음을 확증해주었다. 순간 내 마음은 무너져 내리는 것만 같았다. 내 잘못이었다. 나는 달린을 찾아가서 그녀가 옳았다고, 정말 죄송하다고 사과했다. 아울러 나의 잘못을 담대하게 지적해준 것에 대해 감사하다는 말도 덧붙였다.

주님의 교정을 받은 후 '태만'이라는 잘못된 반응을 보이다
I responded in the wrong way to His correction by becoming slothful

그러나 주님으로부터 교정을 받았음에도 불구하고 나는 더욱 힘을 내기는커녕 오히려 낙심에 빠졌다. 두 번 다시 잘못된 예언은 하고 싶지 않았다. 주님으로부터 오지 않은 메시지를 주님의 말씀이라고 선포하는 일은 절대로 없어야 한다고 생각했다. 나의 이런 반응은 옳지 못했다. 나는 주님의 교정이 나를 낙담시키는 쪽으로 몰아가도록 방치했다. 이번 교정을 받으면서 그릇된 태도를 취하는 쪽을 선택했고, 오랫동안 더 이상 예언하지 않아야겠다는 마음을 품고 있었다. 심지어 그날 밤 나는 이 곤혹스러운 사건을 계기로 이제부터는 하나님의 말씀을 설교하고 예언을 선포하는 일도 좀 게을리 해야겠다고 말했다. 아, 내가 왜 그런 말을 했을까? 나는 나도 모르는 사이에 매우 심각하고 온건치 못한 태도를 보이고 있었다.

사실 내가 아무런 까닭도 없이 이런 반응을 보였던 것은 아니었다. 당신도 알다시피 나는 아직 미숙한 그리스도인으로서 주님을 향한 열정에 활활 타오르고 있었다. 그동안 내가 주님을 놓쳐버렸던 적은 헤아릴 수 없이 많았다. 그럴 때마다 내 안에는 실망감이 쌓였고 급기야 이런 형태의 반응으로 표출되고 만 것이었다. 그 무렵 나는 하나님의 목소리를 배우고 알아가는 과정을 지나면서 매우 힘들게 고군분투하고 있었다. 주님과의 동행을 시작했던 처음 이 년 동안은 무수히 많은 시행착오를 겪으면서 주님의 목소리에 익숙해지기 위한 노력에 박차를 가하고 있었다. 한 가지 예를 들어보겠다. 어느 날 나는 기도하던 중에 주님의 목소리라고 생각되는 어떤 음성을 들었다. "나는 네가 쇼핑몰에 가기를 원한다. 그곳에 가면 기둥에 등을 기댄 한 남자를 만나게 될 것이다. 그 남자에게 나에 관하여 증거해라." 당시 내가 지내던 기숙사에서 조금 떨어진 곳에 쇼핑몰 하나가 있었다. 갓 그리스도인이 된 나는 훌륭한 일들이나 주님이 나에게 말씀하셨다고 생각되는 일들은 무엇이든지 하고 싶다는 열망에 사로잡혀 있었다. 내 나이 열여덟 살에다가 구원을 받은 지는 일 년 남짓밖에 되지 않은 시점이었다. 나는 자리에서 벌떡 일어나 빗속을 헤치며 쇼핑몰을 향해 달려 내려갔다.

정말 그랬다. 비가 내리고 있었다. 그러나 비 따위는 아무런 문제도 되지 않았다. 내 안에는 오로지 나의 왕 예수님의 명령에 순종하고 싶은 마음밖에 없었다. 주님이 내게 말씀하셨다고 생각되는 그 일을 해야겠다는 마음뿐이었다. 약 십 분 내지 이십 분 후에 쇼핑몰에 도착했다. 곧장 주님이 지시하셨다고 생각되는 기둥이 있는 쪽으로 걸어갔다. 그런데 놀랍게도 쇼핑몰은 닫혀있었다. 그곳에는 아무도 없었다. 나는 실망하지 않으려고 애를 썼다. 빗속에서 계속 기다리면서 아마도 주님이 그 남자를 쇼핑몰 쪽으로 보내고 계신 중인지도 모른다고 생각했다. 그러나 시간이 지나도 아무런 일도 일어나지 않았다. 나는 그때의 일을 다음과 같이 기록해두었다. "내가 하나님을 놓쳐버리다." 하나님을 위해 무언가를 해드리고 싶어 한 것은 내 열심이자 내 생각에 불과했다. 달린과 관련하여 하나님의 음성을 제대로 파악하지 못한 사건이 발생하기 이전부터, 이렇듯 이미 내 삶 속에는 크고 작은 실망감들이 누적되고 있었다. 분명히 주님이 무언가를 말씀하셨다고 생각했는데 나중에 알고 보니 주님의 음성이 아니었음을 깨닫게 되는 식의 경험이 한두 번이 아니었다. 허탈감이 느껴질 때마다 나는 애써 기뻐하면서 참곤 했다. 그러나 이러한 실망감들은 점점 쌓여갔고 마침내 무너져 내리기 직전에 이르고 말았다.

"이제부터는 하나님의 말씀을 설교하고 예언을 선포하는 일을 좀 게을리 해야겠어"라고 말한 이유도 여기에 있었다. 물론 나는 주님의 음성을 정확하게 들을 때도 많았다. 그러나 시행착오를 겪으면서 종종 주님을 놓치기도 했다. 어느 순간이 되면서 주님을 놓쳐버리는 일에도 싫증이 나기 시작했다. 그 결과 마침내 이런 식의 반응을 보이기에 이른 것이다. 우리 중에는 주님으로부터 교정을 받을 때 이때의 나처럼 행동하는 사람들이 얼마나 많은가! 사실 이런 반응은 우리의 타락한 본성에서 말미암았다. 우리의 육신이 교정에 대해 나타내는 반응 중의 하나다. 그날 밤 나는 다시 잠이 들었고, 꿈속에서 다시 한 번 예수님을 만났다. 그 만남을 계기로 나의 인생은 완전히 달라졌다.

예수님이 지옥에 관해 경고하시다
Jesus warns me about hell

예수님께서 다시 내 꿈속으로 찾아오셨다. 이 방문에서 주님은 내게 지옥에서 타오르고 있는 불길을 보여주셨다. 지옥의 불은 이 세상에서 볼 수 있는 불과는 전혀 다른 이상한 모습이었다. 게다가 지옥의 불에는 영원한 속성이 있었다. 이제껏 그런 불은 한 번도 본 적이 없었다. 그때 주님께서 말씀하셨다. "이곳에는 수많은 사람과 설교자가 와 있단다. 그들이 여기에 온 까닭은 나의 부르심에 응답하지 않았기 때문이지." 주님은 계속해서 말씀하셨다. "만일 네가 나의 복음을 전파하지 않는다면, 결국에는 너도 여기에 올 수밖에 없단다." 그날 밤 마치 영화가 상영되고 있는 것 같은 환상을 지켜보는데, 주님은 내게 또 하나의 진리를 알려주셨다.

태만함으로 인해 수많은 사람이
'좁은 문'으로 들어가지 못한다

Slothfulness is going to keep many from entering the 'straight gate'

　예수님은 이 꿈에서 서로 다른 여러 장면을 사용하셔서 비유로 말씀하셨다. 첫 번째 장면에서 예수님은 한 무리의 성도를 보여주셨다. 그들은 몇 줄로 나란히 서있었는데, 그중에는 나도 끼어있었다. 다른 모든 사람은 환하게 빛을 발산하고 있었다. 그런데 나를 바라보니 왠지 얼굴에는 활기도 없고 우둔해 보이는 표정을 하고 있었다. 그 순간 갑자기 내 앞에 단어들이 나타났다. 마치 누군가가 메모하여 나에게 보여주고 있는 것만 같았다. "침체되어있지 마라. 너의 의를 밝게 비추어라." 나는 주님이 무슨 말씀을 하시려는지 도무지 이해할 수가 없었다. 주님은 만일 내가 설교와 예언을 계속해서 게을리 한다면, 나의 미래와 인생 최후의 모습이 어떻게 될 것인지를 보여주셨다. 그 모든 장면은 내 앞에서 전개되었다가 사라졌다.

　또 다시 나는 내가 휠체어에 앉아있는 한 여인과 누군가를 기다리는 모습을 보았다. 나는 그 여인의 뒤쪽에 서서 그녀를 거들어주고 있었다. 우리는 의사가 살고 있는 건물 바깥쪽에 서서 의사가 오기만을 기다리는 중이었다. 아직 의사가 그곳에 도착하지 않은 상태인 듯했다. 참으로 놀랍게도 나는 그 의사가 예수님이신 줄은 전혀 몰랐다. 마침내 주님이 우리가 서있는 쪽을 향해 걸어오셨다. 주님은 희고 긴 아름다운 옷을 입고 계셨다. 그런데 우리 쪽으로 오시는 것 같았던 주님은 그대로 우리 곁을 스쳐 지나가셨다. 우리가 누구인지 전혀 모르시는 것 같았다. 이 장면에서 나는 주님이 우리를 알고 계신다는 것을 눈치 챘다. 그런데도 주님은 우리를 전혀 모르는 것처럼 우리 옆을 그냥 지나치셨다.

그런 다음 주님은 유리로 된 아름다운 건물 안으로 들어가셨다. 그곳은 주님이 사시는 장소였다. 주님이 들어가신 후에 문은 쾅 하고 닫혔다. 나는 주님이 그곳에 서있던 우리를 알아보지 못한 채 지나가시자 얼른 주님을 따라가려고 했다. 방금 주님이 들어가신 후에 닫혀버린 문 앞으로 가서 문을 두드리기 시작했다. 안쪽으로 들어가고 싶었다. "저도 들어가게 해주세요." 그러나 주님은 두 번 다시 문가에 나타나지 않으셨다. 나는 그때 내가 마지막으로 했던 말을 기억한다. "들어갈 수만 있다면 얼마나 좋을까." 이 말과 함께 영화와도 같았던 그 장면은 끝이 났다. 고요한 침묵과 정적이 흘렀다. 더 이상 예수님도 보이지 않았다. 그런 후에 나는 다시 몸 안으로 되돌아왔다.

나는 아주 깊은 잠에 빠져있었다. 그렇지만 내가 너무 깊이 잠들어 있기에 혼자의 힘으로는 도저히 깨어나기 힘든 상태라는 것만은 의식하고 있었다. 바로 그때 아주 부드럽고 온화한 어떤 목소리가 들렸다. 그 목소리는 내 존재의 핵심까지 뒤흔들어놓았다. 아니 그 목소리는 지금 이 순간까지도 여전히 나를 흔들어놓고 있다. 예수님은 내게 다음과 같이 말씀하셨다. "좁은 문으로 들어가기를 힘쓰라. 그 문에 들어가려고 해도 결국엔 태만함으로 인해 들어가지 못하는 사람들이 많을 것이다." 여기까지 말씀하신 후에 그 목소리는 잠시 중단되었다.

얼마 후 주님은 마지막으로 다음과 같이 결론지으셨다. "첫째가 꼴찌가 되고 꼴찌는 첫째가 될 것이다." 이 목소리는 차분했지만 매우 강력한 어조였다. 고요함과 평화가 깃든, 온유하고 조용하며 부드러운 그 목소리는 나의 전 존재를 흔들어놓았다.

징계에 담긴 하나님의 사랑의 깊이를 이해하지 못하다
I didn't understand the depth of His love in chastisement

그 목소리를 듣고 난 직후에 나는 잠에서 깨어 일어났다. 새벽 세시에서 네시 무렵이었다. 아직 이른 새벽이었다. 창밖을 바라보니 사방이 캄캄했다. 온몸이 땀으로 젖어있었다. 이번 방문은 내 마음속에 하나님에 대한 강렬한 경외감을 심어주었다. 내가 구원받은 지는 겨우 일 년 반밖에 지나지 않은 시점이었다. 게다가 나는 대학교 일 학년생이었다. 그동안 주님은 나를 사랑으로 부드럽게 가르쳐주셨다. 이렇듯 주님과의 동행을 시작한 지 얼마 되지 않았음에도 불구하고, 이제 주님은 성경에 나오는 말씀처럼 교정을 시작하셨다. "자식을 사랑하는 자는 근실히 징계하느니라"(잠 13:24). 오늘날 나는 주님께 무척 감사한다. 내가 아직 어렸을 때, 주님과 동행하기 시작한 초기 단계에, 이런 식의 가르침으로 나를 다루신 주님께 얼마나 감사한지 모른다. 비록 당시에는 도대체 내게 무슨 일이 일어나고 있는지를 언제나 이해하지는 못했지만 말이다. 그날 잠에서 깬 이후로 나는 예전에 내뱉었던 말, 즉 이런 꿈을 꾸게 된 동기가 되었던 그 말을 다시는 입 밖에 내지 않기로 굳게 결심했다. 나는 그리스도인으로서 새로운 삶을 시작했고, 계속 성경을 배웠다. 한편 복음서들에 언급된 좁은 문에 관하여 예수님이 말씀하신 내용을 읽어 내려가던 때를 잊을 수가 없다. 나는 성경을 손에 들고 해당 구절을 찾아보았다.

어떤 사람이 여짜오되 주여 구원을 받는 자가 적으니이까 그들에게 이르시되 좁은 문으로 들어가기를 힘쓰라 내가 너희에게 이르노니 들어가기를 구하여도 못하는 자가 많으리라 집 주인이 일어나 문을 한 번 닫은 후에 너희가 밖에 서서 문을 두드리며 주여 열어 주소서 하면 그가 대답하여 이르되 나는 너희가 어디에서 온 자인지 알지 못하노라 하리니 그때에 너희가 말하되 우리는 주 앞에서 먹고 마셨으며 주는 또한 우리를 길거리에서 가르치셨나이다 하나 그가 너희에게 말하여 이르되 나는 너희가 어디에서 왔는지 알지 못하노라 행악하는 모든 자들아 나를 떠나가라 하리라 너희가 아브라함과 이삭과 야곱과 모든 선지자는 하나님 나라에 있고 오직 너희는 밖에 쫓겨난 것을 볼 때에 거기서 슬피 울며 이를 갈리라 사람들이 동서남북으로부터 와서 하나님의 나라 잔치에 참여하리니 보라 나중 된 자로서 먼저 될 자도 있고 먼저 된 자로서 나중 될 자도 있느니라 하시더라 (눅 13:23-30)

이 성경 말씀을 모두 읽고 난 뒤 경악하지 않을 수 없었다. 나는 혼잣말로 중얼거리듯 이야기했다. "꿈속에서 예수님이 내게 보여주시면서 설명하신 모든 내용이 성경 안에 있었구나." 꿈에서 본 두 번째 장면에서, 우리는 문밖에 서있었고 예수님은 마치 우리를 모르시는 것처럼 행동하셨다. 꿈에서 나는 주님이 우리를 알고 계신다는 것을 알고 있었다. 나는 이 꿈이 성경에 나오는 주님의 말씀과 정확히 일치하고 있음을 발견하였다. 꿈속에서 나는 바깥에 서서 문을 두드리며 제발 들어가게 해달라고 요청했다. 그러나 주님은 성경에서 말씀하신 대로 내게 전혀 알은체를 하지 않으셨다.

이 꿈에서 주님은 내가 앞으로도 계속해서 낙심된 태도로 살아간다면 결국 구원을 받지 못하게 될 수도 있다고 말씀하셨다. 이후에야 알게 된 사실이지만, 나의 태도는 태만함이라는 내면의 영적 상태를 반영했다. 주님은 내가 좁은 문으로 들어가기를 열심히 힘쓰지 않는다면, 태만함으로 인해 마침내 들어가지 못하고 말 것이라고 말씀하셨다. 나는 주님이 사용하신 태만함이라는 의미가 무엇인지를 정확히 이해할 수가 없었다. 대부분의 그리스도인은 태만을 주님과는 전혀 다른 관점으로 해석한다.

나는 다시 성경을 집어 들고 읽어 내려가기 시작했다. 한 가지 사실이 눈에 띄었다. 예수님이 이 주제에 관해 말씀하기 시작하신 것은 누군가가 주님께 여쭈었던 하나의 질문이 계기가 되었다. "주여 구원을 받는 자가 적으니이까"(눅 13:23). 예수님이 베푸신 모든 비유와 가르침과 경고는 사실상 구원과 관련되어있었다. 이 본문의 맥락에서 예수님은 누가복음 1장 77절에 언급된 "구원의 지식"(knowledge of salvation)에 관해 또 하나의 진리를 가르쳐주셨다. 나는 주님이 이번 방문을 통하여 나를 부드럽게 책망하심으로써 지옥에 빠지지 않도록 경고하시고 지켜주려고 하셨음을 나중에야 깨달았다. 당신도 알다시피, 성경에서 주님은 "좁은 문으로 들어가기를 구하는 자가 많을 것이나"(눅 13:24 참조)("좁은 문"은 천국 혹은 하나님의 나라 안에서 누리는 영생을 말함), 각양각색의 이유로 말미암아 실제로는 들어가지 못할 자가 많을 것이라고 말씀하셨다. 특히 주님은 그 무렵에 내가 반드시 다루었어야 할 문제 중 하나가 바로 태만함이었음을 알려주셨다.

구원의 지식

The knowledge of salvation

구원의 지식이라는 것이 존재한다. 지금은 교회에 다니고 있을지라도 장차 지옥에 가게 될 사람들이 얼마나 많은지 모른다. 그들은 자신들이 왜 지옥에 가는지조차 알지 못한다. 주님이 지적하려고 하신 것은 나의 실수들이 아니라 바로 나의 태도였다. 당신의 이해를 돕기 위해 이와 유사한 또 하나의 경험을 이야기하겠다. 언젠가 나는 깊은 좌절과 실망의 늪에 빠져있었다. 하나님을 찬양하고 기도하는 일도 완전히 그만둔 상태였다. 그렇게 지내던 어느 날 밤, 잠이 든 사이에 다시금 주님이 나를 찾아오셨다. 주님의 모습을 볼 수는 없었다. 단지 주님의 고요하고 부드럽고 온화한 목소리만이 들렸다. "데이비드야, 너는 지금 지옥을 향해 가고 있구나." 나는 주님께 대답했다. "주님, 제가요? 저는 제가 지었던 온갖 죄며 주님께 반항했던 모든 일을 이미 회개했는걸요?" 그러자 주님이 말씀하셨다. "알고 있다. 하지만 문제는 그게 아니란다." 나는 또 다시 주님께 여쭈었다. "그럼 왜지요, 주님?" 주님은 다음과 같이 대답하셨다. "그건 네가 찬양과 기도를 통해 나와 동역하는 일을 중단했기 때문이란다." 그런 다음에 나는 잠에서 깨어났다. 찬양과 기도를 통해 주님과 동역하는 것이 구원과 도대체 무슨 연관이 있는 것일까? 나는 곰곰이 생각해보았다. "나는 믿음으로 말미암아 은혜로 구원을 받았고, 예수님이 나를 위해 십자가 위에서 돌아가신 것도 믿고 있지 않은가." 나중에야 내가 깨달은 사실이 있다. 우리는 자신의 공로나 장점 때문이 아니라 믿음으로 말미암아 은혜로 구원을 받는다. 그러나 성경은 구원에는 또 다른 구성 요소들이 있다고 밝힌다. 이 요소들은 우리로 하여금 계속해서 구원을 유지하고 언제나 영생의 길로 행할 수 있도록 하는 것들이다.

성경은 구원의 지식에 관해 언급한다. 그러나 오늘날 우리는 이것을 잘 이해하지 못한다. 우리는 하나의 성경 구절을 취해서는 계속해서 그것만을 추구해나간다. 시간이 지남에 따라 나는 주님이 지적하려고 한 부분이 나의 태도에 관한 것이었음을 깨닫게 되었다. 주님은 나의 허물들과 약점들, 연약함 등에 대해서 말씀하신 것이 아니었다. 당신도 알다시피 죄의 문제는 이미 처리된 상태였다. 앞으로도 계속 올바른 길로 걸어갈 것인지 아니면 이탈할 것인지의 여부는 우리가 어떤 태도를 지니는지에 달려있다.

> 그러므로 피곤한 손과 연약한 무릎을 일으켜 세우고 너희 발을 위하여 곧은 길을 만들어 저는 다리로 하여금 어그러지지 않고 고침을 받게 하라 (히 12:12-13)

사실 우리의 삶 가운데에 남아있는 서투른 영역들이나 약점들과 연약함들은 그리 문제가 되지 않는다. 진정한 문제는 잘못된 태도들과 행동들이다. 이런 태도들과 행동들은 우리의 삶 속에 치유와 회복이 일어나지 못하도록 가로막는 방해물이다. 성경은 우리에게 피곤한 손을 들어 올리라고 격려한다. 손을 들어 올리는 행위는 주님으로부터 징계나 교정을 받은 후에 경배 가운데에 하나님께 복종하는 모습이거나, 혹은 일종의 찬양의 형태다.

이런 것이 바로 하나님의 징계를 받은 후에 우리가 마땅히 취해야 할 행동이라고 성경은 가르친다. 사람들은 내게 다음과 같이 말하기도 했다. "그렇다면 우리의 온전한 구원은 예수님이 홀로 십자가에서 이루신 사역을 통하여 보혈로 우리를 대속하신 일이 아니라, 당신이 말하는 이런 모든 사항에 근거한다는 뜻입니까?" 결코 그렇지 않다. 내 말은 절대 그런 의미가 아니다. 나는 예수님이 우리와 하나님과의 관계를 회복시키시기 위해 홀로 성취하신 사역의 가치를 과소평가하려는 마음은 조금도 없다. 예수님은 우리의 구원을 대속하셨다. 그러나 내 요지는 다음과 같다. 당신이 일단 구원을 받았다 할지라도, 당신은 매우 다양한 방식으로 당신의 구원을 잃어버릴 수가 있다. 한 번 구원받았다고 해서 영원토록 구원이 보장된다는 법은 없다는 뜻이다. 이제 당신은 성경책을 꺼내들어야 한다. 요한계시록에서는 우리의 이름이 생명책에서 지워질 수도 있다고 밝힌다(계 3:5 참조). 만일 사람이 한 번 얻은 구원을 잃게 되는 일이 절대로 있을 수 없다면, 성경이 무슨 까닭으로 이런 구절을 언급하겠는가!

주님은 우리로 하여금 계속해서 영생의 길을 걸어갈 수 있게 하시려고, 구원을 이루는 몇 가지 서로 다른 요소를 우리에게 허락하셨다. 그중 두 가지를 들자면, 찬양(praise)과 기쁨(rejoicing)이다. 이 원리를 잘 설명하고자 한 가지 비유를 예로 들어보겠다. 이 비유는 친한 친구인 짐 윌콕스(Jim Wilcox)에게서 들었다. 짐은 항공기 조종사다. 그가 내게 해준 말은 매우 충격적이기도 하면서 동시에 계시적이었다. 그의 이야기를 들으며 그동안 줄곧 주님이 내게 가르치려고 하셨던 교훈을 쉽게 이해할 수 있었다. 그의 말에 의하면, 조종사가 비행기를 몰고 세인트루이스에서 시카고를 향해 운항할 경우에, 비행기가 항로에서 2도 정도쯤 이탈해도 목적지인 시카고에는 별 무리 없이 제대로 도착할 수 있다고 한다. 그러나 세인트루이스에서 로스앤젤레스로 날아가는 비행기가 동일하게 2도가량 벗어나 있다면, 이때의 2도는 장거리를 운항하는 동안 점점 늘어나서, 마침내 목적지에 도착해야 할 시점에는 목적지와는 전혀 다른 엉뚱한 도시에 가있게 된다고 한다. 단지 2도만 벗어나 있었을 뿐인데도 원래 목적지가 아닌 잘못된 장소에 도착하게 되는 것이다.

구원도 이와 동일한 원리가 적용된다. 우리는 영생의 길로 들어가기 위해 좁은 문을 통과해야 한다. 또한 천국의 문에 이르는 순간까지 반드시 정로를 유지하고 있어야 한다. 주님은 우리가 구원에 이르는 생명의 길에서 벗어나지 않도록 필요한 특정한 지혜와 지식을 주셨다. 주님이 이루신 갈보리 위에서의 구속 사역으로 말미암아 우리는 구원의 길을 걸을 수 있게 되었다. 그러나 우리는 그 길에서 벗어나지 않으려고 열심히 노력하지 않으면 안 된다.

나는 구원을 이루어가고 있었다
I was working out my salvation

나는 잠에서 깨어 도대체 어떻게 이런 일이 있을 수 있는지를 곰곰이 생각해보았다. 만일 내가 그리스도인으로서 어떤 치명적인 잘못이라도 저지르고 있었더라면, 예수님이 내게 지옥을 향해 가고 있다고 하신 말씀을 이해할 수도 있을 것 같았다. 당신도 알다시피 예수님께 죄는 아무런 문제가 되지 못한다. 예수님이 이 세상에 오셔서 다루신 것도 죄였고, 우리의 삶 속에 존재하는 죄 때문에 주님이 죽으시기까지 하셨다. 오히려 문제는 우리가 가진 태도들이다. 여러 실패와 환경, 시련에 대해 적절히 반응하지 못하는 우리의 태도야말로 문제다.

주님은 이 점을 내게 여러 번이나 확증하셨다. 한 번은 기독교 텔레비전 네트워크, 트리니티 방송네트워크(TBN)를 시청하고 있었다. 그때

마침 조이스 마이어(Joyce Myers)가 텔레비전에 나와서 다음과 같은 말을 했다. "찬양(praise)은 당신의 구원과 관련이 있습니다." 같은 날 늦은 시각까지 나는 계속해서 TBN을 보고 있었다. 그런데 이번에도 또 누군가가 나와서 동일한 이야기를 하는 것이 아닌가. "찬양은 우리의 구원과 관련이 있습니다." TBN과 기독교 방송으로 인해 하나님께 감사한다. 그동안 살아오면서 나는 TBN을 보며 아주 큰 은혜를 받았다. 이 일은 내게 하나의 확증으로 다가왔다. 그러나 성령님이 성경을 열어주셨을 때 비로소 그 의미를 확실히 이해할 수 있게 되었다. 나는 성령님의 인도하심을 받아 성경 구절을 찾아보았다. 성경에는 명백히 이렇게 적혀있었다.

> 그러므로 너희가 기쁨(joy, praise, rejoicing)으로 구원의 우물들에서 물을 길으리로다 (사 12:3)

우리는 구원의 우물(우리의 배)에서 구원의 물을 길어 올린다. 이 점에 관해서는 예수님이 요한복음 7장 38절에서 잘 설명하셨다. 예수님은 우리 안에는 영원한 생명에 이르도록 하는 구원의 물이 넘쳐흐른다고 말씀하신다. 기쁨은 우리가 구원의 생명수를 길어 올리기 위해 사용하는 두레박과도 같다. 정말 경이롭지 않은가! 이 사실을 확증하시고자 하나님은 죄를 범하고 난 이후의 다윗의 삶도 말씀하셨다. 다윗은 다음과 같은 기도를 드렸다. "주의 구원의 즐거움을 내게 회복시켜 주시고 자원하는 심령을 주사 나를 붙드소서" (시 51:12). 기쁨은 우리의 구원과 아주 깊은 관련이 있다. 기쁨은 구원의 종착점에 도달하는 순간까지 우리에게 필요한 매우 중대한 요소다.

이상에 언급한 모든 확증을 통해 마침내 나는 주님이 찬양에 관해 무엇을 말씀하려고 하시는지 깨닫기 시작했다. 그 외에도 주님은 내게 이사야 64장 5절을 이야기하셨다. "주께서 기쁘게 공의를 행하는 자와 주의 길에서 주를 기억하는 자를 선대하시거늘." 이 본문에서 주님은 우리의 찬양이 도움이 필요한 현장과 상황 속으로 주님을 초청하는 역할을 한다고 말씀하신다. 주님으로부터 이러한 도우심을 받지 못한다면 우리는 무기력한 존재들이 될 수밖에 없다. 또한 성경은 주님이 주님의 백성의 찬양 가운데에 거하신다고도 밝힌다. 우리가 아무리 어렵고 힘든 상황에 처해있더라도, 찬양은 하나님을 우리의 상황 속으로 모셔오는 역할을 한다. 그러므로 당신이 무슨 일을 하든지 하나님을 찬양하는 일과 찬양으로 하나님과 동역하는 일을 결코 멈추지 말아야 한다.

한편 하나님은 우리의 기도 생활도 우리의 구원과 연관되어있다고 가르쳐주셨다. "누구든지 주의 이름을 부르는 자는 구원을 받으리라 하였느니라"(행 2:21). 여기서 '주의 이름을 부르다' (calling on God)는 기도하는 것을 뜻한다. 주의 이름을 부르는 것은 기도의 한 형태다. 기도는 더할 나위 없이 중요하다. 그러나 기뻐하고 찬양하고 기도하도록 동기를 부여하는 태도는 훨씬 더 중요하다. 나는 당시 내가 겪고 있던 상황들로부터 오는 부정적인 영향력을 그대로 받아들이고 있었다. 그리하여 찬양하기도 그만두었고, 내 구원의 하나님 안에서 기뻐하는 일도 중단했다. 하나님과 교제를 나누는 일 자체를 중지해버린 것이다.

그러나 하나님은 나를 사랑하셨고 자비롭게 여기셨다. 그랬기에 주님은 나를 결코 오랫동안 그냥 두지 않으시고 교정하셨다. 이것이 바로 주님과 나 사이에 맺은 언약이다.

그리스도인 중에는 주님과 이런 수준의 친밀함을 한 번도 누려본 적이 없는 사람들이 너무도 많다. 따라서 그들이 잘못된 태도를 지녔더라도 주님은 그들을 개인적으로 교정하지는 않으신다. 우리가 무심결에 행하는 수많은 일이 우리의 구원에 엄청난 영향을 끼친다. 주님과의 이 같은 친밀한 관계를 통해 당신은 언제 어디서 무엇을 하든지 주님의 보호하심 안에 머물 수 있다. 주님과 대면하여 만나는 체험이 단 한 번뿐이었을지라도, 당신은 이 체험을 통하여 심지어 생명을 보호받게 될 수도 있다. 야곱은 다음과 같이 고백하였다.

> 그가 이르기를 내가 하나님과 대면하여 보았으나 내 생명이 보전되었다 함이더라 (창 32:30)

예수님은 엄격하신 분이다:
예수님의 단호하고 엄중하신 모습을 깨닫다

Jesus is an austere person:
Understanding the firm, strict side of Jesus

예수님은 성품 면에서 엄중하신 분이기도 하다. 예수님의 이런 성품은 성전에서 상품을 매매해서 돈을 벌던 사람들을 쫓아내던 순간에 드러났다. '엄격한'(austere)이라는 말은 헬라어 '아우스테로스'(a-usteros)에서 유래되었다. 이 단어는 원래 '가혹한, 혹독한' 등의 의미다.[2] 많은 사람은 주님이 이처럼 엄격한 면도 지닌 분이라는 사실을 잘 모른다.

그러므로 하나님의 인자하심과 준엄하심을 보라… (롬 11:22)

주님은 상황적인 필요들이 제기될 때면 언제라도 엄격함과 단호함을 행사하실 것이다. 당신은 주님의 성품을 제대로 이해하고 있어야 한다. 그렇지 않으면 거짓된 사랑이라는 개념에 속아 넘어가고 말 것이다.

오늘날 수많은 성도가 주님의 사랑에 관해 잘못된 지식을 가지고 있다. 그들은 하나님은 사랑이 무척 풍성한 분이기에 결코 엄격하고 냉혹하고 가차 없는 심판이나 결정을 내리지 않으실 것이라고 생각한다. 이것이 바로 속임수다. 만일 당신이 주님에 관해 균형 잡힌 관점을 견지하지 못한다면, 주님의 한쪽 면만을 봄으로써 기만당하고 말 것이다. 나도 미숙한 그리스도인이었을 적에 이런 오류를 범하였다. 나는 주님의 성품의 모든 면을 충분히 깨닫지 못했다. 그로 인해 주님에 대한 나의 인식마저도 균형을 잃어버렸다. 그리스도인으로서 우리는 성경이 언급하는 주님의 모든 성품에 관해 두루두루 이해하고 있어야 한다. 우리는 그리스도의 높이와 깊이와 길이와 넓이를 알아야 한다(엡

3:18 참조).

아직 신출내기 그리스도인이었을 때에 나는 주님의 사랑의 측면보다는 오히려 엄격하신 측면을 더 깊이 이해했다. 하나님의 엄격하심에 대해 건전치 못한 관점이 있다면 당신은 하나님의 사랑에 관한 불건전한 관점으로 말미암아 결국 속임수에 빠질 수도 있다. 사실 대부분의 선지자가 이 범주에 속한다. 왜냐하면 주님은 그들로 하여금 그리스도의 몸에 교정을 가져오시고 죄를 다루게 하시려고 그들 안에 단호한 성품을 계발시켜주시기 때문이다. 그들은 주님이 주님의 백성을 다루시기 위해 나타내시는 날카롭고 엄격한 성품에 관하여 훨씬 더 잘 이해한다. 한편 주님의 엄격하심은 일시적이거나 영원한 징벌, 또한 우리가 경험할 수 있는 온갖 종류의 심판을 모두 포함한다. 예수님은 우리에게 다음과 같이 경고하셨다.

> 마땅히 두려워할 자를 내가 너희에게 보이리니 곧 죽인 후에 또한 지옥에 던져 넣는 권세 있는 그를 두려워하라 내가 참으로 너희에게 이르노니 그를 두려워하라 (눅 12:5)

우리가 예수님의 엄격하신 성품을 잘 이해하는 것은 얼마나 중요한지 모른다. 주님의 엄격하심을 제대로 이해할 때, 우리를 향한 주님의 사랑 혹은 주님을 향한 우리의 사랑과 섬김에 있어서 균형을 잃거나 기만당하는 일을 방지할 수 있다. 주님은 이러한 불균형을 다음과 같이 교정하고 계신다.

그날에 많은 사람이 나더러 이르되 주여 주여 우리가 주의 이름으로 선지자 노릇 하며 주의 이름으로 귀신을 쫓아내며 주의 이름으로 많은 권능을 행하지 아니하였나이까 하리니 그때에 내가 그들에게 밝히 말하되 내가 너희를 도무지 알지 못하니 불법을 행하는 자들아 내게서 떠나가라 하리라 (마 7:22-23)

본문에 언급된 사람들은 자신들이 주님의 이름으로 행하던 선행들로 인해 속고 있었다. 그들은 주님의 이름으로 기적들을 행하고 예언을 할 수 있었다. 따라서 그들은 틀림없이 자신들이 올바른 입장에 서 있으며 주님께도 반드시 승인을 받을 수 있을 것이라고 생각했을 것이다. 그러나 그들의 생각은 철저히 오산이었다.

주님이 우리를 부인하시는 이유를 이해하기: 주님은 우리를 모른다고 하실 것이다
Comprehending why He will deny us: He will disown you

예수님은 그들의 기대와는 전혀 상반되는 방식으로 응답하셨다. 예수님은 그들을 도무지 알지 못한다고 말씀하셨다. 이 말씀은 그들이 주님과 승인될 만한 관계로 연결되지 못하고 있었음을 의미한다. 다소 가혹하게 들리는가? 그러나 우리는 주님을 온전히 알아야 한다. 그렇지 않으면 주님이 당신을 모른다고 부인하실 것이다(마 10:33, 눅 12:9

참조). 주님은 마치 당신을 전혀 모르는 것처럼 행동하실 것이다.

　나에게는 예수님과 얼굴을 마주 대하는 만남을 통하여 꾸지람을 들은 일이 물론 고통스럽기는 했지만 사실은 은혜였다. 그 경험은 내 삶을 완전히 바꾸어놓았다. 나는 정신이 번쩍 들었다. 주님은 나를 전혀 모르는 것처럼 행동하셨다. 내가 경험한 것은 주님의 엄격하신 성품이었다. 당신이 착각하지 말아야 할 점이 있다. 설령 당신이 주님의 아름다운 임재를 체험할지라도, 또한 당신이 주님으로부터 성경 말씀에 관한 놀라운 계시를 배울지라도, 이 모든 것은 주님이 당신을 승인하신다는 확증은 결코 아니다. 주님은 당신의 삶 속에 나타나는 주님의 가시적인 임재와 현상들을 훨씬 초월하여 당신을 승인하시는 분임을 분명히 알아야 한다.

> 집 주인이 일어나 문을 한 번 닫은 후에 너희가 밖에 서서 문을 두드리며 주여 열어 주소서 하면 그가 대답하여 이르되 나는 너희가 어디에서 온 자인지 알지 못하노라 하리니 그때에 너희가 말하되 우리는 주 앞에서 먹고 마셨으며 주는 또한 우리를 길거리에서 가르치셨나이다 하나 그가 너희에게 말하여 이르되 나는 너희가 어디에서 왔는지 알지 못하노라 행악하는 모든 자들아 나를 떠나가라 하리라 (눅 13:25-27)

　당신이 빠질 수 있는 속임수는 다음과 같다. 당신은 주님의 위대한 사랑에 너무나 압도당한 나머지, 주님의 엄중하심에 대해서는 간과해버릴 수가 있다. 그러나 주님의 엄중하심은 주님의 사랑의 일부로서 동일하게 중요한 특성이다. 주님이 나타내시는 엄중하심은 대체로 우리가 삶 속에서 불순종해온 영역들, 거역을 일삼아온 영역들, 혹은 어떤 형태로든 주님이 직접적으로 주신 명령을 소홀히 여겼던 영역들에 대해 적용된다. 나아가 주님의 엄중하심은 주님을 위해 일한다고 하면서도 사악한 인격을 가지고 살아가는 사람들에게도 현저하게 나타내신다.

> 그날에 많은 사람이 나더러 이르되 주여 주여 우리가 주의 이름으로 선지자 노릇 하며 주의 이름으로 귀신을 쫓아내며 주의 이름으로 많은 권능을 행하지 아니하였나이까 하리니 (마 7:22)

이 사람들의 답변을 통해 판단하건대, 이들은 자신들과 주님과의 관계가 인정받을 만한 관계가 아니었음을 모르고 있었던 것이 분명하다. 여기에서 한 가지 사실을 알 수 있다. 예수님은 사람들의 인격이 주님께 인정받을 만한 수준이 못 된다 할지라도 여전히 그들이 주님의 이름으로 놀라운 일들을 행하도록 허용하신다는 점이다. 예수님은 온유하신 분이다. 주님은 온유한 사람의 방식으로 처신하신다. 온유한 사람들은 질문을 받기 전까지는 자진해서 정보를 주지 않는다. 나는 예수님으로부터 "내가 도무지 너를 알지 못한다"는 말씀을 듣는 일이 실제로는 절대 일어나지 않기를 바란다. 이 말을 듣게 된다면 얼마나 가슴이 아프겠는가. 나는 꿈에서 이미 그런 일을 체험하였다. 얼마나 고통스러웠던지 내 심장이 쿵쾅거리며 뛰었다. 지금 당장 두 손을 위로 치켜들고 주님께 간구하라. "주님, 제가 주님의 눈에 받으실 만한 존재가 되게 해주세요."

성경은 예수님이 우리를 부인하시거나 모른다고 말하실 수 있는 몇몇 상황을 언급한다. 주님이 이 내용에 관해 언급하신 첫 번째 상황은 하나님 아버지의 뜻을 준행하지 않은 경우였다. 하나님 아버지의 뜻을 준행하는 일에는 인격적으로 올바른 삶을 살아가는 것, 다른 사람들을 대하는 태도에 있어 하나님의 말씀에 순종하는 것, 주님의 계명들을 지키는 것 등이 포함된다. 또 다른 성경 구절에서 예수님은 우리가 주님을 부인하거나 부끄러워하면 주님도 우리를 부인하겠다고 말씀하신다. 우리는 입술로 주님을 모른다고 말하거나 다른 사람들 앞에서 주님을 모르는 것처럼 행동함으로써 주님을 부인할 수 있다. 예수님은 더 극단적인 경우까지 언급하신다. 만일 우리가 사람들 앞에서 주님을 부인하면, 주님도 하나님 아버지와 주님의 천사들 앞에서 우리를 부인하겠다고 말씀하신다. 정말 놀랍지 않은가! 가혹하고 엄격하기 이를 데 없다. 어떤 이들은 이 말씀이 얼마나 중대한 의미를 담고 있는지를 이해하지 못한다. 디도는 우리가 그리스도인임을 자처하면서도 여전히 부정하고 사악하고 기괴한 죄악을 저지르며 살아감으로써 주님을 부인할 수 있다고 설명했다.

> 그들이 하나님을 시인하나 행위(works)로는 부인하니 가증한 자요 복종하지 아니하는 자요 모든 선한 일을 버리는 자니라

(딛 1:16)

예수님은 태만함을 싫어하신다
Jesus hates slothfulness

'태만함'에 관한 방문

이 방문에서 주님은 그 당시 나의 개인적인 문제가 바로 태만함이었음을 일깨워주기를 원하셨다. 예수님은 우리에게 다음과 같이 말씀하셨다. "좁은 문으로 들어가기를 힘쓰라(Strive to enter in at the straight gate)"(눅 13:24 참조). 주님은 우리에게 좁은 문으로 들어가는 일을 추구하라고(seek) 말씀하지 않으신다. 단지 추구만 해서는 결국 못 들어가게 될 수도 있다. 오직 고군분투하여(strive) 마침내 좁은 문으로 들어간 사람들만이 인정을 받을 것이다. 추구하는 것과 고군분투하는 것은 다르다. '고군분투하다'는 그리스어 '아고니조마이'(agonizomai)에서 유래되었다.3) 이 말은 '고뇌'(agony)라는 단어의 어원이다. '아고니조마이'는 '상을 받기 위해 경쟁하며 애쓰다', 혹은 '적수(당신의 육신, 세상, 마귀)와 겨루다' 등의 의미다. 한편 이 단어에는 '열렬한 노고나 싸움을 통해 무언가를 성취하려고 애쓰다'는 뜻도 있다. 아마 어떤 이들은 내가 행위의 교리를 제안하고 있다고 말할지도 모르겠다. 그러나 사실상 나는 우리가 행위가 아니라 믿음을 통한 은혜로 구원을 받았다고 큰소리로 외치는 중이다.

　이 성경 본문에서 언급되는 행위들의 형태는 우리가 영생에 들어가기 위해 행해야 하는 것으로서 지도받고 있는 노력이나 행위와는 아무런 상관이 없다. 이 안식에 들어가기 위해서는 힘써 노력해야 한다. 우리는 믿음을 지키기 위해 열심히 힘쓰고 애써서 믿음의 선한 싸움을 싸워야 한다. 그리하여 우리도 바울처럼 선한 싸움을 싸우고 믿음을 지켰노라고 고백할 수 있어야 한다. 우리가 분투해야 하는 까닭은 믿음이 구원에 이르는 구성 요소이기 때문이다. 심지어 예수님도 베드로의 믿음이 떨어지지 않도록 기도하셨다(눅 22:32 참조). 우리는 믿음으로 말미암아 은혜로 구원을 얻는다. 원수는 우리의 믿음을 빼앗으려고 싸움을 벌인다. 왜냐하면 세상을 이긴 승리란 바로 우리의 믿음이기 때문이다. 예수님은 하나님께서 보내신 이를 믿는 것이 곧 하나님의 일이라고 말씀하셨다(요 6:29 참조).

　한편 성경은 우리에게 두렵고 떨리는 마음으로 자기의 구원을 이루라고 말한다(빌 2:12 참조). 그러므로 만일 우리가 계속해서 구원을 지켜나갈 수 있으려면, 애쓰는 태도는 우리의 구원을 이루어가기 위한 매우 중대한 요소다. 어떤 사람들은 예수님이 구원을 위해 이미 궁극적인 대가를 치르셨기 때문에 신자들은 자신의 구원에 대해 아무런 책임도 없다고 생각한다. 옳은 말이다. 예수님은 우리에게 거저 구원을 베푸셨다. 이 진리는 틀림이 없다. 그러나 성경은 예수님이 주신 구원을 유지하고 섬기려면 우리 편에서 반드시 행해야 할 무언가가 있다고 가르친다. 예수님이 우리에게 아무런 대가없이 구원을 베풀어주셨다고 해서, 주님이 우리를 대신하여 구원의 청지기까지 되어주시는 것은 결코 아니다. 거저 주어진 이토록 소중한 선물을 유지하기 위해서는 반드시 우리 쪽에서도 감당해야 할 책임이 있다. 우리가 구원을 유지하기 위해 열심히 노력하지 않는다면, 이는 주님의 은혜를 잘못 다루는 것이며, 나아가 그 가치를 저하시키는 것이다. 주님은 우리를 구원하시고자 엄청난 값을 치르셨다. 이제 구원을 얻었으니 계속해서 우리의 구원을 소중하게 다루어야 한다.

예수님은 "들어가기를 구하여도 못하는 자가 많으리라"고 말씀하셨다. 여기서 '구하여도'(seek)에 해당하는 그리스어는 '제테오'(zeteo)다. 문맥상으로 이 단어는 '갈망하고 안부를 묻는다'는 의미다. 또한 '하나님을 예배하다'는 뜻도 있다.[4] 다시 말해 단지 교회에 출석하거나 하나님을 예배하고, 또는 단순히 천국에 들어가기를 갈망하고 구원받는 것만으로는 충분치 못하다는 뜻이다. 이런 타입의 사람들은 자신들을 천국에 들어가지 못하도록 방해하는 여러 가지 요소에 대항하여 열심히 노력하고 싸우고 애쓰는 모습으로는 살아가지 않는다. 이들은 겉으로만 하나님을 추구하는 사람들이다. 나는 지옥에 떨어지고 싶지는 않았다. 그리하여 좁은 문으로 들어가기 위해 열심히 노력하기 시작했다.

주님은 잠언들과 비유들로 우리를 훈육하신다
He disciples us with proverbs and parables

이것을 비유로 너희에게 일렀거니와 때가 이르면 다시는 비유로 너희에게 이르지 않고 아버지에 대한 것을 밝히 이르리라 (요 16:25)

이 본문은 주님이 내게 이해시켜주려고 애쓰셨던 말씀이기도 하다. 그러나 나는 이 말씀의 의미를 여러 해가 지난 후에야 비로소 이해하게 되었다. 하나님의 말씀을 열심히 찾아보고 연구하지 않는 것이 내가 지녔던 문제였다. 초창기에만 해도 나는 성경에 나오는 단어들의 원어적인 의미에 대해서는 조사해보려고도 하지 않았다. 예수님은 우리에게 성경을 열심히 탐구하라고 명령하셨건만, 나는 그러지 못했다. 연구가 부족하다 보니 꿈을 통해서 받는 계시의 의미도 온전히 깨닫지 못했다. 꿈들은 상당히 상징적일 뿐 아니라 하나님으로부터 말미암은 비유들과 은유들로 가득 차있다. 따라서 성경을 통해 해답을 찾아보지 않으면, 꿈에서 하나님이 과연 무엇을 말씀하려고 하시는지 이해하기 어렵다. 그로부터 수년이 지난 후에 나는 또 한 번의 방문을 통해 최고로 영광스러운 계시와 깨달음을 얻게 되었다.

예수님이 태만함에 관해 가르쳐주시다
Jesus teaches me about slothfulness

나는 예수님이 말씀하시는 '태만함'의 정의가 무엇인지 이해하지 못했다. 단순하게 태만함이란 그저 게으름이거나 일하기 원치 않는 모습이라고만 생각했다. 태만함이 설교와 예언 사역을 게을리 하고 싶어 했던 나의 마음과 어떻게 연관이 있는지 전혀 알지 못했다. 한동안 이런 마음을 먹게 된 계기는 하나님의 음성을 정확하게 듣지 못하고 달린의 친구에게 실수를 저지른 사건 때문이었다. 나는 낙심에 빠졌을 뿐 아니라 심지어 후퇴하려는 태도마저 보이고 있었다. 당시에는 내가 그런 태도를 취하고 있다는 것을 잘 알지도 못했다. 그러나 주님은 내 태도로 인해 시급히 교정을 위한 조치를 취하지 않을 수 없으셨다. 나는 하나님께 계속해서 여쭤보고 있었다. "주님, 도대체 제가 무슨 일을 한 건가요?"

나는 속으로 이렇게 생각했다. "나는 구원을 받은 이래 지난 일 년 반 동안 줄곧 거리에 나가 여러 시간씩 복음을 증거하며 살았어. 그런데 내가 태만하다니 도저히 이해할 수가 없어." 나는 여전히 태만함이란 게으른 모습과 관련이 있다고 생각했다. 예수님으로 인해 내 안에는 주님을 향한 두려움이 생겨난 상태였기에 사실 잔뜩 겁을 먹고 있었다. 실제로 내가 무슨 잘못을 했는지 알아내고 싶었다. 그리하여 어떻게 해서든 지옥이 아니라 천국에 들어갈 수 있기를 바랐다. 오랜 세월에 걸쳐 주님 안에서 점점 성장함에 따라 내가 깨닫게 된 것이 있다.

하나님에 대한 순종은 영원토록 천국에 계신 주님과 더욱 친밀해질 수 있는 좋은 기회라는 점이었다. 단순히 지옥에 떨어지는 것을 모면하기 위한 방책으로 순종해야 하는 것은 아니다.

나는 예수님이 '태만함으로 인해'라고 말씀하신 진정한 의도가 무엇인지 곰곰이 생각해보았다. 여기에 관해서는 성경도 구체적인 설명을 언급하지 않았다. 예수님은 단지 "들어가기를 구하여도 못하는 자가 많으리라"(눅 13:24 참조)고만 말씀하셨다. 주님은 성경 어디에서도 태만함의 의미를 언급해놓지 않으셨다. 그리하여 마침내 나는 주님이 나를 개인적으로 다루고 계신 것이라는 결론에 이르렀다.

하나님으로부터 꿈을 통해 내가 태만함 때문에 지옥으로 가고 있다는 말씀을 들은 이후에 릭 레너(Rick Renner)의 『Sparkling gems from the Greek』(그리스어에서 유래한 반짝이는 보석들)이라는 책을 읽게 되었다.[5] 지금에 와서 돌이켜보니, 내가 이 교훈을 훨씬 더 일찍감치 터득했을 수도 있었다는 생각이 든다. 하지만 나는 하나님의 말씀을 올바르게 연구하는 방법을 잘 몰랐다. 물론 그렇다고 해서 내가 공부를 전혀 안 했다는 말은 아니다. 나는 풋내기 그리스도인이었을 무렵부터 늘 밤낮으로 하나님의 말씀을 묵상하면서 지냈다. 나는 성경도 알고 있었고 성경이 말씀하시는 바가 무엇인지도 알고 있었다. 그러나 귀납적인 연구 방법을 통해 성경 말씀의 의미를 이해하는 법은 알지 못했다. 밤낮 하나님의 말씀을 묵상하는 것만으로는 충분치 못했다. 예수님도 나에게 성경 구절을 깊이 연구해야 한다고 말씀하셨다.

진정한 태만함이란 무엇인가?
The definition of true slothfulness

레너는 자신의 책에서 하나님이 태만함에 관해 이야기하신 내용을 소개했다. 레너도 나처럼 태만함을 게으름과 연관시킨 적이 있었다고 고백했다. 그는 이제껏 자신은 주님의 일을 하느라고 언제나 분주하게 지내오고 있었는데 왜 주님이 자신에게 게으른 자라고 말씀하시는지 도무지 알 수가 없었다고 했다. 주님은 그에게 다음과 같이 대답하셨다. "나는 너에게 '게으름'(laziness)이라는 단어를 사용한 적이 없다. 너는 훌륭한 일꾼이다. 나는 너를 게으르다고 책망하려는 게 결코 아니다. 그러나 너는 태만하다(slothful). 나는 너의 삶에서 이 태만함의 뿌리를 완전히 뽑아버리기 원한다." 주님의 말씀을 듣고 나서야 비로소 그는 태만함이 자신이 생각하던 게으름과는 전혀 다른 의미임을 깨닫게 되었다.

레너는 연구 조사를 통해 '태만함'(slothfulness)이라는 단어가 그리스어 '노스로스'(nothros)에서 유래되었음을 발견하였다. '노스로스'는 '침체되어있는 어떤 것' 이라는 의미다. 와! 정말 놀랍지 않은가? 여기서 잠시 멈추고 내 말을 들어보라! 이 말은 주님이 내 꿈의 첫 번째 장면에서 보여주신 내용과도 연관이 있었다. 꿈속에서 내 모습은 침체되어있었다. 반면에 다른 모든 사람은 환한 빛을 발산하고 있었다. 그런 다음에 나는 다음과 같은 글귀가 기록된 표지판을 보았다. "침체되어있지 마라. 너의 의를 밝히 비추어라."

그 환상이 끝난 후에 꿈의 첫 번째 장면에서 예수님이 내게 지옥을 보여주셨다. 그런 다음 예수님은 내게 태만함을 이야기하셨다. 레너의 책을 읽고 나서야 비로소 내 꿈의 첫 번째 장면과 두 번째 장면이 어떤 연관성이 있었는지 깨달았다. 그러나 이것이 전부는 아니었다.

'노스로스'는 한때는 환하게 빛을 비추었으나 지금은 더 이상 타오르지 않는 촛불에 비교할 수 있다. 촛불은 강렬하게 타올랐던 처음과는 달리 지금은 단지 희미한 깜빡임만을 유지하고 있을 따름이다. 물론 지금도 여전히 빛을 내고는 있다. 그러나 더 이상 예전처럼 밝은 빛은 아니다. '노스로스'는 게으른 상태를 묘사하는 말이 아니다. 오히려 이 단어는 '한때 굉장히 중요했던 어느 사안에 대한 열정이나 강렬한 확신을 상실한 누군가'를 의미한다. 다시 말해, 이는 어떤 일에 대해 열의를 잃어버려 무관심해지고, 중도적인 입장을 취하거나, 혹은 그 일이 어찌되든 더 이상 상관하지 않겠다는 상태로 전락해버린 누군가를 가리킨다.

레너는 노스로스란 '단조롭거나 평범한'이라는 의미라고 설명한다. 이는 느리고 둔한 무언가, 혹은 더 나아가 원래의 속도나 탄력을 상실한 무언가를 뜻한다. 물론 여전히 움직이고는 있다. 그러나 이전과 같은 공격적인 태도는 더 이상 찾아볼 수 없는 상태다. 추진력과 투지, 속도와 신속성도 사라져버렸다. 여기서 이 단어는 어떤 사람이 한때는 무언가에 대해 강한 열정을 품고 있었으나 지금은 과거의 열정이 모두 소멸되어버린 상태임을 묘사하는 비유로 사용된다. 열정은 사라지고 중립적인 자세만 남은 것이다.

나는 하나님으로부터 받은 계시를 저술한, 그리스도의 몸 안에 속한 수많은 남녀로 인해 하나님께 감사드린다.

하나님은 당신에게 말씀하신 내용을 보강하시거나 어떤 특정 주제에 관해 당신을 깨우쳐주시기 위해, 종종 기름 부음이 있는 책들을 사용하실 것이다.

계속해서 불타오르고, 열정을 잃지 마라
Stay on fire and don't lose your zeal

태만함은 당신이나 내가 어떤 일을 하려고 쏟아 붓는 에너지의 양과는 아무런 상관이 없다. 태만함은 내적인 상태를 가리키는 말이다. 외양적으로는 아주 열심히 일하며 어딘가를 향해 가고 있는 것처럼 보일 수도 있다. 그러나 내면적으로 중립 상태에 빠져 오도 가도 못하는 상태일지도 모른다. 릭 레너의 책을 읽은 후에야, 나는 주님이 내 태만한 태도를 교정해주고 계셨음을 깨닫게 되었다. 앞에서 언급했듯이, 나는 달린에게 교정을 받은 후에 스스로 이렇게 말했다. "이제부터는 하나님의 말씀을 설교하고 예언을 선포하는 일을 좀 게을리 해야겠어." 이것이 바로 내 태만한 태도였다. 이런 태만한 태도로 인해, 나는 당시 하나님과의 관계 가운데에서 누리던 영적인 속도와 속력, 추진력 등을 자칫 잃어버릴 뻔했다.

주님께 책망을 들어도 주님을 향한 마음이 식지 않게 하라
Don't cool off toward the Lord when you are rebuked by Him

이제야 나는 내 태도가 단순히 실망한 모습을 반영하는 것은 아니었음을 알게 되었다. 나는 뒤로 물러서려는 마음 자세를 가지고 무관심한 태도에 빠져들고 있었다. 그뿐만 아니라 주님의 교정을 받았다는 이유로 주님을 향한 마음마저 덩달아 냉랭해져갔다. 예수님이 말씀하신 대로 나는 책망을 들었을 때 열심을 내어 회개한 것이 아니라 오히려 정반대의 반응을 보였다(계 3:1 참조). 나의 빛은 점점 밝아지기는커녕 오히려 이전보다 더욱더 침체되었다. '열성적인'(zealous)이라는 단어의 어원에는 '따뜻한 태도를 가지다'는 의미가 내포되어 있다.[6] 이는 누군가가 당신을 향해 냉랭한 태도가 아니라 애정 어린 따뜻함으로 대하는 모습을 연상시킨다. 첫 번째 꿈에서 주님으로부터 교정을 받을 무렵, 나는 주님께 냉랭한 태도를 보여드리고 있었다. 아마 당신도 당신을 통해 교정을 받거나 당신의 동의를 받지 못한 누군가가 이런 모습을 드러내는 모습을 관찰한 경험이 있을 것이다. 그들은 당신에게 따뜻하게 대하기는커녕, 오히려 냉담한 태도가 되거나, 심지어 당신과의 관계를 완전히 단절시켜버렸을지도 모른다. 주님이 무슨 일에 대하여 누군가를 교정하실 때 그 혹은 그녀가 이때의 나처럼 반응하기 시작한다면, 이제 당신은 태만의 열매가 맺히는 모습을 지켜볼 수 있을 것이다. 이런 식의 반응은 중대한 실수인데도 실제로 우리 중 얼마나 많은 사람이 이런 반응을 나타내며 살아가고 있는지 모른다. 이로써 나는 진정한 태만함이 무엇인지를 깨달았다. 태만함은 내면의 상태로 인해 초래된 태도다. 태만함은 마음에 관한 문제다.

그 후로 나는 얼마나 자유로워졌는지 모른다. 새롭게 발견한 이 진리가 나를 자유케 해주었다. 주님을 향한 우리의 마음이 냉랭해질 때마다 하나님의 일들로 인해 설레는 열정과 따뜻함을 잃어버린다. 그뿐 아니라 게을러져서 하나님과 동행하는 일에서도 속도와 추진력을 상실하고 만다. 태만함은 죄다. 현재 태만함에 빠져있음을 깨달았다면 속히 회개하고 본래의 자리로 회복해야 한다. 예수님, 정말 고맙습니다!

예수님은 태만함 때문에 결국 좁은 문으로 들어가지 못할 사람들이 많을 것이라고 말씀하셨다. 이제 나는 주님이 왜 이렇게 말씀하셨는지 잘 안다. 만일 당신이 태만한 태도로 살아간다면, 당신은 좁은 문에 들어가려고 고군분투하지도 않을 것이다. 오히려 좁은 문에 들어가는 일을 단지 평범한 모습으로 추구하는 수준에 그칠 것이다. 당신은 하나님을 섬기고 기쁘게 해드리기를 진정으로 원하는가? 그렇다면 당신 안에 주님을 향한 열정과 추진력과 갈망이 조금이라도 상실된 상태를 결코 그대로 방치해두어서는 안 된다. 당신은 태만함과 중립적인 태도로부터 돌이키기로 결심함으로써 다시금 본래의 궤도로 회복할 수 있다. 당신은 태만함이라는 방해물을 당신의 삶에서 치워버릴 수 있다. 나는 내가 꾼 꿈과 릭 레너의 책을 통해, 내 삶에 존재하던 이 죄를 처리하기 위해 안간힘을 썼다. 나라는 사람은 주님의 교정을 받을 때나 주님을 섬기다가 낙담했을 때 이런 식으로 행동하려는 경향성이 매우 강하다는 점도 알게 되었다.

주님을 향한 열정을 한층 더 불태우라
Warm up toward Him instead

예수님은 나에게 나타나실 때마다 주님이 이 땅을 걸으시던 동안에 행하셨던 사역을 조금이나마 엿볼 수 있게 하셨다. 나는 주님의 실제 모습 그대로를 목격했다. 주님은 하나님 아버지께서 원하시는 일에 초점을 맞추신 상태로 언제나 속도감과 목적성을 가지고 움직이셨다. 주님은 수행하셔야 할 다음 임무를 향해 언제나 공격적인 태도로 전진하셨다. 나는 출발했다가 중단하기도 하고, 앞으로 나아갔다가 다시 뒤로 물러설 때가 많았다. 마땅히 예수님과 보조를 맞추어야 했으나 그러지를 못했다. 또한 주님 안에서 유지하고 있어야 할 추진력도 세월이 흐르는 동안 점점 상실해버렸다. 이 모든 일의 원인은 내 삶에 스며든 태만함 때문이었다. 그러나 계시를 얻기 전까지 나는 이 태만함의 정체를 깨닫지도 못했다. 태만함에 관한 계시를 깨달은 이후로 나는 우리 중 너무도 많은 사람이 믿음에 방해되는 일들을 행하면서도 정작 자신이 얼마나 치명적인 실수를 저지르는지를 전혀 이해하거나 알아차리지도 못한 채 살아가고 있음을 알게 되었다. 우리가 이 지식에 관해 무지한 까닭은 연구를 하지 않기 때문이다. 예수님은 태만함을 미워하신다. 주님은 하나님 아버지의 일을 수행하시느라 늘 바쁘시다. 주님은 부지런히 일을 하신다. 주님은 영 안에서 환한 빛을 발산하고 계시며, 열정적이고 뜨거우시다. 주님이 부모님에게 말씀하셨던 내용을 생각해보라.

> …어찌하여 나를 찾으셨나이까 내가 내 아버지 집에 있어야 될 줄을 알지 못하셨나이까 (눅 2:49)

우리는 항상 주님에게 보조를 맞추어 결코 뒤처지지 말아야 한다. 예수님은 언제나 하나님 아버지의 일을 하느라 분주하시다. 주님은 정말 부지런하신 분이다. 우리도 당연히 부지런해야 한다.

주님의 제자 교육은 계속되다: 주님이 나와 얼굴을 마주하시며 기적과 치유 사역에 관해 훈련시켜주시다

His discipleship continues:
He trains me face-to-face in His miracle healing ministry

주님이 기적과 치유의 차이점을 가르쳐주시다

1992년, 주님은 꿈에서 내게 부모님의 집과 테네시 주 멤피스의 친숙했던 환경들로부터 떠나라고 말씀하셨다. 나는 주님의 명령에 순종하여 사우스캐롤라이나의 찰스턴으로 옮겼다. 그곳으로 갔을 때 주님은 내게 계속해서 금식을 하라고 지시하셨다. 나는 주님의 말씀에 순종했다. 이 무렵에 나는 구원받지 못한 사람들을 위해 길거리로 나가 복음을 증거하곤 했다. 병원들을 방문하여 아픈 사람들을 위해 기도하기도 했다. 그때만 해도 나는 치유에 관하여 오늘날만큼 잘 이해하고 있지는 못했다. 치유란 즉각적으로 반응이 일어나야 하는 사역이라고만 생각했다. 내가 아픈 누군가를 위해 기도하면, 어떤 이들은 즉시 치유되기도 했으나, 즉시 치유되지 않는 이들도 있었다. 이런 이유로 나는 종종 낙심이 되곤 했다. 오랜 세월 동안 사우스캐롤라이나 찰스턴에서 길거리 복음 전도와 병자들을 위해 기도하다가 비로소 낙심의 자리를 박차고 나와 주님께 기도하기 시작했다. 나는 방바닥을 요란하게 두드려가며 눈물을 흘렸다. 왜 내가 기도하는 사람들이 모두 치유를 받지는 못하는지 눈물로 주님께 답변을 구하였다. 당시에 나는 누군가를 위해 기도하면 반드시 치유가 일어나야 한다고 생각하고 있었다.

주님께 울부짖으며 기도하는 동안 어느새 스르르 잠이 들었다. 그리고 곧바로 하나의 꿈을 꾸었다. 동일한 질문을 반복하는 내 옆에 예수님이 함께 서서 걷고 계셨다. 주님은 아름답고 흰 가운을 입고 계셨다. 나는 주님께 여쭤보았다. "병든 자를 위해 기도하면 낫게 될 것이라고 주님이 성경에서 말씀하셨잖아요. 그런데 제가 주님의 이름으로 기도해도 모든 사람이 곧바로 치유되지 못하는 것은 무슨 이유인가요?" 그러자 주님은 온화하고 사랑이 가득한 눈으로 나를 바라보신 후에 대답하셨다. "데이비드야, 기적과 치유는 서로 다르단다. 나는 모든 사람에게 기적을 행하지는 않는단다. 그러나 어떤 사람들에게는 치유를 허락하고 있지!" 주님이 내게 기적과 치유의 차이점을 설명하시는 동안 우리는 서로 얼굴을 마주 보며 이야기를 나누었다. 주님은 계속해서 말씀하셨다. "기적은 즉각적으로 일어난단다. 하지만 치유는 점차적으로 일어나는 거야. 치유란 말 그대로 '고쳐지는 과정'을 뜻하는 거란다."

'치유'(healing)라는 말 자체가 치유의 의미를 내포한다. 누군가가 치유된다고 하는 것은 수선되는 과정 중에 있다는 뜻이다. 주님께서 여기까지 말씀하셨을 때 나는 잠에서 깨어났다. 나는 얼른 주님이 기적과 치유에 관해 말씀하신 성경 구절들을 찾아보았다. 이 땅에서 주님이 행하신 사역을 연구해본 결과, 나는 놀랄 만한 사실을 알 수 있었다. 주님은 모든 사람에게 기적을 행하시지도 않았을 뿐더러, 주님께 나아오는 모든 사람에게 즉각적인 치유를 베풀지도 않으셨다. 성경은 몇몇 사람이 같은 시각에 치유를 받았다고 전한다. 다시 말해 성경에 언급된 다른 일화들과 마찬가지로 그들의 치유는 즉각적으로 이루어진 것이 아니었다. 이 사실은 굉장한 소득이었다. 예수님이 직접 찾아오셔서 얼굴을 마주 보며 가르쳐주셔야 했을 정도로 내게는 무척이나 소중한 깨달음이었다.

예수님은 적극적이고 열성적으로
하나님 아버지의 일을 하신다
Jesus is active and zealous about His Father's business

당신은 당신이 꾸는 꿈의 세부적인 내용들에도 주의를 기울여야 한다. 왜냐하면 종종 세세한 부분이 엄청나게 중요한 의미를 담고 있을 때가 많기 때문이다. 사소해 보이는 것일지라도 결코 놓치지 말도록 하라! 이번 꿈에서 나는 예수님과 제자들이 이 땅에서 활동하셨을 때의 모습을 관찰하고 있었다. 예수님은 이곳저곳을 옮겨 다니시면서 복음을 전파하시고 사람들을 치유하셨다. 나는 꿈에서 예수님에 관하여 특별히 두 가지 사실에 주목하였다. 아울러 나는 인격에 관련된 어떤 부분도 발견하게 되었다. 처음 주님이 내 옆을 지나가실 때, 주님은 매우 빠른 속도로 바삐 움직이고 계셨다. 그래서 치유에 관해 주님께 여쭈어보기 위해서는 주님보다 훨씬 앞질러가지 않으면 안 되었다. 예수님은 하나님 아버지의 일을 수행하고 계셨다. 주님은 그 일을 매우 부지런히 행하셨다. 따라서 내가 주님을 따라잡는 것은 무척 힘이 들었다.

종 됨에 관한 나타나심:
주님이 나를 주님의 종으로 기름 부으시다
Face-to-face appearance of Servanthood:
He anoints me to be His servant

주님은 말씀의 권위에 확고히 서있을 만한 사람들을 찾으신다

1989년부터 1992년까지 약 이 년 반 동안, 주님은 나에게 제자 교육의 시기를 통과하게 하셨다. 찰스턴에 도착했을 때 주님은 꿈속에서 나를 만나주셨다. 꿈에서 주님은 주님의 마음속에 품고 계신 내용들과 다가올 시기에 나에 대해 기대하고 계신 것들을 이야기하셨다. 나는 주님의 방문의 내용이 이전과는 달라졌음을 알아차리기 시작했다. 주님은 처음에는 가르치고 훈계하는 일에 역점을 두셨는데, 이제는 내게 거룩한 과제들과 임무들을 명령하고 위임하는 일에 집중하고 계셨다. 나는 주님의 종이라는 새로운 수준으로 진입하였다. 이제 주님이 나를 주님의 종으로 위임하시기 시작하면서 나의 생활도 달라지고 있었고, 주님과의 동행도 극적인 모습으로 변화되고 있었다.

바로 이 무렵에 예수님은 그동안 내가 궁금해했던 늦은 비(latter rain)에 관한 질문들에 대답하시려고 나타나셨다. 순식간에 나는 주님과 어느 한 교회 위의 공중에 떠있었다. 그때 주님은 이제껏 내가 한 번도 본 적이 없던 가장 아름다운 흰 가운을 입고 계셨다. 주님이 나타나실 때마다 매번 주님이 입고 계신 옷은 이전보다 한층 더 영광스럽게 보였다. 나는 주님과 함께 그 교회 위의 높은 상공에 서있었다. 주님은 금으로 된 매우 커다란 그릇 모양의 것을 양손에 쥐고 계셨다. 그 그릇 안에는 금빛의 아름다운 늦은 비의 기름 부으심이 담겨있었다. 나는 주님이 그릇에 담겨있는 내용물을 주님의 몸 된 교회 위에 붓기를 원하시지만 실제로는 그렇게 하시지 못한다는 것을 알 수 있었다.

주님은 내게 말씀하셨다. "데이비드야, 왜 교회 안에서 나의 권능이 나타나는 모습을 볼 수 없느냐고 물었지. 이제 네게 그 대답을 알려주러 왔단다." 그런 다음 주님은 교회 안에서 자행되고 있었던 주님이 매우 싫어하시는 일들을 하나하나 지적하시기 시작하셨다. 맨 먼저 주님은 회중석에 앉아있는 몇몇 사람을 보여주셨다. 그들은 젊은이든 나이 든 사람이든 모두가 동일하게 성적인 죄악과 간음을 저지르고 있었다. 하나님의 집 안에 육체적인 일들이 너무도 만연했다. 두 번째로 주님은 성가대석을 가리키면서 말씀하셨다. 찬양과 경배를 인도하던 사람들이 주님의 집에 크리스천 랩(rap)을 도입해서 노래를 부르기 시작했다. 주님은 이런 일을 매우 불쾌하게 여기셨다. 내게 이 말씀을 하시는 동안 주님의 표정에는 불쾌함이 역력했다.

주님이 나를 사역으로 부르시고
늘 신실함을 잃지 말라고 당부하시다
He called me into ministry and urged me to be faithful to Him

그 후 주님은 내게 주님의 집에 있는 사람들을 교정하고 꾸짖으라고 말씀하셨다. 주님의 명령대로 행하자, 주님은 어떤 아주 진귀한 일을 행하셨다. 주님은 손가락 하나를 그 늦은 비의 영광의 기름에 담그신 채로 나를 바라보시며 말씀하셨다. "신실한 자가 되라." 이 말씀을 하신 후에 주님은 손가락을 교회 위로 뻗으셔서 기름 한 방울을 교회 위에 떨어뜨리셨다. 기름방울은 주님의 손가락에서 떨어지자마자 곧바로 물보라를 일으키며 사람들 위에 마치 비처럼 분사되었다. 기름방울이 회중 위로 떨어졌을 때, 온 회중 사이에서 자발적인 찬양이 폭발적으로 터져 나오기 시작했다. 그들이 드리는 수준 높은 찬양의 모습은 무척 아름다웠다. 그러나 기름방울로 인해 시작된 하나님의 운동은 점차 소멸되었다. 예수님과 나는 여전히 그곳에 서있었다. 나는 주님이 주님의 교회 위에 늦은 비의 충만함을 부어주기를 원하시는 것을 알 수 있었다. 그렇지만 주님은 마음과는 달리 그렇게 하실 수가 없었다. 그 기름이 죄와 육체, 세속성 등으로 누전현상을 일으키게 될 것이기 때문이었다.

예수님은 주님이 싫어하시는 또 다른 문제로 나의 관심을 이끄셨다. 주님은 내게 주님의 설교단에 서있는 목사(pastor)를 보여주셨다. 그 목사는 회중과 성가대원들 사이에서 저질러지는 온갖 잘못된 일을 목격하면서도 그들의 죄악을 지적해서 말하지 않았다. 예수님은 주님의 집에서 이런 모든 일이 일어나도록 방관하는 이 목자(Shepherd)를 매우 불쾌하게 여기셨다. 그 교회의 목사는 바닥에 누운 채로 설교하고 있었다. 잠시 후에 예수님은 내게 수많은 주님의 지도자와 목사가 주님의 말씀을 설교하는 모습을 보여주셨다. 그런데 그들은 똑바로 서서 설교하는 것이 아니라 모두 누운 채로 설교를 하고 있었다. 이 장면을 보여주신 후에 주님은 내게 주님의 목사들과 지도자들을 위해 중보 기도하라고 지시하셨다. 나는 실제로 그들을 위해 중보 기도를 드리고 있다. 왜냐하면 하나님의 목자들을 내가 무척 사랑하기 때문이다. 그들은 정말 수많은 일을 겪는다. 예수님은 나를 다시 몸 안으로 돌려보내주셨다. 아직 깊은 잠에 빠져있는데 한 목소리가 내 귀에 들렸다. 그 목소리의 메시지는 나를 완전히 뒤흔들었다. "나는 내 말의 권위에 확고히 서있을 만한 사람이 필요하다."

주님이 처음으로 내게 과제와 사명을 위임하시다
He gave me my first assignment and commissioned me

그 목소리의 주인공은 예수님이셨다. 나의 전 존재가 흔들리고 벌벌 떨렸다. 분명 예수님은 이렇게 말씀하지 않으셨다. "데이비드야, 나는 네가 내 말의 권위에 확고히 서있기를 원한다." 오히려 주님은 단지 한 사람이 필요하다고 말씀하셨고, 그 일에 대한 선택 여부를 나의 재량에 맡겨놓으셨다. 전능하신 하나님의 아들이 이 일을 수행할 만한 한 사람을 찾고 계셨다.

> 이 땅을 위하여 성을 쌓으며 성 무너진 데를 막아서서 나로 하여금 멸하지 못하게 할 사람을 내가 그 가운데에서 찾다가 찾지 못하였으므로 (겔 22:30)

나는 주님이 찾으시는 이 한 사람이 되기로 결심했다. 주님이 만일 내가 응답하기를 원하신 것이 아니었다면, 내 관심을 이 문제에 쏠리도록 만들어놓지도 않으셨을 것이다. 주님의 말씀은 내 존재 전체를 완전히 흔들어놓았다. 주님의 말씀은 마치 액체로 된 불처럼 나를 관통해서 지나갔다. 이 체험을 통해 나는 주님으로부터 과제를 위임받았다. 내 과제는 하나님의 말씀의 권위에 흔들림 없이 서있는 한 사람이 되는 일이었다. 그런 다음 나는 갑작스럽게 잠에서 깼다. 나는 여전히 떨고 있는 상태였다. 아직 이른 시각인 새벽 네시경의 일이었다.

마치 전류들이 온 존재를 관통하고 지나가는 듯한 느낌이 들었다. 내 몸은 머리끝부터 발끝까지 꿰뚫고 지나간 액체의 불과 같은 전류들로 인해 벌벌 떨렸다. 주님이 말씀의 권위를 맡기실 만한 한 사람을 찾기 원하신다는 갈망과 필요를 말씀하셨을 때, 나의 온 마음이 주님께 응답하며 울부짖었다. 나는 주님께 말씀드렸다. "주님, 제가 주님이 원하시는 그 일을 신실하게 감당하겠습니다." 바로 그 순간에 주님은 이번에 보여주신 꾸지람이 앞으로 주님의 교회에 부어주기 원하시는 늦은 비의 영광을 위하여 반드시 필요한 필수조건이 될 것이라고 말씀하셨다.

2

Removing the veils

수건을 제거하기

"예수님과 얼굴을 대면할 때
변화가 일어난다."

Face-to-Face with Jesus

02

수건을 제거하기

Removing the veils

"예수님과 얼굴을 대면할 때 변화가 일어난다."

숨김없는 얼굴

Open face

당신은 수건을 덮고 있는가, 아니면 숨김없는 얼굴인가?
주님은 당신과 얼굴을 마주하고 만나기 원하신다

　예수님은 당신과 얼굴을 마주 대하는 만남이 그 무엇에 의해서도 방해받는 것을 원치 않으신다. 주님이 당신과 얼굴을 대면하려고 찾아오실 때, 당신은 숨김없는 얼굴로 주님을 바라보아야 한다. 주님이 영광 가운데에 당신의 얼굴을 대면하기 위해 오신다고 해서, 반드시 주님이 우리의 얼굴과 우리 존재의 본질에 접촉하시게 되는 것은 아니다. 그동안 우리의 얼굴은 수많은 수건으로 은폐되었다. 과거와 현재의 경험들에서 기인한 찌꺼기들이 주님을 실제 모습 그대로 명확하게 바라볼 수 없도록 가로막는다. 주님과 얼굴을 대면하는 수많은 만남을 체험했음에도 불구하고, 여전히 삶의 많은 영역에서 부족하기만 한 나 자신의 모습을 보면서 참으로 의아스러웠다. 성경은 우리가 주님과 주님의 영광을 바라봄에 따라 변화될 것이라고 밝힌다.

> 우리가 다 수건을 벗은 얼굴로 거울을 보는 것 같이 주의 영광을 보매 그와 같은 형상으로 변화하여 영광에서 영광에 이르니 곧 주의 영으로 말미암음이니라 (고후 3:18)

본문에서 언급되는 변화가 내 안에서는 온전하게 일어나지 않았다. 나도 무엇인가 잘못되었다는 것을 알고 있었다. 한편 요한일서 3장 2절을 읽어보았더니 다음과 같은 말씀이 있었다. "…그가 나타나시면 우리가 그와 같을 줄을 아는 것은 그의 참모습 그대로 볼 것이기 때문이니." 여기서 주님은 내게 한 가지 사실을 깨닫게 하셨다. 주님을 옳은 방식으로 바라보아야 비로소 우리가 주님의 형상과 모양으로 변화될 수 있다는 깨달음이었다. 나는 위에서 언급한 두 성경 구절에서 두 가지 중대한 요소를 놓쳤다. 첫 번째 구절에서는 우리가 주님을 숨김 없는 얼굴로 바라보아야 한다고 지적하고 있음을 미처 깨닫지 못했다. 다시 말해 우리는 얼굴에 어떠한 수건도 덮어쓰지 않은 상태이어야 한다. 얼굴에 수건을 쓰고 있는 한, 주님을 아무리 바라본다고 해도 우리는 결코 변화될 수 없다. 두 번째 구절에서는 우리가 주님처럼 되기 위해서는 주님의 모습을 있는 그대로 바라보아야 한다는 점을 이해하지 못했다. 그러므로 요지는 다음과 같다. 우리는 주님을 단지 바라보기만 해서는 안 된다. 우리는 주님을 바라보되, 모든 수건을 벗어버리고 숨김없는 얼굴로 바라보아야 한다. 우리는 우리의 시력과 마음을 흐려놓고 주님의 참모습을 바라볼 수 없도록 왜곡시키는 모든 수건을 제거해야 한다.

수건은 진리를 왜곡시킨다
Veils distort truth

수건들이란 이를테면 예수님의 참모습을 바라볼 수 없게 만드는 것들, 즉 사고의 틀, 견해들을 말한다. 이것들은 대상을 있는 그대로 이해하지 못하도록 우리의 시각을 흐리게 한다. 수건들은 일종의 속임수다. 수건들을 쓰고 있을 때는 사물들과 상황들을 하나님의 관점으로 바라볼 수 없게 된다. 수건들을 벗어버리라! 우리의 얼굴에서 수건이 벗겨질 때, 비로소 우리는 주님의 참모습을 있는 그대로 볼 수 있게 된다. 주님이 오셨을 때 당신은 수건을 제거한 숨김없는 얼굴로 주님을 마주 보아야 한다. 과연 당신은 숨김없는 얼굴을 하고 있는가? 내가 예수님과 얼굴을 대면하는 만남을 숱하게 경험한 이후에도, 마땅히 내 안에 변화되었어야 하는 분량만큼 변화되지 못했던 이유도 여기에 있었다. 주님은 이러한 수건들을 벗어버릴 수 있는 방법을 알려주셨다. 그 방법을 살펴보자.

주님의 얼굴을 선명하게 보려면 수건들을 벗어버리라
Removing the veils so you can see Him clearly face-to-face

우리는 얼굴에서 반드시 수건을 제거해야 한다. 그래야만 주님이 우리를 찾아오셨을 때 주님의 얼굴을 선명하게 볼 수 있다. 사실 이 점은 나도 주님과 동행하며 지내오는 중에 실수했던 부분이기도 하다. 나 역시 미성숙하였기에 제대로 깨닫지 못했다. 우리의 얼굴에서 수건을 벗어버린다는 의미는 예수님과 인생 자체에 관한 온갖 왜곡되고 종교적이며 세속적이고 육신적인 견해나 관점들을 제거하는 것이다. 여기에는 우리의 의식 안에 형성되어있으면서 우리의 결정이나 사고 과정의 일부로 작용하는 것들은 무엇이든지 해당된다. 이러한 역기능적인 생각들과 과정들은 개인적이거나 사적인 환경들, 시련들, 고통들, 상처들, 가르침들, 인간의 거짓된 교리들 등에서 기인한다. 그뿐만 아니라 조상들로부터 전수받은 우리의 인종적 가치관과 문화에서 유래된 역기능적인 신념들과 실패들도 여기에 포함된다. 이 모든 것은 결코 하나님의 방식이 아니다. 목록을 꼽자면 한도 끝도 없다. 이것들은 예수님의 참모습을 있는 그대로 바라보지 못하도록 왜곡시킨다. 이러한 수건들을 진리에 노출시켜서 제거해야 한다. 진리에 의해 수건들이 벗겨지도록 해야 한다. 그렇게 하지 않는다면, 당신은 설령 주님으로부터 얼굴을 대면하는 방문을 받더라도, 주님의 얼굴을 바라봄으로써 당신의 삶에 마땅히 일어나야 할 변화의 효과는 온전히 누릴 수 없을 것이다.

예수님의 방문으로 말미암아 변화되기
Being changed by the visitation from Jesus

성경은 이러한 수건들을 가리켜 우리의 삶에서 진리의 결핍으로 인해 어떤 식으로든 관점이 왜곡된 지점들이라고 언급한다.

> 돌에 써서 새긴 죽게 하는 율법 조문의 직분도 영광이 있어 이스라엘 자손들은 모세의 얼굴의 없어질 영광 때문에도 그 얼굴을 주목하지 못하였거든 하물며 영의 직분은 더욱 영광이 있지 아니하겠느냐…우리는 모세가 이스라엘 자손들에게 장차 없어질 것의 결국을 주목하지 못하게 하려고 수건을 그 얼굴에 쓴 것 같이 아니하노라 그러나 그들의 마음이 완고하여 오늘까지도 구약을 읽을 때에 그 수건이 벗겨지지 아니하고 있으니 그 수건은 그리스도 안에서 없어질 것이라 오늘까지 모세의 글을

읽을 때에 수건이 그 마음을 덮었도다 (고후 3:7-8, 13-15)

사랑하는 자들아 우리가 지금은 하나님의 자녀라 장래에 어떻게 될지는 아직 나타나지 아니하였으나 그가 나타나시면 우리가 그와 같을 줄을 아는 것은 그의 참모습 그대로 볼 것이기 때문이니 (요일 3:2)

한편 성경은 하나님이 우리에게 깨닫는 마음을 주셨다고 밝힌다. 그러나 수건은 우리의 관점을 왜곡시켜 하나님이 바라보시는 방식대로 바라볼 수 없게 한다. 결혼을 할 때 신부(신부는 주님의 몸 된 교회를 상징한다)는 얼굴에 면사포를 드리운다. 면사포를 걷어내기 전까지 신부는 채색된 얇은 베일로 인해 신랑을 왜곡된 상태로밖에는 볼 수 없다. 우리가 예수님을 바라보는 경우도 이와 마찬가지다. 우리는 진리의 말씀을 통해 이러한 수건들을 제거할 수 있다. 이 일은 우리가 주님께 우리의 삶 속에 왜곡된 영역들에 대해 더 심오하고 절대적인 진리를 적용시켜주시도록 요청할 때 가능하다. 성경은 주님께서 반드시 그 수건들을 제거하실 것이라고 선언한다. 주님이 수건들을 제거하셨을 때, 비로소 우리는 숨김없는 얼굴로 주님을 바라보며 주님의 형상으로 변화될 수 있을 것이다. 예수님은 주님이 하나님 아버지와 함께 창세 전부터 지니고 계셨던 영광과 형상에 우리도 동참할 수 있게 해달라고 하나님 아버지께 간구하셨다(요 17:24 참조). 주님은 하나님 아버지와 누리셨던 영광을 우리도 동일하게 경험하기를 원하신다. 와, 정말 굉장하지 않은가! 주님은 우리에게서 이런 수건들을 제거하시기 위하여 주님이 심판이라고 부르시는 과정을 사용하신다.

> 여호와를 경외하는 도는 정결하여 영원까지 이르고 여호와의 법도 진실하여 다 의로우니 금 곧 많은 순금보다 더 사모할 것이며 꿀과 송이꿀보다 더 달도다 또 주의 종이 이것으로 경고를 받고 이것을 지킴으로 상이 크니이다 자기 허물을 능히 깨달을 자 누구리요 나를 숨은 허물에서 벗어나게 하소서 또 주의 종에게 고의로 죄를 짓지 말게 하사 그 죄가 나를 주장하지 못하게 하소서 그리하면 내가 정직하여 큰 죄과에서 벗어나겠나이다 (시 19:9-13)

주님이 행하시는 심판들을 통과하면서 점차 우리는 정결케 된다. 주님의 심판은 우리의 참모습에 관련된 진리와 우리 마음의 진정한 상태를 노출시킨다. 성경은 인간으로서 우리가 지닌 마음의 상태를 이렇게 표현한다. "만물보다 거짓되고 심히 부패한 것은 마음이라 누가 능히 이를 알리요마는"(렘 17:9). 요점은 다음과 같다. 당신은 자신의 마음이 어떠한지 알지 못한다. 당신의 마음은 당신에게 거짓을 말하고 당신을 속인다. 당신의 마음에 들어있는 것을 옳게 분별하시고 참된 심판을 내리시는 주님만이 당신의 마음 상태를 밝히 드러내실 수 있다.

만물보다 거짓되고 심히 부패한 것은 마음이라 누가 능히 이를 알리요마는 나 여호와는 심장을 살피며 폐부를 시험하고 각각 그의 행위와 그의 행실대로 보응하나니 (렘 17:9-10)

하나님이 행하시는 심판은 진실하고 의로우시며, 특별히 우리에 관한 것이다. 물론 우리는 심판을 통과할 당시에는 이를 잘 이해하지 못할 수도 있다. 이제 나는 우리에게 자유를 주시고 우리 마음의 수건을 벗겨주시는 삼위일체 하나님 중 또 한 분의 인격체(Person)를 소개하고자 한다.

성령님은 우리를 수건으로부터 자유케 하신다
The holy Spirit gives us freedom from veils

우리의 마음과 얼굴에서 수건을 벗겨주시는
성령님의 사역과 인격의 중요성

그러나 언제든지 주께로 돌아가면 그 수건이 벗겨지리라 주는 영이시니 주의 영이 계신 곳에는 자유가 있느니라 우리가 다 수건을 벗은 얼굴로 거울을 보는 것 같이 주의 영광을 보매 그와 같은 형상으로 변화하여 영광에서 영광에 이르니 곧 주의 영으로 말미암음이니라 (고후 3:16-18)

성령님의 사역과 인격은 우리의 삶 속에서 매우 중요하다. 특히 우리 마음에서 수건을 제거하는 일과 관련해서는 더욱더 그러하다. 성령님은 우리를 모든 진리 가운데로 인도하시고 이끌어주시는 분이기 때문이다. 정말 그렇다. 진리야말로 우리가 미처 깨닫지 못하고 있던 우리 마음의 사악함을 은폐해놓은 수건들을 걷어낼 수 있는 핵심적인 요소다. 성경에서도 밝히듯이 우리의 마음은 절망적일 만큼 사악하다. 주님은 이런 사실을 과연 누가 알겠느냐고 물으신다. 질문을 던지신 주님은 친히 답변까지 제시하신다. "나 여호와는 심장을 살피며 폐부를 시험하고"(렘 17:10). 마음에 덮인 수건들을 걷어내시는 분은 주님이다. 또한 주님은 우리 인격의 진정한 상태에 관련된 기만적이고 은밀한 비밀들과 거짓들까지도 노출시키시고 드러내신다. 고린도후서에서 바울은 추가적인 설명을 덧붙인다. "그러나 [마음이] 언제든지 주께로 돌아가면 그 수건이 벗겨지리라"(고후 3:16 참조). 다시 말하지만 이 수건들을 치우시는 분은 주님이다. 그런데 이 성경 구절들에서 언급되는 하나님은 삼위일체 하나님 중 어느 위격에 해당하는 분인지를 잘 이해해야 한다. 성경은 명백하게 다음과 같이 설명한다. "주는 영이시니 주의 영이 계신 곳에는 자유가 있느니라"(고후 3:17). 그러므로 우리 마음을 은폐시켜 진리를 올바로 볼 수 없게 하는 이 수건들로부터 우리를 자유케 해주시는 분은 성령님이시다. 성경은 성령님의 사역과 인격에 관하여 이렇게 소개한다. "빛의 열매는 모든 착함과 의로움과 진실함에 있느니라 주를 기쁘시게 할 것이 무엇인가 시험하여 보라"(엡 5:9-10). 아울러 성경은 성령님은 우리 삶 속에 존재하는 열매 없는 어둠의 일들(의식적인 죄든 무의식적인 죄든)에는 절대로 참여하지 않으신다고 지적한다. 오히려 성령님은 그런 어둠의 일들을 책망하시거나 교정하신다. 다시 말해 성령님은 주님의 임재의 빛으로써 우리 삶 속에 남아있는 어둠을 노출시키신다. 주님과 동행하는 삶을 이제 막 시작했을 무렵에, 나는 성령님이 내게 나타나셨던 매우 영광스러운 체험을 한 적이 있다. 그 방문에서 성령님이 삶 속에서 얼마나 중요한 일을 행하시는지 깨닫게 되었다. 그분은 우리로 하여금 죄를 이길 수 있게 해주신다. 성령님은 우리 안의 사악한 육체적인 일들을 제거하시기 위하여 우리의 동역자가 되어주신다. 성령님은 우리와 함께 그리고 우리를 통하여 일하신다.

성령님이 꿈속에서 나타나시다
The holy Spirit appears to me in a dream

성령님을 만난 체험

1993년의 일이다. 꿈을 꾸었는데 성령님이 나타나셔서 나와 얼굴을 대면하여 만나주셨다. 독자 중에는 이런 식의 나타나심이 신학적으로 좀 문제가 있다고 생각하는 사람도 있을지 모르겠다. 하지만 한 번 생각해보라. 하나님 아버지는 모세, 이스라엘, 다니엘, 에스겔, 이사야, 밧모 섬의 사도 요한 등에게 나타나셨다. 하나님의 아들 예수님도 수많은 사람에게 나타나셨다. 그렇다면 성령님께서도 몸의 형태로 사람들에게 나타나지 말라는 법이 어디 있는가? 성부 성자 성령 삼위일체 하나님은 이러저러한 때에 인간들에게 나타나주셨다. 나는 꿈을 꾸었고 성령님이 꿈속에서 내게 나타나셨다. 당시 나는 그리스도인이 된 지 얼마 되지 않은 시점이었고, 아직 미혼으로 죄와 유혹과 치열하게 싸움을 벌이고 있었다.

성령님이 내 삶 속에 존재하던 죄의 권능을 해체시키시고 수건들을 벗겨주시다

꿈속에서 성령님은 내 앞에 서계셨다. 성령님은 아무 말씀도 하지 않으셨지만 하늘로부터 어떤 목소리가 들려왔다. "성령님은 죄를 무효화시켜주시는 분이다." 나는 이 목소리의 주인공이 주 예수님이라는 것을 알 수 있었다. 예수님의 목소리는 이미 내 귀에 매우 익숙했다. 성령님이 내 앞에 잠자코 서계시는 동안에 예수님이 말씀하셨던 것이다.

이 꿈을 꾸고 난 이후로 내 안에는 오랜 세월 동안 한 가지 의문이 풀리지 않고 남아있었다. 성령님이 내 앞에 그토록 생생한 모습으로 서계셨음에도 불구하고, 성령님은 아무런 말씀도 안 하시고 오히려 예수님이 성령님을 대신하여 말씀하신 이유는 과연 무엇일까. 여러 해가 지난 후 하나님의 말씀을 연구하다가 그 이유를 깨닫게 되었다. 예수님은 성령님에 관해 우리에게 다음과 같이 가르쳐주셨다. "그가 스스로 말하지 않고"(요 16:13). 예수님은 분명히 말씀하셨다. "…그가 스스로 말하지 않고 오직 들은 것을 말하며 장래 일을 너희에게 알리시리라"(요 16:13). 이 본문은 성령님이 친히 성령님 자신에 관해서는 말씀하지 않는다는 의미이기도 하다. 한 번 생각해보라. 성경 어디를 찾아보아도 성령님이 스스로에 관해 말씀하셨다는 구절은 한 군데도 없다. 성령님이 언급되는 경우는 언제나 하나님 아버지와 예수님이 성령님에 관해 말씀하실 때뿐이다. 내 말을 오해하지 마라. 나는 성령님이 말씀하지 않으신다고 말하는 게 아니다. 다만 성령님은 성령님 자신에 관해서는 말씀하지 않으신다는 뜻이다.

성령님의 날개와 깃털:
그러나 그분은 사람의 형상 혹은 몸을 가지고 계셨다

I saw His feathers and wings:
But He had the body or form of a person

성령님은 내 바로 앞에 서계셨다. 그분은 이제껏 내가 본 적이 없는 가장 순수한 흰빛이었다. 성령님이 속에 입고 계신 옷과 길고 헐거운 겉옷도 모두 흰색이었다. 그분의 얼굴, 손, 발을 비롯하여 그분의 모든 것이 더할 나위 없이 순결한 백색이었다. 당신은 상상도 할 수 없을 것이다. 인간의 표현으로는 도저히 형언할 수조차 없는 흰빛이었다. 그런데 한 가지 이상한 점이 있었다. 성령님은 정상적인 사람의 모습과 형상을 하고 계신 것처럼 보였다. 예수님이 내게 나타나셨을 때 보았던 모습과도 매우 닮아 있었다. 그러나 성령님께서는 아주 거대하고 아름다운 흰 날개가 달려있었다. 성령님은 몸 전체가 온통 흰빛이었다. 예수님은 입고 계시던 길고 헐거운 겉옷과 옷은 흰색이었지만 그래도 얼굴에는 색깔이 있었다. 예수님의 얼굴과 몸 전체가 온통 새하얀 색은 아니었다. 예수님은 피부에도 색깔이 있으셨고, 얼굴색은 올리브빛이었다. 성령님이 내 꿈속에서 나타나신 것은 그때가 처음이었다. 그 이후로 그런 모습은 두 번 다시 본 적이 없다. 그 꿈에서 성령님은 단지 내 앞에 가만히 서계시기만 했다. 그분은 살아계셨고 여전히 아름다우셨다. 활력과 생기가 넘치는 날개들은 천국에서 나를 향한 목소리가 들려오는 동안에도 부드럽게 움직이고 있었다.

성령님은 정말로 날개를 갖고 계신다
The holy Spirit does have wings

> 그가 너를 그의 깃으로 덮으시리니 네가 그의 날개 아래에 피하리로다 그의 진실함은 방패와 손 방패가 되시나니 (시 91:4)

성경은 주님이 날개를 가지고 계신다고 분명히 언급한다. 그러나 더 구체적으로 말해보자. 당신은 하나님 아버지나 예수님을 만난 적이 있다는 사람들의 이야기를 들어보았을 것이다. 이제껏 그중에는 하나님을 가리켜 날개를 갖고 계신 분으로 묘사하는 사람은 한 명도 없었다. 삼위일체 하나님의 두 위격이신 성부와 성자 하나님은 날개가 없다. 삼위일체 하나님을 이루시는 한 위격이 날개를 가지고 계신 모습을 본 유일한 사람은 세례 요한이었다. 그는 비둘기 같은 성령님을 목격하였다(막 1:10 참조). 정말 놀랍지 않은가! 구약성경 전반에 걸쳐 주님이 날개를 가지셨다는 내용이 나올 때, 이는 실제로는 성령님을 지칭하는 경우다. 오직 성령님만이 유일하게 날개를 가지신 분으로 묘사된다. 천사들도 하나님의 형상으로 창조되었다. 왜냐하면 천사들도 날개를 가지고 있기 때문이다.

우리도 하나님의 형상으로 지은 바 되었다. "하나님이 이르시되 우리의 형상을 따라 우리의 모양대로 우리가 사람을 만들고…"(창 1:26) 우리는 성부 하나님과 예수님의 형상을 따라 창조되었다. 우리의 몸(body)과 혼(soul)의 지혜로움은 성부 하나님과 예수님을 닮았다. 우리의 영은 성령님의 형상을 따라 만들어졌다. 성경은 우리의 영(spirit)이 날아다니거나 공중으로 솟구쳐 오르거나 빠른 속도로 여행도 할 수 있다고 언급한다. 성령님은 우리의 몸이나 혼이 아니라 우리의 영에 대해 증언하시는 분임을 기억하라. 우리의 영은 성령님이 지으셨고 성령님을 반영하고 있으므로, 성령님은 우리의 영 안에 거주하신다.

내가 이 꿈이 성령님의 나타나심이었음을 이해하게 되기까지 오랜 세월이 걸렸다. 마침내 나는 성경 구절을 통하여 이 방문의 의미를 온전히 깨닫게 되었다. 성경에 의하면 육체적인 모습의 성령님을 볼 수 있는 특권과 능력을 하나님으로부터 받았던 사람은 유일하게 한 명밖에 없었다. 그의 체험은 나의 경우와 매우 흡사했다. 그 사람의 이름은 바로 세례 요한이다. 세례 요한이 하나님께 부여받았던 특별한 과제는 성령님의 도우심으로 예수님이 누구신지를 밝히 드러내는 일이었다. 그는 예수님이 하나님의 아들이심을 증거해야 했고, 사람들에게 주님을 메시아로 알려주어야 했다. 하나님은 세례 요한에게 예수님을 하나님의 아들로서 증거하고 사람들에게 주님이 메시아라는 사실을 알려주라는 특별한 과제를 위임하셨다.

성령님의 임재는 요한이 예수님을 메시아로서 식별하도록 하나님으로부터 받은 중요한 표징이었다. 하나님은 요한에게 다음과 같이 말씀하셨다. "성령이 내려서 누구 위에든지 머무는 것을 보거든 그가 곧 성령으로 세례를 베푸는 이인 줄 알라"(요 1:33). 요한이 요단 강에서 예수님께 세례를 베풀던 순간에 하나님이 말씀하신 일이 정확하게 그대로 일어났다. 실제로 성령님이 나타나신 모습을 목격한 후 요한은 이렇게 고백했다. "내가 보매 성령이 비둘기같이 하늘로부터 내려와서 그의 위에 머물렀더라"(요1:32). 성경은 성령님이 예수님 위에 비둘기 같은 모양으로 내려와 머무셨다고 기록한다. 물론 성령님이 비둘기는 아니셨다. 그러나 그분은 구체적인 형태 즉, 비둘기 같은 모양을 하고 계셨다. 성령님은 하나님이시고 인격이시지 결코 새가 아니다. 성경은 물리적인 영역에서 성령님을 목격한 세례 요한이 성령님의 형체와 모양에 관해 증언한 내용을 기록한다.

성령이 비둘기 같은 형체로 그의 위에 강림하시더니 하늘로부

터 소리가 나기를 너는 내 사랑하는 아들이라 내가 너를 기뻐하
노라 하시니라 (눅 3:22)

성령님의 얼굴과 손과 몸은 온통 흰빛이었다. 그분은 비둘기가 아니시지만, 비둘기와 같은 형체를 하고 계셨다. 성령님은 인격이시지만, 그럼에도 불구하고 날개를 가지고 계셨다. 성령님의 온몸 전체가 이제껏 한 번도 본 적이 없을 정도로 가장 순수한 흰빛이었다. 그러나 내가 본 바에 의하면 예수님께서는 날개가 없다. 영화롭게 되신 예수님의 몸은 전혀 비둘기처럼 보이지도 않으실 뿐더러 날개도 없으시다. 예수님의 형상과 키는 완벽한 인간의 모습을 하고 계신다.

성령님의 나타나심
The holy Spirit's appearance

'나타남'(appearance)이라는 단어는 '나타나다'를 의미하는 그리스어 '파네로스'(phaneros)에서 유래되었다. 이 말은 사람의 참된 인격을 드러내는 것, 혹은 진정한 실체를 감추거나 위장하는 겉모습과는 전혀 상반되는 모습을 들춰내는 것을 의미하기도 한다.[7] 예수님은 나를 찾아오셨을 때마다 매번 내게도 이런 일들을 행하고 계셨다. '나타남'이라는 말은 그리스어 '에이도스'(eidos)에서 유래된 것이기도 하다. 이 말은 '눈에 띄다, 노출되어 보이다' 등의 뜻이다. '에이도스'는 어떤

가시적인 형태나 모양을 묘사하는 단어다. 성령님이 비둘기 같은 형체를 하고 계신 경우를 설명할 때도 이 단어가 사용되었다.[8]

예수님의 거룩하심을 바라보라
Sanctifying Jesus in your eyes

"화로다 나여 망하게 되었도다…
만군의 여호와이신 왕을 뵈었음이로다"

> 그때에 내가 말하되 화로다 나여 망하게 되었도다 나는 입술이 부정한 사람이요 나는 입술이 부정한 백성 중에 거주하면서 만군의 여호와이신 왕을 뵈었음이로다 하였더라 (사 6:5)

그동안 내 삶의 영역 중 많은 부분이 이전보다는 훨씬 더 주님을 닮은 모습으로 변화되었다. 그럼에도 불구하고 여전히 내 안에는 보수공사를 필요로 하는 영역들이 한두 군데가 아니었다. 나는 내가 가진 약점들, 실수들, 결함들을 이제까지 예수님을 대면한 만남들과 비교하여 생각해보았다. 아무리 생각해도 지난 수년간의 내 모습이 주님과는 너무도 딴판이었다는 결론에 이르게 되었다. 처음에 나는 내가 주님과 닮지 않았다는 사실조차도 이해하지 못했고 깨닫지도 못했다. 그러나 주님과의 만남이 점점 빈번해지고 그에 따라 나도 점차 성숙해지자 이제 나는 이사야와 같은 반응을 보이기 시작했다. 이사야는 주님의 영광을 보았을 때 다음과 같이 고백했다. "화로다 나여 망하게 되었도다"(사 6:5). 나는 1989년에 회심을 체험했다. 그러나 회심에도 불구하고 내 인격은 너무나 많은 결점을 가지고 있었다. 나는 주님이 어떤 분인지를 보았고, 그런 다음에는 내가 어떤 사람인지를 보았다.

주님은 매우 겸손하실 뿐 아니라 절제력이 강하신 분이었다. 우선순위들에서도 나와 주님은 매우 달랐다. 주님은 내가 시간을 투자하기에는 하찮고 중요치 않고 무가치하다고 판단했던 삶의 여러 가지 단순한 일을 오히려 훨씬 더 소중하게 여기셨다. 나는 내 방식들과 하나님의 방식들은 전혀 닮은 구석이 없다는 사실을 깨달았다. 그렇다. 나는 믿음으로 말미암아 내가 주님 안에서 하나님의 의(義)가 되었음을 알고 믿기는 했다. 그러나 솔직히 말해, 태도들과 인격의 문제들에 관련하여 내 안에서 변화되어야 할 점들은 한두 가지가 아니었다. 오, 그러나 주님이 그것들을 바로잡아주셨다.

나는 오랫동안 둔하고 어리석은 생각을 그대로 지닌 채 살았다. 그러던 중 주님은 사람들과 상황들과 일들에 대해 내가 하는 것보다 훨씬 더 깊이 배려하시는 분임을 깨닫기 시작했다. 무지로 말미암아 나는 사람들과 상황들을 배려하는 일에서 매우 굼떴다. 나는 그다지 사려 깊은 사람은 아니었다. 주님은 매우 온유하셨고, 친절하셨고, 부드러우셨고, 온순하신 분이었다. 반면에 나는 거칠고 사나웠다. 주님은 무척 긍휼이 많으시고, 연민으로 가득 찬 분이었다. 주님은 다른 사람들과 마찬가지로 죄악 된 행동들로 말미암아 심판을 당할 수밖에 없었던 나에게 자비를 베푸셨다. 나는 뻔뻔스럽게도 사람들을 판단하고 비난했으며 참을성도 부족했다. 주님의 성품과 내 성품은 완전히 정반대였다. 여러 해가 지난 후에 나는 의아스러워하며 스스로에게 질문을 던졌다. "나는 왜 그렇게 살아왔을까?" 나는 다른 사람들에게 지나치게 많은 것을 요구했다. 그들에게 하나님께 대해서든 나에 대해서든 어떤 특정한 방식으로 대우해야 한다고 강요했다. 주님은 나를 한 번도 그렇게 대하신 적이 없으셨는데도 말이다. 주님은 언제나 사랑과 자비와 친절로 나를 끌어당기셨다. 그러나 나는 주님의 참모습을 보기 전까지는 내가 실제로 어떤 모습인지조차 전혀 인식하지 못했다.

주님은 나를 있는 모습 그대로 받아주셨다. 또한 내 모습 그대로 주님께 나아오도록 허락하셨다. 아울러 주님은 내 모습을 그대로 방치해두지만은 않을 정도로 나를 사랑하셨다. 나는 사람들에게 강압적인 태도로 대하였다. 그러나 주님은 늘 부드럽게 나의 주의를 환기시키셨다. 주님은 무척 무던하신 분인 데 반해, 나는 상당히 까다로운 사람이었다. 주님과 함께 있고 주님을 사랑하고 주님과 사귐을 주고받는 일은 참 편하고 쉬웠다. 그러나 나는 여러모로 어찌나 까다로웠던지, 사람들은 나와 어울리고 사귀기를 몹시 힘들어했다. 그러던 중 나는 점차 나의 참모습을 보기 시작했다. 우리 중에 자신의 진정한 모습이 어떠한지를 모르고 살아가는 사람들은 얼마나 많은가. 결국 우리는 주님을 바라보면서 자신의 모습이 주님과는 전혀 딴판임을 깨닫지 않을 수 없게 된다. 이제까지 나 자신의 모습에 대해 이토록 철저히 무지

한 상태로 살아올 수 있었는지 모를 일이었다. 주님으로부터 수많은 방문을 받으면서 지냈지만, 그럼에도 불구하고 내가 이런 사실을 알아차리게 된 것은 아주 오랜 세월이 흐르고 난 후였다. 주님은 만사를 수월하게 해놓으셨고, 나는 만사를 어렵게 만들어놓았다. 사람들은 나와 관계를 유지하는 것을 힘들어했다. 내가 제시하는 기준들이 지나치게 높고 거만하고 오만했기 때문이었다. 물론 내가 내세웠던 것들이 진리였을 수도 있다. 혹은 하나님의 이름으로 그렇게 했을 수도 있다. 겉으로 보기에는 내가 옳았을 수도 있다. 하지만 주님의 성품에 비추어 볼 때, 내 태도는 잘못되어있었다. 이는 오늘날 대부분의 교회가 처한 형국이기도 하다.

대부분의 교회는 하나님의 진리에 내재된 한쪽 측면만을 지나치게 강조한 나머지 다른 차원은 희생시켜버린다. 내가 의아스럽게 생각했던 점이 있었다. "주님은 과연 어떻게 이 모든 것의 균형을 유지하고 계신 걸까?" 예를 들어, 우리는 하나님 안에서 어떤 특정 형태의 의와 거룩함에 대해서는 아주 강경한 태도를 보이면서도, 다른 사람들에게 자비와 은혜를 베풀어야 한다는 사실은 망각한 채로 산다. 이렇게 함으로써 우리는 불건전하고 조화롭지 못하고 하나님의 질서에서도 어긋난 사람들이 되고 만다. 하나님은 우선은 은혜가 풍성하신 분이고, 그 다음으로 진리로 충만하신 분이다. 나는 내가 얼마나 제멋대로 살아왔고 퇴보하는 쪽으로만 치우쳐서 행동했는지를 보게 되었다. 하나님의 진리로 충만했는지는 몰라도, 은혜를 베푸는 일에는 인색한 태도로 지냈다. 은혜는 내 삶의 두 번째 우선순위였다. 나는 진리를 선포하고 설교함으로써 실제로 사람들을 도와주고 있다고 생각했다. 마침내 가장 좋은 길인 주님의 사랑으로 말미암아 나는 내가 그들을 도와주고 있었던 게 전혀 아니었음을 깨닫게 되었다. 진리는 지식인 데 반해, 은혜는 힘을 북돋워줌으로써 돕는 일이다. 은혜(grace)란 '변화를 가져오기 위해 힘을 북돋워주거나 지원 혹은 호의를 베풀어주는 것' 이다.[9] 나는 하나님의 말씀에 관한 지식과 진리는 선포하고 있었을지 몰라도, 사람들이 내게서 들은 진리대로 살아갈 수 있도록 격려하고 돕는 은혜는 결핍되어있었다.

주님은 은혜와 진리로 충만하신 분
He's full of grace and truth

당신이 기억해야 할 것이 있다. 성경은 예수님이 '은혜와 진리가 충만' 하신 분이라고 선포한다. 주님은 단지 진리로만 충만하신 분이 아니다. 주님은 우선은 은혜로 충만하시고, 그 다음은 진리로 충만하신 분이다(요 1:14 참조). 달리 말하자면, 주님은 가장 먼저 우리에게 하나님의 도움과 지원을 베풀어주시고, 그 후에야 비로소 진리와 지식을 주신다. 주님은 우리에게 원칙들을 가르치거나 강요하시기 전에 먼저 우리에게 그 원칙대로 살아갈 수 있는 힘을 부여하신다. 정말 놀랍지 않은가! 예수님은 우리에게 주님이 죽으심을 통해 획득하신 진리대로 살아가라고 요구하시기에 앞서 우선 우리를 도와주시려고 십자가 위에서 죽으신 분이라는 사실에 주목하라. 심지어 하나님 아버지께서도 우리를 하나님의 법규대로 살아갈 수 있게 도와주시려고 성령님을 보내셨다(겔 36:27 참조). 무지했던 나는 하나님의 원리들과는 전혀 상반된 모습으로 살았다. 때때로 나는 사람들이 예수님이 약속하신 능력과 도움을 미처 받기도 전에 복음의 진리에 순종하며 살아가도록 요구했다.

나는 균형을 상실하고 있었다. 이는 내가 주님 안에서 균형을 잃은 모습으로 성장해왔기 때문이었다. 나는 기적들과 예언 사역에서 하나님께 강력하게 쓰임 받고 있었다. 하나님의 기름 부으심 가운데에 수천 명의 사람에게 은혜를 끼치기도 했다. 그러나 여전히 여러 가지 영역에서 내게는 부족한 점들이 너무나도 많았다. 나는 내가 사람들을 실제로 돕고 있는 줄로만 알았고 내 안에는 은혜가 충만하다고 생각했다. 다른 수많은 설교자가 빠져드는 속임수에 나도 동일하게 걸려 넘어지고 있었다. 우리는 사람들을 대상으로 사역하면서 경건한 열매들을 목격한다. 그러면서 이런 것이 우리의 인격의 현주소로 착각한다. 사실은 전혀 그렇지 않은데도 말이다. 우리가 기름 부으심 아래에서 하나님께 쓰임 받고 있는 동안 이는 실제로 우리가 잘나서라기보다는 오히려 하나님의 능력으로 말미암은 것일 경우가 많다.

나는 하나님이 예배 시간 이후에 내가 사람들을 대하는 모습이나, 설교단에서 내려온 이후에 영위하는 개인적인 삶의 모습을 제일 귀하게 여기시는 분인 것을 전혀 깨닫지 못했다. 설교단 바깥에서 사람들을 축복하는 마음과 능력은 나의 개인적인 인격 수준을 가장 적나라하게 입증하는 것이었다. 우리 안에 은혜가 충만할 때, 이는 다른 사람들을 사랑으로 돕고 지원하며 살아가는 모습으로 드러나게 마련이다. 모든 면에 있어서 균형 잡히고 온전한 사람이 되기 위하여 우리의 인격은 사람들과 함께하는 많은 분야에서 입증을 받아야 한다. 이것이 바로 하나님의 인격이요 하나님이 척도로 삼으시는 정직성의 수준이다. 주님은 우리에게 특정 방식으로 살아가라고 강요하지 않으신다. 또한 주님은 우리가 특정 방식대로 살아가지 않는다고 해서 우리를 판단하지도 않으신다. 오히려 주님은 우리에게 주님의 능력과 권능을 부여하셔서 우리의 결점들이 주님을 닮은 모습으로 변화될 수 있도록 도우신다.

성경은 이러한 진리를 명확히 말씀하고 있었다. 나는 주님과 대면하여 만나는 동안 점차 이 진리를 깨닫게 되었다. 주님은 주님 자신을 나누어주셨다. 주님은 주님의 영광과 권능, 주님의 성품과 능력, 주님의 이름(인격)까지도 아무런 사심이 없이 우리에게 나누어주신다. 주님은 자신을 나누어주시는 일에 대해 조금도 불안해하지 않으신다. 이전에 나는 주님으로부터 받은 것들을 나 자신은 물론 다른 이들에게 지극히 적은 분량만 나누어주던 때가 있었다. 이는 내 안의 불안감 때문이었다. 나는 내 아들들과 딸들이 인격적으로 결함이 있거나 성숙치 못한 것에 대해서 매우 엄격한 태도를 보였다. 그러나 꽤 오랜 시간 후에 깨달은 사실이 있다. 주님은 내가 주님의 척도에서 비참할 정도로 미흡한 상태였음에도 불구하고 나를 격려하셨다. 내가 실패하여 주저앉아 있는 동안에도 주님은 내게 힘을 더하셨다. 하지만 나는 주님께 받은 대로 다른 사람들을 대하면서 살지 못했다. 주님은 내가 인생에서 실패라고 부르는 것들을 사용하셔서 성공이라고 부르는 것으로 변화시켜주셨다. 나는 내가 받은 은혜를 어떻게 다른 사람들에게 표현해야 하는지 잘 알지 못했다. 또한 테스트를 반드시 통과해야 한다고 강요하지 않으면서도 각 사람을 격려할 수 있는 방법을 알지 못했다. 나는 내가 사용하는 방식이 주님의 방식이라고만 생각했다. 물론 하나님은 우리가 주님의 시험에 합격하면 승진시켜주시고, 실패하면 실제로 우리를 강등시키시기도 하신다. 그러나 주님이 언제나 그렇게 하시는 것만은 아니다. 성경은 주님이 언제나 우리를 꾸짖기만 하는 분은 아니라고 밝힌다. "자주 경책하지 아니하시며"(시 103:9). 사실 나는 시험에 통과하지 못할 때마다 다른 사람들과 나 자신을 격하시키곤 했다. 그러나 주님은 결코 이런 방식으로 사람들을 대하지 않으셨다. 오, 하나님이시며 친구이신 주님은 얼마나 멋진 분인지! 내가 이 모든 것을 놓쳐버린 이후에도, 여전히 주님은 나를 친구라고 불러주셨다. 주님은 사랑이 무척이나 충만하신 분이었다. 그러나 그 당시만 해도 나는 이런 사실을 전혀 이해하지 못했다. 나는 주님의 사랑을 느꼈고 그 사랑의 향기를 맡았고 실제로 만져보았고 경험했다. 하지만 도대체 어떻게 해야 나도 주님처럼 사랑이 많은 사람이 될 수 있는지 도무지 알 수 없었다.

솔직해지라! 그리고 자유하라!
Being transparent and free!

나는 금세 형편없는 실수들을 저지르곤 했다. 당신도 그런 경험이 있는가? 그러나 긍휼이 많으신 주님은 부드러운 사랑으로 내게 응답하셨고, 다음과 같은 말씀으로 나를 달래주셨다. "나는 네가 나의 형상으로 변화되기 위해 너만의 노력으로 열심히 일하라고 말한 적이 없다. 다만 너는 내 안식 가운데로 들어오라. 내 안에 머물라. 내 생명이 너를 통하여 드러나기를 원한다." 내 안은 개인적이고 정욕적인 욕망과 이기심으로 가득 차있었다. 반면에 주님은 전혀 사심이 없으신 모습으로 내게 관심을 기울여주셨다. 주님은 나를 위해 최상의 유익을 도모하려고 애를 쓰셨다. 이따금씩 나는 사역을 하면서 다른 사람들에 대해 경쟁심을 느끼기도 했다. 그러나 예수님의 관심은 언제나 다른 사람들을 향하셨다. 주님은 하나님 아버지로부터 받으신 승리를 주님을 따르는 자들도 동일하게 누리고 있는지 확인하신다. 나는 지나칠 정도로 경쟁적인데다가 늘 일등 자리를 차지하기 원했다. 하지만 주님은 매우 안정되어있으시고 평안하신 분이다. 주님은 성공하려고 고군분투하시는 법도 없다. 나는 새로운 사람들이 나보다 먼저 승진된 자리로 갈 때마다 시기와 질투와 경쟁심에 사로잡히는 내 모습을 발견하게 되었다. 당신은 다른 사람들이 당신보다 먼저 승진되는 모습을 볼 때 어떤 반응을 보이는가? 특히 그들보다 마땅히 당신이 먼저 승진해야 한다고 느낄 경우에는 어떻게 행동하고 어떻게 반응하는가?

당신은 질투와 경쟁심과 시기심에 사로잡히는가? 이런 순간들을 지나면서 당신은 자신의 존재를 입증해 보이려고 열심히 고군분투하는가? 당신은 마구 화를 내고 불평하며 언짢아하는가? 주님은 다양한 사람을 세우시는 주님의 목적에 관하여 내게 가르쳐주셔야만 했다. 주님은 모든 사람이 각각 자신이 처한 자리에서 주님이 원하시는 무언가를 촉진시키는 자들로 쓰임 받기를 원하신다.

주님은 나의 형제자매들 한 사람 한 사람이 얼마나 중요한 존재인지를 내게 말씀하셨다. 또한 그들이 가장 중요한 위치에 서있도록 허락하시는 목적이 무엇인지도 알려주셨다. 내가 이런 식의 반응을 보이게 된 데는 이유가 있었다. 나는 내 존재가 간과되고 거절당하고 하찮게 여겨지고 무시당한 것처럼 느꼈다. 나중에야 알았지만, 만일 내 안에 교만이 없었더라면, 화가 나거나 부정적인 영향을 받을 일도 없었을 것이다. 참된 겸손을 소유한 사람들은 자신이 하찮게 여겨지고 있다는 문제로 씨름할 이유가 없다. 진정으로 겸손한 사람들은 자신이 이미 하찮은 존재임을 너무나 잘 알고 있기 때문이다. 겸손한 사람들은 하나님의 나라에서 자신이 가장 작은 자로 취급을 받는다 할지라도 편안함을 느낀다. 그들은 자신이 가장 작은 자라는 사실을 이미 받아들이고 있는 자들이다. 나는 교만으로 말미암아 얼마나 스스로를 높은 자리에 두려고 했었는지를 보게 되었다. 그러나 주님은 나와는 다르셨다. 주님은 명성을 얻으려고 일부러 애쓰는 일이 없으셨다.

그동안 주님과의 만남을 수없이 경험했지만, 나는 한 번도 주님이 스스로를 높이시는 모습은 본 적이 없다. 성경 어디를 살펴보아도 주님이 스스로를 높이셨다는 구절을 찾아볼 수가 없다. 심지어 주님은 무덤에서 부활하시어 하나님 아버지의 오른편에 앉으신 후에도 여전히 스스로를 높이지 않으셨다. 주님은 나처럼 행동하신 적이 전혀 없으셨다. 주님은 내가 끔찍할 정도로 엉망진창이 되고 내 삶의 많은 부분이 산산조각 나버린 순간에도, 다른 사람들에게 나에 관하여 좋은 것만을 말씀하셨다. 이 점이 내게는 참으로 의아스러웠다. 주님은 아주 단순한 대답을 하셨다. "사랑, 사랑, 사랑은 허다한 죄를 덮어준단다." 주님은 내 죄를 덮어주셨다. 주님은 언제나 변함없이 신실하시고 사랑 많으신 친구가 되어주신다.

　내가 다른 사람에게 명령할 때 주님은 나에게 제안하셨다. 내가 강요할 때 주님은 명령하셨다. 나는 심각할 정도로 주님과 조화를 이루지 못했다. 과연 나는 어떻게 해야 좀 더 주님의 형상을 닮은 자로 변화될 수 있을 것인가? 믿음으로 가능하다. 그렇다. 여러 가지 답변 중의 하나가 믿음이다. 하나님이 예수 그리스도를 통해 가져오신 의를 믿음으로써 가능한 일이었다. 주님은 나에 대하여 매우 많이 인내하셨고, 묵인하셨고, 자제하셨고, 오래 참아주셨다. 나는 삶에 대해서나 다른 사람에 대해서, 또한 스스로에 대해서도 매우 조급했다. 나는 성급하고 서두르고 지나치게 밀어붙이는 스타일이었다. 내 삶은 투쟁과 공격성과 불안으로 점철되어있었다. 만일 당신이 나와 동질감을 느끼고 있다면, 이쯤에서 잠시 내 이야기를 멈추고, 하나님의 사랑하는 자녀인 당신에게 개인적으로 당부하고 싶다. 우리가 자유로워질 수 있는 유일한 길은 오직 솔직해지는 방법 외에는 없다. 수년 동안 나는 내

죄와 허물들을 숨겨두었다. 주님의 몸 된 교회 안에서 온전히 솔직해지는 것에 대해 깊이 갈등하고 있었다. 혹시라도 배척을 당할까 봐 두려웠기 때문이다. 주님의 몸 안에서는 솔직성을 찾아볼 수가 없었다. 교인들은 누군가의 솔직함을 빌미로 삼아 그 사람의 인격을 비참하게 짓밟아놓기 일쑤였다.

그러나 주님 앞에 섰을 때, 나는 주님 앞에서는 나의 모든 것에 대해 온전히 솔직해질 수 있다는 것을 알게 되었다. 오늘날 나는 조금도 거리낌이 없고 자유롭다. 이는 하나님에 관한 일들에 관련해서도 마찬가지다. 주님은 내가 주님의 몸 된 교회 안에서 목격한 광경이 주님이 행하시는 방식과는 아주 거리가 멀다고 말씀하셨다. 주님은 나와 주님이 얼마나 다른지를 보여주셨다. 다만 주님은 언제나 변함없이 내 모습 그대로를 개인적으로 매우 사랑하신다는 것을 알려주셨다. 나를 향한 주님의 사랑은 이 세상 어느 누구의 사랑과도 비교할 수 없을 정도로 풍성했다. 주님은 나라는 사람 자체를 그대로 사랑하시고 받아들이셨다! 내가 온갖 약점으로 인해 고심하며 갈등하고 있는 순간에도 주님은 이렇게 말씀하셨다. "나는 네가 무엇을 느끼는지 다 알고 있단다. 오직 나만이 너를 그 수치로부터 자유롭게 해줄 수 있다. 내가 너로 하여금 네가 가진 이 모든 약점을 보고 경험하고 느끼도록 허락한 데에는 목적이 있단다. 네가 나를 필요로 하는 존재라는 것을 깨닫게 하고, 궁극적으로는 내 사랑을 네게 드러내 보이기 위해서란다. 나는 네가 너에 대해 가지고 있는 불완전한 지식과 이해를 훨씬 초월하여 너를 사랑하고 있단다. 네가 영생의 영역으로 건너오기 전까지는 내가 너를 얼마나 사랑하는지 실제로 온전하게 깨닫지 못할 거야."

물론 나는 주님이 내게 의로움을 명령하셨음을 알고 있었다. 그럼에도 불구하고 주님 옆에 있을 때에는 내가 비난당하고 있다는 느낌이 조금도 들지 않았다. 우리 대부분은 이 세상에서의 사랑은 조건적이라는 사실을 알고 있다. 이런 모습은 심지어 주님의 몸 된 교회 안에서도 마찬가지다. 사람들은 우리 안에서 최악의 면모를 발견하게 되면 금세 사랑을 철회해버린다. 사람들은 우리에게서 가장 나쁜 모습을 목격하면 우리를 향해 공공연히 미움을 드러낸다. "나는 그와는 정반대란다." 주님이 말씀하셨다. "네가 나와는 얼마나 다른지를 보여주기 위하여 계시를 사용한단다. 네가 가진 모든 연약함, 결점, 단점을 드러내는 이유는 내가 얼마나 너를 깊이 사랑하는지를 알려주기 위해서란다." 주님은 계속해서 말씀하셨다. "사랑한다, 데이비드야. 내 백성에게 내가 얼마나 그들을 사랑하는지 말해다오. 나는 그들이 할 수 있는 혹은 이제껏 행해왔던 온갖 옳고 그른 일이 무엇이든 전혀 상관없이 그들을 사랑한단다. 나는 단순히 그들을 사랑한다. 내가 그들의 약점들과 단점들을 사용하여 그들을 향한 나의 사랑을 드러내 보일 것이라고 전해주렴." 주님은 이 계시를 나에게 말씀하신 후에 떠나셨다.

주님을 뵌 후에 내 얼굴이 실제적으로 빛나기 시작하다
After I saw Him, my face began to literally shine

당신이 주님의 얼굴을 뵐 때 당신의 얼굴에서도 빛이 날 것이다

주님이 내 얼굴에서 수건을 제거하신 직후부터 초자연적인 일들이 발생하기 시작했다. 나는 찰스턴에서 대학교에 다니고 있었는데 그곳에서 한 훌륭한 가정과 친분을 맺게 되었다. 그들은 집을 떠난 나를 데려다가 아주 잘 돌보아주었다. 나는 그 집안의 딸 중의 한 명이었던 재키 쉐퍼(Jackie Shaffer)와 친한 친구 사이가 되었다. 그녀는 오늘날 강력한 복음 전도자이자 목사로 활동한다. 우리는 함께 '그리스도 안에 있는 하나님의 승리 교회'(Victory Church of God in Christ church)에 다녔다. 그 교회는 로버트 코액스맨(Robert Coaxman) 목사님이 설립하시고 담임으로 목회하시는 곳이었다. 내가 그 코액스맨 목사님을 처음 만났을 때 그 목사님의 나이는 아흔세 살이었다. 그 교회의 회중은 사랑과 빛과 능력으로 충만하였고 영적인 번영 가운데에 언제나 기름 부음이 넘쳐났다.

청년 시절에 나는 수많은 시간을 주님을 추구하면서 보냈다. 어느 날 재키가 내게 이렇게 말했다. "데이비드야, 너를 보니 최근에 내가 책에서 읽었던 베니 힌(Benny Hinn)이라는 하나님의 사람이 떠오르는구나." 그때까지만 해도 나는 베니 힌이라는 이름을 들어본 적이 없었다. "이분이 지금보다 훨씬 젊으셨을 때에는, 그러니까 아마 네 나이 정도이셨을 거야, 정말로 수많은 시간을 주님과 함께 보내셨다고 하더구나. 너처럼 젊어서부터 성별된 삶을 살아가셨대." 당시 재키가 읽고 있었던 책은 『안녕하세요 성령님』(Good Morning Holy Spirit)[10]이었다. 그녀는 계속해서 내게 말했다. "내가 읽었던 이 책을 너도 좀 꼭 읽어야 할 것 같아. 나는 이 책이 틀림없이 네게 용기를 불어넣어 줄 수 있을 것이라고 믿어." 나는 실제로 그녀의 말대로 했다. 사실 그 책은 나에게 단지 용기만 주고 그치지 않았다. 그 책을 손에 든 이후로 내 삶에는 대변혁이 일어났다. 나아가 그 책은 당시만 해도 아예 존재한다는 사실조차 알지 못했던 인격이신 성령님과의 관계 속으로 나를 이끌었다. 아마 재키도 여기까지는 미처 생각하지 못했을 것이다. 1991년에 나는 베니 힌이 쓴 『안녕하세요 성령님』을 구입했다. 일단 손에 들고 읽기 시작한 순간부터 마지막 페이지를 넘기기 전까지, 나는 도저히 그 책을 손에서 내려놓을 수가 없었다. 처음 몇 페이지를 읽을 때부터 눈물이 봇물처럼 터져서 얼굴을 타고 흘러내렸다.

이 책에서 베니 힌은 한 혁명적인 순간에 관해 묘사한다. 베니 힌은 캐서린 쿨만(Kathryn Kuhlman)이 인도하는 어느 집회에 참석했다가 하나님의 영광을 목격하게 되었다. 나는 그동안 모세는 물론 모세의 사역에 늘 수반되었던 하나님의 영광의 구름에 관하여 깊은 매력을 느끼고 있었다. 모세가 산 위에서 하나님과 시간을 보내고 난 후에 얼굴이 마치 전구처럼 환하게 빛났다는 이야기는 내 호기심을 한껏 돋우었다. 베니 힌의 책을 읽기 전까지만 해도, 나는 이런 식의 체험은 모세 시대에나 일어난 일종의 유물과도 같은 사건으로 다루는 모습만을 보

앉을 뿐이다. 물론 이 책을 읽기 전부터 이미 나는 꿈으로 주님을 만나는 체험을 하고 있었다. 나는 성경에 기록된 모든 일은 오늘날에도 실제로 일어날 수 있는 것들임을 알고 있었다. 그러나 모세가 하나님과 행했던 일들을 오늘날 이 시대에 그대로 행하고 있다는 사람에 관해서는 이제껏 들어본 적이 없었다. 모세에 관한 성경적인 이야기를 읽을 때마다 나는 경이로움을 느꼈다. 하지만 여기서 당신이 이해해야 할 것이 있다. 내가 줄곧 몸담아왔던 침례교회에서는 이런 형태의 체험을 기대해도 된다고 가르쳐준 적이 한 번도 없었다. 베니 힌 목사님이 하나님의 영광을 목격했던 예배와 그곳에서 받은 은혜를 서술한 내용을 읽어 내려가는 동안, 내 안의 모든 것이 울부짖기 시작했다. "나는 이 일을 원한다. 이것이야말로 내가 그동안 추구해왔던 일이다."

베니 힌은 영광의 구름이 캐서린 쿨만의 주위를 뒤덮어 에워싸고 있는 광경을 보았다. 그녀의 얼굴은 안개와도 같은 주님의 영광에 둘러싸여 마치 백열전구처럼 빛을 발산했다. 처음에 베니 힌 목사님은 자신이 눈속임을 당하고 있다고 생각했다. 그러나 다음 순간 이것은 전혀 눈속임이 아니라는 사실을 깨달았다. 그의 책을 읽는 동안 내 안의 전 존재가 마구 소리쳤다. "나도 그 일을 경험해야 한다." 그 무렵만 해도 내 안의 배고픔을 분명하게 표현하는 방법이 무엇인지 잘 모르고 있었다. 나는 다만 내가 목숨을 걸고서라도 그런 하나님을 경험하기 원한다는 사실만을 알고 있었다. 나는 혼잣말로 이렇게 말했다. "나는 하나님의 영광을 원한다. 주님이 그러한 차원과 그러한 방식으로 내 안을 채우시고 내 주변을 에워싸기를 원한다." 그리하여 바로 그 순간 나는 책을 내려놓고 주님께 기도했다. "주님, 나도 이것을 원합니다."

그 당시 나는 대학에 다니고 있었다. 내가 살던 기숙사는 아파트 형식이어서 다른 일반 대학 기숙사들과는 좀 달랐다. 나는 존슨앤웨일스 대학교(Johnson and Wales University)의 학생으로서 요리사 공부를 하고 있었다. 기숙사에서는 다른 대학생들과 함께 생활해야 했다. 그러나 집 안에는 여유 공간도 있었고 딱 맞게 짜인 벽장들도 갖추어져 있었다. 나는 내 방 안에 있던 벽장 속으로 들어가 삼 일 동안을 금식하며 기도했다. 주님께 캐서린 쿨만이 체험한 일들을 내게도 허락해달라고 간구했다. 나의 룸메이트 중의 한 명은 내가 벽장 속에 처박혀 삼 일간 나오지도 않고 있는 모습을 보며 나를 기괴한 사람으로 생각했다고 한다. 벽장 속에서의 삼 일 동안 나는 주님께 방금 전 베니 힌의 책에서 읽은 캐서린 쿨만의 체험을 무조건 내게도 허락해달라고 기도하며 간구했다. 나는 주님의 음성을 들을 때까지 계속해서 기도하고 찬양하고 경배했다. 마침내 둘째 날에 주님이 말씀하셨다. "그 일로 인해 내게 감사하라. 나는 이미 그것을 네게 주었다. 남은 금식 기간 동안 그 일로 인해 내게 감사하라." 주님의 음성을 들은 후에 나는 그대로 순종했다.

목요일부터 토요일까지 나는 모든 강의에 결석했다. 수업에 들어가는 대신 나는 계속해서 주님을 찬양했다. 드디어 삼 일이 지나자 나는 벽장문을 열고 나와 침대 속으로 들어가서 잠을 청했다. 삼 일 금식을 시작한 이래 이렇게 침대에서 잠을 자는 것은 처음이었다. 벽장에서 나온 이후에도 별다른 느낌은 들지 않았다. 압도할 만한 권능도 느껴지지 않았고, 구름이 나를 에워싸는 듯한 느낌도 없었다. 다만 나는 주님이 나에게 하신 말씀만을 굳게 믿었다.

이제 하나님이 내 기도에 응답하신 말씀이 참된 것이었음을 확증하게 된 사건도 나누어야 할 것 같다. 금식을 마친 다음 날 아침, '그리스도 안에 있는 하나님의 승리 교회'에서 영광스러운 예배를 드렸다. 저녁 일곱시 예배는 우리 교회에서 몇 시간 정도 떨어진 곳에 위치한 다른 교회에서 드리기로 예정되어있었다. 교회 측에서 내게 예배에 참석하려는 성도들을 태운 교회 차량을 운전해줄 수 있느냐고 부탁했다. 나는 흔쾌히 그러겠다고 대답했다. 나는 하나님의 사역과 주님의 집에 유익이 되는 일이라면 무엇이든지 즐겁게 행하고 봉사하였다. 드디어 그 교회에 도착했는데 메시지를 전하기로 한 초청 강사가 아직 오지 않았음을 알게 되었다. 결국 그들은 아무런 사전 예고도 없이 나에게 설교를 해달라고 요청했다. 그 순간 내 마음속에 들어있던 유일한 메시지는 지난 삼 일간의 금식 동안에 하나님이 미국에 관해 보여 주신 내용이 전부였다. 마침내 나는 주님이 꿈을 통해 말씀하신 그 메시지를 선포하였다. 예배를 마친 후에 재키 쉐퍼 자매가 다가왔다. 그녀는 이번 예배 장면 전체를 지난 밤 자신의 꿈에서 그대로 보았다고 말했다. 그녀는 꿈속에서 내가 우리 교인들과 함께 방문한 교회에서 뜻밖에 설교 부탁을 받았다고 했다. 또한 그녀는 내가 평소에 반드시 들어야 하는 매우 중요한 메시지를 설교할 때 하던 방식으로 강대상에서 이리저리 왔다 갔다 하는 모습도 보았다고 말했다. 그런 다음 그녀는 다음과 같이 말해주었다. "그런데 그 꿈에서 참 이상한 것이 있었어. 네가 강대상 위에서 이리저리 왔다 갔다 하고 있는데 말이야. 어떤 영광의 구름과 안개 같은 것이 너를 에워싸고 있었단다. 그리고 그 구름 사이를 통과하여 네 얼굴에서 빛이 발산되고 있었어!"

그녀가 간밤에 꾼 꿈 이야기를 내게 들려주고 있는 동안 내 눈에서는 눈물이 흘러내리기 시작했다. 기름 부으심이 느껴졌다. 하나님은 그녀를 통해 지난 삼 일 동안 금식하는 중에 내게 주신 약속의 말씀을 확증시켜주셨다. 주님은 영광의 구름이 내 안과 밖을 둘러쌀 것이라고 약속하셨다. 그녀는 내가 이 일을 위해 하나님께 간구하였다는 것이나 이 일을 위해 방금 전 삼 일 금식까지 끝마쳤다는 사실은 전혀 모르고 있었다. 이번 금식에 대해서는 아무에게도 말하지 않은 상태였다. 전적으로 비밀리에 이 금식을 했었다. 잠시 후 그녀가 내게 또 말했다. "오늘 네가 설교하는 동안에 나는 어젯밤 꿈속에서 보았던 모든 광경을 실제로 그대로 목격했어. 나는 영광의 구름이 너를 둘러싸고 있는 모습도 보았어. 그리고 네 얼굴은 마치 백열전구처럼 환하게 빛나고 있었어!"

하나님은 당신이 삶 속에서 만나는 사람들의 꿈을 통하여 당신의 인생을 향한 주님의 운명적 부르심, 목적, 뜻을 확증해주시기도 한다. 하나님은 이런 사람들을 당신의 주변에 심어두셨다. 또한 주님은 당신에게 메시지를 전달하기 위해 그들의 꿈을 통해 말씀하실 때도 있다. 이와 동일한 일이 기드온에게도 일어났다. 하나님은 기드온에게 전쟁에서 반드시 승리할 것이라고 격려하기 위해 다른 누군가의 꿈을 통해 말씀하셨다. 기드온은 적진에 속한 어느 한 미디안 사람이 꿈속에서 기드온이 미디안을 패배시키는 모습을 보았다고 말하는 것을 우연히 엿들었다. 이 꿈 이야기를 듣고 기드온은 승리를 주시겠다고 약속하신 주님의 말씀을 확증하였음은 물론 격려도 받았다. 나는 깊은 기도와 사귐 속에서 주님을 지속적으로 추구해갔다. 예수님과 얼굴을 대면하는 체험도 계속되고 있었다. 그러는 동안 점차 나의 삶 속에서 영광스러운 일들이 일어나기 시작했다. 하나님의 임재가 다른 사람들 앞에서도 공개적으로 영화롭고 가시적인 모습으로 나타났다. 이런 일은 이전에 폭포 환상에서 주님을 만난 이후로 육 개월 정도 지난 시점에 최초로 일어났다. 폭포 환상에 관한 내용은 첫 번째 책에 소개해놓았다. 나에게서 하나님의 가시적인 영광이 공개적으로 나타난 것은 이 로드아일랜드(Rhode Island) 여행이 처음이었다.

재키가 빛을 발산하는 나의 모습을 보았다고 말했던 그 예배 이후로도, 그런 현상은 훨씬 더 많은 사람 앞에서 또 다시 일어났다. 나로서는 그런 일이 일어날 줄은 미처 예상치도 못했다. 어느 날 대학교 캠퍼스에서 이삼십 명 가량의 사람에게 성경을 가르치고 있었다. 그런데 갑자기 내 손과 얼굴과 피부가 진짜 네온사인 불빛처럼 빛을 발산하기 시작했다. 이 일은 모든 사람이 보는 앞에서 아무런 예고도 없이 발생했다. 하나님의 말씀을 가르치는 동안, 내 모습은 마치 백열전구처럼 빛을 발산했다. 수업을 듣던 모든 사람이 깜짝 놀라면서 경악을 금치 못했다. 그들은 몹시 놀라워하며 내게 다가와서 말했다. "이것 좀 봐요. 당신에게서 빛이 나고 있어요. 마치 타오르는 것만 같아요!"

내게는 별다른 느낌이 없었다. 심지어 그곳에 있던 삼십 명의 사람이 동시에 말해주기 전까지는 내가 빛나고 있다는 사실조차 알아차리지 못했다. 나는 주님이 이런 일을 행하시는 목적을 잘 알고 있었다. 이는 나를 영광스럽게 하려는 것이 아니라, 주님의 권능과 영광을 드러내시기 위함이었다. 모세의 얼굴에서 빛이 나게 된 것도 주님과 얼굴을 마주 보며 교제를 나눈 일로 인한 직접적인 결과였다. 주님의 얼굴은 해처럼 밝게 빛나시기에, 모세의 얼굴도 전구처럼 빛날 수 있었다(고후 3:7, 계 1:16 참조). 모세의 얼굴은 단지 그가 체험하고 목격한 하나님의 영광의 그림자 혹은 반영에 불과했다. 예수님과 얼굴을 마주 보는 체험을 하게 되면, 당신의 얼굴도 밝게 빛날 것이다. 오늘날 이런 일은 실제로 일어난다.

그 일은 캡틴 디스에서도 일어났다
It happened at Captain D's

이런 일이 비단 대학교 내에서만 일어난 것은 아니었다. 내가 전혀 예상치도 못했던 서로 다른 여러 순간에 연속적으로 일어났다. 1993년, 대학생이었던 나는 잠시 고향에 머물렀다. 당시에 나는 테네시 주의 멤피스에 있던 한 교회의 사역을 돕고 있었다. 그 교회는 엄청난 부흥을 경험하는 중이었다. 어머니가 나를 차로 그 교회까지 데려다주었고, 나는 그곳에서 삼 일간 금식하고 기도하며 주님과 단둘이서 깊은 교제의 시간을 가졌다. 삼 일이 지난 후에 어머니가 나를 집으로 데려가려고 다시 교회로 오셨다. 내가 밖으로 걸어가는 동안 나를 바라보시는 어머니의 눈길이 심상치 않다는 걸 알아차렸다. 어머니는 내가 주님과 누리던 관계와 관련하여 내가 교만해지는 일이 없도록 늘 옆에서 도와주셨다. 따라서 어머니는 무언가를 목격하셔도 절대로 아무 말씀도 안 하는 분이었다. 나는 너무 배가 고팠기 때문에 어머니에게 캡틴 디스에 가서 생선 요리를 좀 사먹자고 제안했다. 어머니는 내 말에 동의하셨다. 그러나 우선은 먼저 옷가게에 들러야겠다고 말씀하셨다. 나와 어머니가 옷가게 안으로 들어가는데, 계산대에 있던 직원들과 점원들이 나를 이상한 눈길로 쳐다보았다.

그중 몇 사람이 웅성거렸다. "저 사람의 얼굴 좀 봐. 빛나고 있잖아. 환하게 빛을 내고 있어." 어머니가 대답하셨다. "저 아이는 독방에서 오랫동안 기도를 드리다가 이제 막 끝마치고 나오는 중이랍니다." 잠시 후 우리는 그 옷가게를 떠나 캡틴 디스로 향했다. 그곳에는 이미 꽤 많은 사람이 있었기 때문에 어머니와 나는 줄을 서서 기다렸다. 그런데 여기서도 모두 이상한 표정을 지으며 나를 바라보는 것이 아닌가. 어머니는 이 모든 일을 가만히 지켜보고만 계셨다. 그런데 누군가가 내 얼굴에서 빛이 난다고 이야기하는 소리가 들렸다. 나는 내 얼굴에서 빛이 나고 있는지 전혀 알지 못했다. 달리 특별한 느낌도 없었다. 우리는 자리에 앉아 식사를 하기 시작했다. 음식을 먹는 동안에 우리 맞은편 테이블에 앉은 사람이 하염없이 나를 쳐다보고 있었다. 이번에도 어머니는 사람들에게 내가 오랫동안 기도를 드리다가 방금 전 기도실에서 나왔기 때문이라고 말씀하셨다. 과연 그들이 어머니의 설명을 얼마나 잘 이해했는지는 잘 모르겠다. 그 순간 나는 오로지 음식을 먹는 일에만 정신이 팔려있었다. 무언가를 자꾸 먹고 싶어 한다는 것이 육신적인 소리로 들릴 수도 있다는 걸 안다. 그러나 당시만 하더라도 나는 하나님의 영광에 관해서 오늘날만큼 잘 알지는 못했다. 당신도 주님의 임재 가운데에서 시간을 보낸다면, 단지 영적인 영역에서뿐 아니라 신체적인 영역에서도 백열전구와 같은 빛을 발산하게 될 것이다.

모세와 마찬가지로 당신은 빛나는 얼굴로 주님의 임재로부터 나오게 될 것이다. 비록 당시에는 이런 체험들이 얼마나 소중한 것인지 전혀 이해하지 못했지만, 나는 이런 각각의 체험을 절대로 잊을 수는 없다. 내가 아는 것은 오직 하나님께 나도 캐서린 쿨만처럼 영광의 구름을 경험하게 해주시고 내 얼굴도 밝게 빛나게 해달라고 기도드린 기억이 전부다. 이제와 돌아보니 그 일은 정말 강력한 체험이었다. 몇 년 전의 일이었다. 내가 메시지를 선포한 후에 나의 스태프 중 한 명과 또 다른 한 사람이 나를 찾아왔다. 그들은 내가 하나님의 나라에 관해 선포하는 동안 나의 얼굴이 빛났다고 했다. 오늘날 줄곧 나와 함께 지내는 사람들은 이런 일이 항상 일어나지는 않는다는 것을 잘 알고 있다. 그러나 그들은 실제로 그 일이 일어나면 금세 알아차린다. 언젠가 기도를 마친 후 나오는데 누군가가 "데이비드, 당신의 눈 속에서 주님을 봅니다"라고 말했다. 주님께서 나의 삶에서 행하신 일들을 생각하면 참으로 겸허한 마음이 든다. 나는 주님이 행하신 이 일들을 영원토록 간직하기를 원한다. 나는 이런 일이 주님과 대면하여 만나는 사귐을 통해 가능해졌음을 안다. 당신의 얼굴도 밝게 빛나기 시작할 것이다. 하나님은 단지 당신의 머리끝에서부터 발끝까지 기름을 부어주시는 것만으로 그치기를 원치 않으신다. 주님은 당신의 몸과 얼굴과 피부 전체를 주님의 영광으로 감싸주기를 원하신다.

그 일이 다시 일어나다
It happens again

그때로부터 일 년이 지난 후에 사우스캐롤라이나 찰스턴에서 또 다시 동일한 체험을 했다. 당시에 나는 주님을 무척 사랑하던 한 훌륭한 목사님과 함께 지내고 있었다.

거울 앞에서 물러서다

어느 날 나는 집 안 이곳저곳을 거닐고 있었다. 그러다가 잠시 손을 씻으러 욕실에 들어갔다. 욕실의 거울에 비친 내 얼굴을 바라보는 순간, 사람들이 이야기했던 모습을 처음으로 목격하게 되었다. 나는 타오르는 듯한 환한 빛을 발산하고 있었다. 내 얼굴은 하나님의 영광으로 덮여있었다. 내가 보기에도 정말 아름다웠다. 매우 아름다운 광경이었다. 하나님의 임재가 신체적으로 강력하게 나타나고 있었기에, 나는 양손으로 얼굴을 감싸며 얼굴을 만져보았다. 별다른 느낌은 없었다. 여느 때와 동일한 느낌이었다. 압도할 만한 권능도 느껴지지 않았다. 달리 아무 일도 일어나지 않았다. 다만 내 모습이 하나님의 임재와 영광으로 밝게 빛나고 있었을 따름이다. 우연히 그 목사님이 욕실 옆을 지나가다가 거울 앞에 서있는 내 모습을 발견했다. 그 목사님은 내게서 일어나는 현상을 넋을 잃고 바라보더니, 매우 단호하고 권위 있는 어조로 다음과 같이 말했다. "거울 앞에서 물러서게! 자네의 삶에 그런 형태의 기름 부음이 임한 상태에서 자네는 자신의 모습을 제대로 쳐다볼 수 없네. 거울 앞에서 물러나게!" 나는 수년이 지나도록 그 목사님이 내게 하신 말의 의미를 깨닫지 못했다. 그러나 그 순간 이후로 매우 진귀한 어떤 일이 내게서 일어나고 있다는 점은 알 수 있었다. 나는 주님과 교제를 나누기 위해 며칠간 어떤 특정 장소에 머무를 때는 방 안에 있는 모든 거울에 수건을 걸쳐놓는다. 내 말을 믿으라. 당신이 하나님의 영광 속에서 행하는 동안, 당신은 주님의 기름 부으심이나 성령의 은사들 안에서 행할 때와는 사뭇 다른 법칙들을 따르게 된다.

3

The appointment in heaven at the
judgment-Mercy seat of Christ

천국 심판대 앞에서의 만남
-그리스도의 속죄소

Face-to-Face with Jesus

03

천국 심판대 앞에서의 만남
-그리스도의 속죄소

The appointment in heaven at the judgment-
Mercy seat of Christ

주님에게 심판을 사모하는 법을 배우다
Learning how to desire judgment from the Lord

주님과의 관계가 지속적으로 점점 더 발전해감에 따라, 나는 우리가 주님의 심판을 사모해야 한다는 점을 배웠다.

여호와를 경외하는 도(the judgments of the Lord)는 정결하여 영원까지 이르고 여호와의 법도 진실하여 다 의로우니 금 곧 많은 순금보다 더 사모할 것이며 꿀과 송이꿀보다 더 달도다 (시

19:9-10)

매년 나는 주님께 나를 면밀히 점검해달라고 부탁드렸다. 이는 내가 주님을 좀 더 온전히 섬기며 행할 수 있기 위해 나를 심판해달라는 요청이기도 했다. 또한 나는 해마다 내가 주님의 검열을 받은 후에 개인적으로 주님과 대면하여 만나는 방문을 추가로 한 번 더 허락해달라고 말씀드렸다. 여기서 당신은 그 당시 내가 어떤 시기를 통과하고 있었는지 이해할 필요가 있다. 그동안 나는 줄곧 하나님의 말씀 안에서 성장해왔다. 그러는 동안 나는 주님과 이러한 사랑의 관계 안에서 동행하는 일과 관련하여 세 가지 중대한 교훈을 터득하게 되었다. 첫째로, 주님은 주님께 훈련을 받는 사람들을 사랑하신다.

주께서 그 사랑하시는 자를 징계하시고 (히 12:6)

예수님은 밧모 섬에 있는 요한에게 나타나셔서 주님의 몸 된 교회의 상태에 관해 말씀하셨다.

무릇 내가 사랑하는 자를 책망하여 징계하노니 (계 3:19)

그리하여 나는 실수와 허물들과 결점들에 관해 책망과 징계를 받는 일이 예수님과의 정상적이고 친밀한 사랑의 관계를 이루는 하나의 구성 요소일 뿐이라는 사실을 기꺼이 이해하고 받아들이게 되었다. 자연적인 영역에서 우리는 격려를 받을 때와는 달리 교정을 받는 동안에는 왠지 사랑받는다는 느낌을 받지 못한다. 우리는 격려를 일종의 사랑으로 받아들인다. 반면에 이와 동일한 사랑이 교정과 징계와 책망의 형태로 나타나면, 때때로 분개하며 이를 무시해버리곤 한다. 성경에서 예수님은 결코 "나는 사랑하는 자를 격려한다"고 말씀하지 않으신다. 오히려 그와는 반대로 "나는 사랑하는 자를 징계한다"고 말씀하신다. 정말 놀랍지 않은가! 주님의 말씀은 우리의 본성과 이해와는 전혀 상반된다.

둘째로, 나는 주님께 나를 검열하시도록 요청해야 한다는 사실을 터득했다. 케네스 해긴(Kenneth E. Hagin Sr.)은 자신의 책 『*Plans, Purpose, and Pursuits*』(계획, 목적, 그리고 추구)에서 예수님과 대면하여 만났던 체험을 소개한다. 예수님은 해긴 목사님이 지난 이십 년간 하나님의 뜻과는 상관없이 목회를 한 점에 대해 부드럽게 꾸짖으셨다. 이때 해긴 목사님은 예수님께 여쭈어보았다. "주님, 제가 그렇게 오랫동안 주님의 뜻과 상관없이 목회하고 있었는데도, 왜 그동안 제게 아무 말씀도 안 해주셨어요?" 그러자 예수님은 이렇게 대답하셨다. "네가 한 번도 물어본 적이 없었기 때문이란다."[11] 주님으로부터 참된 심판을 받으려면 우리 편에서 먼저 주님의 검열을 열망하고 요청해야 한다. 이것이 바로 '주님의 의를 구하는' 삶이다. 주님의 의를 구하는 삶은 단지 의로운 일을 추구하고 행하는 것만을 의미하지 않는다. 주님의 의를 구하는 삶은 의로운 일을 의로운 방식으로 행하는 것이기도 하다.

세 번째 교훈은 릭 조이너의 『빛과 어둠의 영적 전쟁』(The Final Quest)

을 통해 얻었다. 우리는 하나님의 심판을 간절히 열망하고 이를 주님께 요청해야 한다. 하나님의 심판을 통과함으로써 더 온전한 모습으로 주님을 섬기고 좀 더 친밀하게 주님과 동행하는 자들로 변화된다.[12] 나는 하나님의 심판과 교정들을 이미 경험하고 있었다. 나는 믿음의 생활을 시작하던 무렵부터 주님과 대면하는 방문들을 통해 주님께 나를 검열해달라고 부탁드렸다. 이러한 책들은 주님이 이미 내 삶 속에서 행하셨던 일들, 또한 주님이 내 안에서 이미 착수하고 계셨던 과정들을 잘 이해할 수 있도록 도와주었다. 요한계시록 2장과 3장에서는 일곱 교회 중 세 교회가 주님의 검열과 심판을 경험한다. 하나님의 심판이 얼마나 중요한지 터득한 후부터, 나는 주님께 해마다 나를 검열하셔서 주님과 언제나 좋은 관계를 유지할 수 있게 해달라고 요청하였다.

그리스도의 심판대 앞에 나타나다
Appearing at the judgment seat of Chris

이는 우리가 다 반드시 그리스도의 심판대 앞에 나타나게 되어 각각 선악 간에 그 몸으로 행한 것을 따라 받으려 함이라 (고후 5:10)

주님이 나를 아들처럼 대우하시다

1997년에 주님은 나에게 여러 차례 나타나셨다. 주님은 내 삶을 검열하셨고, 새벽에 주님과 교제하는 일을 비롯하여 많은 사항에 관해 나를 교정하셨다. 이 내용을 더 상세히 알기 원한다면 『예수님의 얼굴』을 읽어보라. 이 시기의 끝자락에 이르렀을 즈음, 주님은 내게 나타나셔서 그동안 나를 교정하셨던 일들을 다시금 종합적으로 정리하셨다. 이렇게 말하면 마치 주님이 내가 잘못했을 때만 나타나셔서 교정하신 것처럼 들릴 수도 있다. 그러나 주님은 내가 옳게 행한 일을 칭찬해주시려고도 나타나셨다. 주님과 얼굴을 대면하는 방문을 받던 이 무렵에, 주님은 내게 하나님의 나라의 열쇠들을 맡길 수 있을 만큼 신실한 자라는 말씀을 하셨다. 이 말씀은 나에게 매우 중요한 의미를 지니고 있었다. 주님은 내가 이전에 행한 의로운 행위들을 언급하시면서 이제는 나를 승진시킬 때라고 말씀하셨기 때문이다. 주님은 내가 주님의 나라에서 오른편 자리를 차지하고 있다는 점도 알려주셨다. 주님이 말씀하신 이때의 승진에 관한 내용은 『예수님의 얼굴』에 자세히 나온다. 이번 방문을 받았을 때, 나는 베개에 머리를 갖다 대자마자 곧바로 깊은 잠으로 빠져든 상태였다. 별안간 나는 빛의 속도로 몸에서 빠져나와 천국에 가있었다. 지금과는 달리 당시만 해도 나는 이런 형태의 체험을 잘 이해하지 못했다. 잠시 후 나는 천국에서 그리스도 앞에 놓인 심판대 앞에 줄지어 선 여러 사람 중의 한 명이 되어있었다.

우리가 예수님 앞에 나타나기
Appearances from us to Jesus

주님이 우리에게 나타나시기도 하지만,
주님은 우리에게도 주님 앞에 나타나라고 요구하신다

'나타남' 이란 단지 주님이 천국으로부터 우리를 찾아오시는 것만을 의미하지 않는다. 우리가 주님 앞으로 나아가는 것도 '나타남' 이다. 다윗은 이 원리를 잘 알고 있었고 이를 갈망했다. 그는 단지 주님이 자신에게 나타나시기만을 바란 것이 아니라, 자신이 하나님 앞에 나아가 주님의 얼굴을 뵙기도 소원했다. 다윗은 다음과 같이 고백한다.

> 내 영혼이 하나님 곧 살아 계시는 하나님을 갈망하나니 내가 어느 때에 나아가서 하나님의 얼굴을 뵈올까 (시 42:2)

우리는 단지 예수님이 우리에게 나타나주기만을 갈망하고 있어서는 안 된다. 우리도 주님 앞에 나아가 주님을 뵙기를 간절히 원해야 한다. 주님이 우리에게 주님 앞으로 나아오라고 요구하시는 특별한 때와 시기와 기회가 있다. 주님은 우리가 주님 앞에 나아가야 할 일정을 태초로부터 미리 계획해두셨다. 구약성경에서도 주님은 주님의 백성에게 매해 주님 앞으로 와서 주님을 만나야 한다고 말씀하셨다(신 16:16, 31:11, 삼상 1:22 참조). 한편 성경은 주님이 천사들과 사람들도 주님 앞에 나타나기를 원하신다고 기록한다(롬 12:1, 출 24:1-3, 욥 1:1-8). 예수님도 하나님의 존전에 나타나셔야 했다. 주님이 마리아에게 부활하신 주님의 몸을 만지지 못하도록 하신 이유도 여기에 있었다. 주님은 우선은 주님의 몸을 첫 번째 열매로서 하나님 앞에 보여드려야 했다. 또한 성경은 우리가 그리스도의 심판대 앞에 서야 할 때가 온다고 밝힌다. 심판대는 우리에게 찾아오는 것이 아니라, 우리가 그 앞으로 가서 서야 한다. 이는 이번 천국 방문에서 내가 체험한 사실이다. 예수님이 나에게 나타나신 것이 아니라, 내가 심판대의 주님 앞으로 가야 했다. 무슨 일이 일어나고 있는지 미처 알아차리기도 전에, 나는 자발적으로 주님 앞에 가 서있었다. 눈 깜짝할 사이에 주님은 우리를 불러 주님 앞으로 나아오도록 하실 수 있고, 다시 순식간에 되돌아가게 하실 수도 있다. 우리가 주님 앞에 섰을 때, 우리의 영은 몸과 분리된 상태로 영계 혹은 천국에 가있게 된다. 그러나 주님이 우리에게 나타나실 경우에는 주님이 이 땅으로 찾아오신다. 그런데 하나님이 초자연적으로 우리를 소환하지 않으셔도 자발적으로 주님 앞에 나아갈 수 있는 유일한 길이 있다. 바로 우리의 기도와 찬양과 경배를 통해 주님의 임재 가운데로 들어가서 주님 앞에 서는 방법이다. 우리가 주님의 임재를 구하며 기도와 금식에 돌입할 때, 우리는 주님 앞으로 나아가 주님을 뵙고 있는 것이다.

당신은 얼마나 자주 주님 앞으로 가고 있는가? 주님은 이스라엘 백성에게 빈손으로나 희생 제물이 없이 주님을 뵈어서는 안 된다고 명령하셨다(출 23:15, 34:20 참조). 찬양과 경배를 통해 주님 앞으로 나아갈 때,

우리는 찬양의 제사를 주님께 드리는 것이다(히 13:15 참조). 성경은 우리가 주님 앞에 나아가야 하는 이유에 관해 매우 다양한 근거를 제시한다. 한 가지 이유는 이미 언급한 바와 같이, 그리스도의 심판대 앞에서 검열을 받기 위해서다. 한편 성경은 우리의 삶과 몸을 주님 앞에 산 제물로 바치라고도 한다. 이외에도 우리가 주님 앞으로 나아가야 하는 이유들은 무수히 많다. 그러나 여기서는 우선 두 가지 이유만 살펴볼 것이다. 내가 말하려는 요점은 주님만 우리에게 나타나시는 것이 아니라 우리도 주님 앞에 나아가 뵈어야 함을 이해하자는 것이다.

주님의 심판대를 방문하다
The visitation at His seat

이 특별한 여행을 하면서 나는 다른 천국 여행에서처럼 천국을 이곳저곳 둘러보거나 사람들과 이야기를 나누지는 않았다. 다른 천국 여행의 체험은 본서의 후반부에 소개하겠다. 이번 천국 여행의 유일한 목적은 예수님이 내게 개인적으로 말씀하시고 나를 검열하시는 것이 전부였다. 내가 서있던 곳은 천국의 어느 한 방이었다. 그 방은 순수한 흰빛이었고 사방이 온통 영광의 빛으로 밝게 빛나고 있었다. 나중에야 나는 그 방이 그리스도의 심판대의 본부라는 것을 알게 되었다. 나는 주님이 어떻게 이런 일을 행하시는지는 알지 못한다. 내가 아는 것은 단지 그 일이 이루어지고 있다는 사실뿐이다. 나는 순식간에 그리스도의 심판대 앞으로 이송되었고, 그곳에서 아홉 명 내지 열 명의 사람과 줄지어 서있었다. 그들은 모두 나와 동일한 이유를 가지고 예수님께 심판받기를 요청했던 사람들이었다. 그들은 여전히 세상에 살고 있는 이들이며 주님의 검열을 받기 위해 잠시 천국을 방문한 사람들이었다. 예수님은 줄지어 서있는 사람들의 앞쪽에 계셨다. 왕의 흰색 의복을 입고 계신 예수님의 모습은 매우 당당하고 눈부셨다. 그때 바라본 주님의 모습은 다른 때 보았던 모습과는 사뭇 달랐다.

천국에서 그리스도의 심판대에 앉아계신 예수님
Jesus sits in His seat of judgment in Heaven

예수님은 아주 작은 자리에 앉아계셨다. 주님이 계신 자리의 모양은 양옆에 팔걸이가 있는 보좌와는 달랐다. 오히려 작은 의자처럼 보였다. 그뿐만 아니라 일반적인 의자에 비해서 높이가 조금 더 낮아보였다. 내가 이 사실을 재빨리 알아챌 수 있었던 이유는 예수님이 내 예상보다 훨씬 낮은 위치에 앉아계셨기 때문이다. 작은 의자의 짧은 다리 탓이었다. 성경을 연구하면서 나는 예수님이 왕국(Kingdom)을 받으셨다는 것과 하나님 아버지의 제국(Empire) 안에 있는 주님의 왕국에서 보좌에 앉아계신다는 사실을 알게 되었다.

내 아버지께서 나라를 내게 맡기신 것같이 나도 너희에게 맡겨

(눅 22:29)

나는 예수님이 하나님 아버지의 제국 내에 있는 거룩한 도시에서 하나님의 오른편에 앉아계신 모습을 보았다. 성경은 결코 예수님이 하나님의 오른편에 있는 보좌에 앉으셨다고 말하지 않는다. 단지 예수님이 보좌에 앉으셨다고 말한다. 하나님은 천국의 도성 내의 한 보좌(throne)에서 권위의 자리(seat)에 앉아계신다. 그리고 예수님은 하나님 아버지의 오른편에 있는 왕좌(royal seat)에 앉아계신다. 예루살렘은 천국에 있는 하나님의 도성이다. 이 도성은 우리가 부르는 예배 찬양의 가사에도 나온다.

…살아 계신 하나님의 도성인 하늘의 예루살렘과… (히 12:22)

예수님은 이 도성에서 하나님에 대해 권위를 행사하지 않으신다. 주님은 하나님의 오른편에 있는 속죄소(mercy seat)에 앉아계신 중재자요 중보자이시다.

새 언약의 중보자이신 예수와… (히 12:24)

여기서 왕국들(kingdoms)과 제국들(empires)의 개념 이해를 돕고자 로마제국을 예로 들어보겠다. 로마제국이 치리하던 시대에 로마는 세계 여러 곳에 있는 수많은 나라를 다스리고 있었다. 물론 이 각각의 나라에는 자체적으로 왕좌를 가진 왕들이 존재했다. 로마는 명칭 자체가 제국도시(Imperial City)였다. 로마제국은 이 도시를 기반으로 온 세상을 다스리고 통치했다. 천국의 정부가 수립된 방식도 이와 유사하다. 하나님은 온 제국의 황제이시다. 천국에 있는 예루살렘 도성은 하나님의 도성이다. 예루살렘은 하나님의 권위의 보좌가 위치한 중심 도시다. 처음에 나는 이런 원리를 잘 이해하지 못했다. 왜냐하면 언제나 예수님이 하나님의 오른편 보좌에 앉아계신다고만 생각했고, 그런 모습만을 보았기 때문이다.

> 이기는 그에게는 내가 내 보좌에 함께 앉게 하여 주기를 내가 이기고 아버지 보좌에 함께 앉은 것과 같이 하리라 (계 3:21)

내가 이렇듯 왜곡된 견해를 가지게 된 것은 나의 양육 배경과도 관련이 있었다. 어려서 다니던 교회에서는 언제나 예수님만을 높여드렸다. 하나님 아버지나 예수님과의 관계 안에서 하나님 아버지가 어떤 분인지 가르침을 받은 적이 거의 없었다. 비로소 나는 예수님을 높이시어 천국에서 하나님의 오른편에 앉게 하신 분이 바로 하나님 아버지이심을 이해하게 되었다.

> 그의 능력이 그리스도 안에서 역사하사 죽은 자들 가운데서 다시 살리시고 하늘에서 자기의 오른편에 앉히사 (엡 1:20)

미국인들이 종종 놓치고 있는 점은 천국에서 삼위일체 하나님 사이에도 경건한 위계질서가 존재한다는 것이다. 물론 성부 성자 성령 하나님이 하나인 것은 맞다. 그러나 예수님도 다음과 같이 말씀하지 않으셨던가. "…아버지는 나보다 크심이라"(요 14:28). 성경은 하나님을 제외한 모든 만물이 예수님의 발아래에 복종했다고 선언한다. 어떤 이들은 성부 하나님과 성자 예수님의 등급이 같음을 주장하기 위해 주님이 "나와 아버지는 하나이니라"고 말씀하신 성경 구절을 인용한다(요 10:30 참조). 예수님은 결코 등급이나 권위 면에서 동일하다는 뜻으로 이 말씀을 하신 것이 아니었다. 그렇지 않다면 예수님이 "아버지는 나보다 크심이라"고 말씀하신 이유가 무엇이겠는가. 예수님은 하나님 아버지에 의해 합법적으로 높임을 받으셨다. 비록 예수님을 통해서 모든 인류가 하나님 아버지께로 올 수 있게 되었다 하더라도, 예수님이 하나님보다 더 큰 영광을 받으실 자격을 가지고 계신 것은 아니다.

> …나로 말미암지 않고는 아버지께로 올 자가 없느니라 (요 14:6)

> 구름 속에서 소리가 나서 이르되 이는 나의 아들 곧 택함을 받은 자니 너희는 그의 말을 들으라 하고 (눅 9:35)

그동안 주님의 몸 된 교회는 예수님이 하나님 아버지께 순종함으로써 받으신 영광과 승진 및 우리의 죄를 위해 십자가를 지신 일을 손상

시키지 않고도 천국의 위계질서를 가르치는 일에 실패했다. 천국 여행을 마치고 돌아온 후, 성경을 읽다가 예수님이 하나님의 오른편에 '앉히셨다'(seated)고 기록된 구절을 발견했다. 성경은 결코 주님이 성부 하나님의 오른편에 있는 '보좌에 오르셨다'(enthroned)고 말하지 않는다. 물론 예수님은 실제로 보좌를 가지고 계신다. 그러나 주님이 하나님의 오른편에 앉으실 때는 보좌에 오르신 것은 아니었다. 주님이 앉으신 곳은 아주 작은 자리였다. 성경은 이 자리를 가리켜 '속죄소'(Mercy Seat-자비의 보좌)라 칭한다(출 25:22 참조). 주님은 그리스도의 심판대에서 우리와 교제를 나누겠다고 약속하셨다. 또한 성경은 성도들이 주님의 심판대 앞에 서게 될 것이라고 말한다. 당신은 주님과 동행하는 삶의 초창기에든 후반부에든 반드시 이 자리에서 심판을 받아야 한다(딤전 5:24-25 참조). 그리스도의 심판대는 요한계시록 20장 11-15절에서 언급된 백 보좌 심판(Great White Throne Judgment)과는 다르다. 요한이 밧모 섬에 있는 동안에 보았던 것은 백 보좌 심판이었다. 그리스도의 심판은 자비의 심판으로, 당신을 백 보좌에서 선포된 성부 하나님의 심판으로부터 구원해준다. 천국에는 서로 다른 두 가지 형태의 심판이 존재한다. 그리스도의 심판대는 그리스도께서 그분의 양떼들-그분의 성도들과 구원받은 사람들-이 각각 생명이 있는 동안 몸으로 행한 일들에 따라 심판을 행하시는 곳이다. 여기에는 우리의 선한 행위들에 대해 보상하시는 일도 포함된다. 이러한 보상들은 심판이 지니는 자비의 측면이다. 우리는 이 보상들을 가지고 영생에 들어간다. 백 보좌 심판은 죽은 자들이 큰 자나 작은 자나 모두 동일하게 하나님 아버지 앞에 서게 되는 순간이다. 백 보좌에서 사람들은 모두 각자의 행위에 따라, 또한 생명책에 이름이 있는지의 여부에 따라 심판을 받는다 (계 20:11-15 참조). 하나님의 보좌(throne) 오른편에는 하나의 자리(seat)가 있다.

심판자이신 주님
He was Judge

예수님은 자리에 앉으신 채로 우리를 바라보고 계셨다. 주님은 이전의 그 어느 때보다도 신중하고 애정이 넘치는 모습이었다. 내가 할 수 있는 최고의 표현을 한다면 그 순간 주님의 얼굴은 매우 권위 있는 표정이었다. 우리가 일렬종대로 주님 앞에 서있는 동안 주님은 첫 번째 사람에게 말씀하셨다. "넌 합격이다." 그 사람은 옆쪽으로 갔다. 줄지어 서있던 다음 사람이 주님 쪽으로 다가갔을 때 주님은 이렇게 말씀하셨다. "넌 합격하지 못했다." 그 사람이 줄에서 벗어나는 동안 그 다음 사람이 예수님 쪽으로 이동했다. 그곳에는 결코 잘못된 형태의 두려움은 존재하지 않았다. 그 거룩한 자리는 오직 놀라운 경외감으로만 가득 차있었다. 나는 속으로 "넌 합격이다"라는 주님의 말씀이 주님과 동행하는 삶과 주님과 동역하는 사역에서 다음 수준으로 우리를 옮겨주신다는 승인을 의미하는 것이라고 생각했다. 줄은 계속해서 앞쪽으로 이동해가고 있었다. 매번 주님은 각 사람에게 이런 식의 말씀을 하고 계셨다. 그러다가 마침내 내 차례가 되었다. 주님은 여전히 심판대에 앉아계신 채로 내게 말씀하셨다. "넌 합격하지 못했다." 그 말을 듣는 순간 내 가슴은 철렁 내려앉았다. 도저히 이해할 수가 없었다. 너무나도 당황스러운 나머지 주님께 여쭤보았다. "주님, 왜죠? 왜 저는 합격하지 못한 거죠?"

은혜를 통과한 심판
Judgment filtered through mercy

주님은 심판자로 앉아계시던 심판대에서 일어나
친구에게 하시듯 내게 이야기하셨다

주님은 자리에서 일어나시더니 천국에 있는 다른 방으로 나를 데리고 가셨다. 마치 주님과 내가 아주 친밀한 친구 사이인 것처럼 말이다. 주님은 그렇게 심판하실 수밖에 없던 이유를 내가 잘 이해할 수 있도록 설명하시려고 특별히 시간을 내주셨다. 만왕의 왕이신 주님으로 인해 나는 굉장히 영예로운 대우를 받은 듯이 느껴졌다. 주님이 따로 부르셔서 합격하지 못한 이유를 설명하셨던 사람은 나 외에 한 명도 없었다. 주님은 내가 이 질문을 드리기 전까지는 심판대 자리에서 일어나신 적조차 없었다. 나는 영광스럽게 느껴졌다. 별실에 다다르자 주님은 자리에 앉으시면서 왜 내가 합격하지 못했는지 설명하셨다.

"그 이유는 네가 성경 말씀을 충분할 정도로 시간을 내어 연구하지 않았기 때문이란다." 주님의 이야기를 듣고서 나는 항변하듯이 다음과 같이 말씀드렸다. 물론 예수님에 대한 깊은 경외감을 잃지 않은 태도로 말이다. "주님, 하지만 제가 그걸 어떻게 알 수 있었겠어요?" 나는 정말로 모르고 있었다. 하지만 변명은 통하지 않았다. 주님은 크신 사랑으로 내게 대답하셨다. 온통 불로 이글거리는 두 눈을 가지신 주님은 나를 바라보시며 단호하지만 다정하신 어조로 말씀하셨다. 주님의 태도는 이전에 얼굴을 마주 보며 나를 교정하시던 때와 비교해볼 때 훨씬 더 온화하셨다. "네가 진심으로 알기 원한다면 너는 반드시 알아낼 수 있단다." 오랜 세월이 흐른 후에야 비로소 나는 내가 하나님의 말씀을 충분히 시간을 내어 연구하지 않았다는 것을 깨달았다. 선지자로서 내 삶에 임했던 기름 부으심과 계시의 은사로 말미암아, 하나님의 말씀을 실제로 철두철미하게 연구해야 한다는 필요성을 미처 깨닫지 못하고 살았다.

나는 마땅히 성경 말씀을 연구해야 함에도 불구하고 그렇게 하지 못하는 실수를 저질렀다. 다른 수많은 선지자와 마찬가지로, 나 역시도 사역을 위해 계시의 은사와 기름 부으심에만 의존했다. 내가 하나님의 말씀을 선포할 때, 그 기름 부으심은 사람들에게 깊은 계시를 가져다준 것은 물론 나 자신에게도 유익했다. 나는 영감을 통해 받은 메시지, 다시 말해 레마(rhema)에 의지해서 살았다. 이때 레마의 말씀은 스스로 직접 연구해서 얻은 것이라기보다는 성령님이 나를 통해 선포하신 메시지였다.

> 너희는 주께 받은 바 기름 부음이 너희 안에 거하나니 아무도
> 너희를 가르칠 필요가 없고 오직 그의 기름 부음이 모든 것을
> 너희에게 가르치며 또 참되고 거짓이 없으니 너희를 가르치신
> 그대로 주 안에 거하라 (요일 2:27)

나는 기본적인 성장과 인격의 성숙을 위해 개인적으로 성경을 연구하는 일은 소홀히 여겼다. 선지자들과 사역자들로서 우리는 자신이 미처 승진하지 못한 높은 수준의 메시지를 선포할 수도 있다. 이런 일을 허락하시는 분은 하나님이시다. 하나님은 우리를 통해 역사하심으로써 천차만별의 수준을 지닌 각각의 하나님의 백성에게 필요한 메시지를 나누어주신다. 따라서 우리는 현재의 개인적인 영성 수준보다 훨씬 더 높은 수준의 메시지를 설교할 수도 있다. 이 점은 예수님의 말씀을 보더라도 쉽게 확인이 된다. "아버지여 이것을 지혜롭고 슬기 있는 자들에게는 숨기시고 어린아이들에게는 나타내심을 감사하나이다"(눅 10:21). 하나님은 어린아이들에게도 놀라운 계시를 나타내주신다. 그뿐만 아니라 주님은 아이들이 그 메시지를 선포하게 하실 수도 있는 분이다. 그러나 수준 높은 메시지를 전한다고 해서 어린아이들이 하나님과 동행하는 삶에서도 장성한 어른이 되었다는 의미는 아니다. 대부분의 미성숙한 사역자가 속아 넘어가는 부분이다(당시의 나처럼 말이다). 그들은 현재 자신들을 통해 사역에서 가시적으로 나타나는 높은 수준의 계시와 선포를 보면서 마치 스스로가 성숙한 자인 양 착각하는 오류를 범하곤 한다. 정말 안타까운 일이지만, 성숙한 그리스도

인들조차도 이와 동일한 속임수에 걸려든다. 그들은 미성숙한 회심자나 사역자들에 대해서도 단지 은사를 나타내고 있다는 이유로 실제보다 훨씬 더 성숙한 자들로 대우하는 실수를 범한다. 이러한 이유들로 인해 나는 스스로 성경 연구를 충분히 하고 있다고 생각했다. 충분히 시간을 내어 성경 공부를 하지 않고 있다고는 상상하지도 못했다. 결국 이런 모습 때문에 주님은 당신을 심판하지 않을 수 없다. 주님은 당신을 면밀하게 살펴보신 후에 그리스도인으로서 혹은 주님의 학생으로서 결핍되거나 미숙한 영역들이 어디인지 보여주신다. 나는 회심을 체험한 직후만 해도 지나칠 정도로 오랫동안 성경을 공부하곤 했다. 심지어 주님은 잠도 안 자고 성경을 읽는 나를 재우시기 위해 일부러 성경을 덮기도 하셨다. 그랬던 내가 이제는 필요한 분량의 성경 공부조차도 하지 않는 또 다른 극단으로 치우치게 되었다니 정말 의아스러울 뿐이었다. 반복해서 말하지만, 나는 여러 해 동안 예수님의 이번 방문이 얼마나 중요한 의미를 지니는지 잘 이해하지 못했다.

한편 나는 예수님이 성격을 표현하시는 모습도 보았다. 주님은 핑계 대는 모습을 좋아하지 않으신다. 그뿐만 아니라 주님은 내가 살아가면서 범한 이 오류로 말미암아 나를 사탄(satan)에게 넘겨주실 것이라고 말씀하셨다. 주님의 말씀을 들으면서 나는 이렇게 생각했다. '주님, 나를 이토록 가혹하게 심판하시는 이유가 도대체 무엇인가요? 나는 단지 주님의 말씀을 충분히 시간을 내어 공부하지 않은 잘못밖에 없다고요.' 그 후 오랫동안 성경을 탐구하면서 나는 이 일이 당시에 내가 이해했던 것보다 훨씬 더 심각하고 중대한 죄임을 깨닫게 되었다. 또한 그 일이 있기 일 년 전에 이미 주님께 나를 인정사정없이 심판해달라고 부탁한 적이 있다는 것도 기억해냈다. 주님은 내게 다음과 같이 대답하셨다. "데이비드야, 너는 너를 가차 없이 심판해달라고 요청했었다. 너는 나를 더 온전한 모습으로 섬길 수 있기를 바라는 마음에서 그렇게 말했지. 만일 내가 너를 심판하지 않았더라면, 아마 너는 나의 다른 수많은 종처럼 죽을 때까지 평생 이런 평가는 받지도 못한 채 살고 있었을 것이다." 주님의 말씀을 듣고서야 감사가 터져 나왔다. "주님, 감사해요." 우리는 주님의 심판을 받기를 소원해야 한다. 그러나 주님의 심판을 받는 일은 결코 기분 좋은 일이 아니다. 절대로, 절대로 기분 좋은 일이 아니다. 나는 설교자들은 다른 기준에 의해 심판을 받는다는 사실을 알지 못했다. 특히 그들이 특별한 메신저이거나 사도적인 목소리를 지녔을 때는 더욱 그러하다. 나는 왜 주님이 나를 사탄의 손에 넘겨주겠다고 하셨는지 이해할 수 없었다(다음 장에서 하나님이 우리를 사탄에게 넘기셔서 시련을 당하도록 허락하시는 이유를 성경 구절들을 통해 설명할 것이다). 그러나 당시만 해도 나는 이렇게 생각했다. '주님, 이렇게 하시는 게 과연 사랑인가요? 사탄이 저를 시험하는 일을 통해 도대체 무슨 효과를 얻을 수 있다는 말씀인가요?' 또한 이렇게도 생각했다. '사탄이 나를 무참히 짓밟아버리고 말 텐데.' 그러자 주님이 말씀하셨다. "나는 사탄이 일정 기간 너를 대항하도록 허락할 것이고 너는 그의 손에 넘겨지게 될 것이다." 예수님은 계속해서 말씀하셨다. "너를 시험하는 자는 일개 귀신(demon)이나 다른 일반적인 악령(evil spirit)이 아니라 바로 사탄(satan)이다." 솔직히 말해 주님의 말씀을 들으며 나는 속으로 몹시 마음이 상하고 말았다. 나는 주님을 사랑하고 존경하고 있었기에 이 일에 관해서 주님께는 아무런 말씀도 드리지 않았다. 그렇지만 내게는 상처로 남았다. 나는 권위에 관한 교리도 알지 못했고, 사탄의 손에 넘겨진다는 것이 무엇을 의미하는지도 몰랐다. 나는 혼자서 생각했다. '내가 나쁜 사람인가?' 나는 이 교훈에 관한 내용을 본서에 싣는 것을 약간 망설였다. 혹시라도 누군가가 이를 오해하여 부정적인 반응을 일으키고 나를 핍박하려 들 수도 있기 때문이다. 내가 성경의 지혜를 늘 알고 있었던 것은 아니다. 게다가 주님이 마귀의 목적을 위해서가 아니라 주님의 목적을 위해서 우리를 사탄에게 넘겨주신다는 것이 얼마나 멋지고 영광스러운 일인지를 말로 분명하게 표현할 능력도 없었다. 나는 오랜 세월이 지나고 나서야 비로소 깨달을 수 있었다. 일정 기간 동안 사탄에게 넘겨지는 과정은 주님이 이 세상에서 인간에게 베풀어주실 수 있는 최고의 특권이자 놀라운 사랑의 표현이었다. 당신은 아마 어리둥절할지도 모른다. 나도 그랬다. "도대체 왜 그렇다는 거죠?" 나는 이제부터 다음 장에 걸쳐서 그 이유를 설명하려고 한다. 이후 칠 년간 나의 삶은 내 영혼의 원수와 벌이던 맹렬한 싸움과 시련의 연속이었다. 이 모든 일에서 깨달음을 얻기 시작한 것은 이미 이 기간을 끝마치고 난 후였다.

예수님께는 변명이 통하지 않는다

Jesus does not accept excuses

> 다 일치하게 사양하여 한 사람은 이르되 나는 밭을 샀으매 아무래도 나가 보아야 하겠으니 청컨대 나를 양해하도록 하라 하고
>
> (눅 14:18)

성경에서 예수님은 사람들을 주님의 잔치에 초청하신 것에 관한 비유를 말씀하셨다. 그런데 주님의 초대를 받았던 그들은 한결같이 변명으로 반응했다. 주 예수님은 우리가 내미는 적법치 못한 핑계들을 받아들이지 않으신다. 주님은 사랑이 많으시고 이해심도 풍부하신 분이다. 그러나 주님은 우리가 하나님의 말씀인 성경을 연구해야 한다는 점에 있어서는 매우 단호한 태도를 취하신다. 나와 주님과의 관계가 아무리 친밀하다 할지라도, 내가 충분히 성경을 연구하지 않는 한, 주님은 나를 다음 수준의 관계와 사역으로 승진시킬 수가 없으셨다. 대부분의 성도가 이해하지 못하는 사실이 있다. 우리가 연구를 통해 스스로를 주님께 인정된 자로 드리지 않는다면, 예수님은 결코 우리를 다음 수준으로 승진시킬 수 없으시다.

연구에 박차를 가하라
Speed up-Study

하나님의 말씀 연구의 중요성

인정된 자로 자신을 하나님 앞에 드리기를 힘쓰라(Study to shew thyself approved unto God) (딤후 2:15)

그러므로 예수께서 자기를 믿은 유대인들에게 이르시되 너희가 내 말(my word)에 거하면 참으로 내 제자가 되고 (요 8:31)

본문에서 언급된 '힘쓰라'(study)는 그리스어 '스포우다즈'(spoudaz)에서 유래되었다. 이 말은 '속도를 내다'라는 뜻이다. 이는 우리가 가속도가 붙은 아주 빠른 속도로 움직이면서 최선을 다해 노력하고, 하나님의 말씀을 연구함으로써 하나님이 받으실 만한 인정받는 자가 되기 위해 열심히 수고하고 애쓰는 모습을 암시한다. 그밖에도 이 성경 본문에 사용된 '스포우다즈'에는 '무언가에 도달하기 위해 힘쓰다, 만족스러운 존재가 되기 위해 야심을 품고 고군분투하다, 주님이 보시기에 받으실 만하다, 평가와 시련 혹은 시험 이후에 주님과 좋은 관계를 유지하다' [13] 등의 의미가 내포되어있다. 내가 그토록 듣는 것이 둔했던 이유는 성경이 언급하듯이, 하나님의 말씀에 대한 연구 부족 때문이었다. 나는 성경 말씀을 연구하는 일에 대해 태만한 태도로 살았다.

성경은 우둔한 사람들을 '귀가 먹었다'는 표현을 해서 묘사한다. 그들은 연구해서 얻은 어떤 주제에 관한 최신 정보가 없기에 영적인 진리를 깨닫는 일에서도 매우 둔하다.

> 우리가 할 말이 많으나 너희가 듣는 것이 둔하므로 설명하기 어려우니라 (히 5:11)

대체로 듣는 것이 둔한 사람들에게는 심오한 차원의 일을 말해줄 수 없다. 그들은 연구해서 하나님의 말씀을 듣는 일을 게을리 했으므로 뒤처졌다. 인생 전반에 걸쳐 주님은 우리에게 다양한 것을 가르쳐 주려고 언제나 애쓰신다. 우리가 일상생활에서 만나는 사람들을 통해서 가르쳐주기도 하고, 시련들이나 환경들, 꿈들, 환상들 등의 방법을 사용하기도 한다. 우리는 하나님의 말씀을 연구하거나 듣는 일에 둔하고 뒤처진 까닭에, 주님은 사도들에게 하신 말씀을 동일하게 우리에게도 하지 않을 수 없다. "내가 아직도 너희에게 이를 것이 많으나 지금은 너희가 감당하지 못하리라"(요 16:12). 바울도 히브리서에서 이와 동일한 언급을 하였다. "우리가 할 말이 많으나 너희가 듣는 것이 둔하므로 설명하기 어려우니라"(히 5:11). 사실 바로 당신도 내가 이 주제에 관해 말하고 싶은 바를 온전히 이해하기에는 아직 뒤처져 있다. 그 이유가 무엇인지 아는가? 당신도 연구를 게을리 했기 때문이다.

주님의 말씀을 연구하는 일이 얼마나 중요한 일인지 아는가? 주님의 말씀을 연구할 동안은 주님이 무슨 방법으로 누구를 통해 말씀하시든 이를 재빨리 포착하고 이해할 수 있게 될 것이다. 그뿐 아니라 주님이 주시려는 메시지의 의미도 완벽하게 깨달을 수 있을 것이다. 내가 주님의 말씀을 진작 열심히 연구했더라면, 주님이 꿈을 통해 그토록 알려주려고 애쓰셨던 태만함에 관한 계시의 의미를 무려 십오 년이나 걸려 파악하지 않았을 것이다. 그러나 나는 하나님의 말씀을 연구하고 조사하는 일을 게을리 하였다. 그리하여 결국 너무나 둔해져서 주님이 말씀하시려는 진리를 온전히 깨닫거나 이해하지 못했다. 이와는 정반대되는 상태를 성경은 '이해가 빠르다'(quick understanding)라고 표현한다. 둔하여 잘 깨닫지 못하는 것도 내 얼굴을 덮고 있던 수건 중의 하나였다. 이 수건은 주님의 음성을 듣고도 온전히 이해하거나 깨닫지 못하도록 방해했다. 주님은 당신에게도 나타나실 수 있다. 그러나 그때 당신은 숨김없는 얼굴로 주님을 마주 볼 수 있어야 한다. 주님에 대한 당신의 관점을 왜곡시키는 모든 수건은 반드시 제거되어야 한다.

이 시기에는 나는 분명하게 볼 줄도 몰랐다. 명확하게 이해할 줄을 몰랐으니 분명하게 볼 줄도 몰랐던 것이다. 진리는 이러한 수건들을 벗겨내는 일에 도움이 된다. 예수님이 제자들에게 충분할 정도로 오랫동안 주님의 말씀 안에 머물러야 한다고 교훈하신 이유도 여기에 있었다. "…너희가 내 말에 거하면 참으로 내 제자가 되고"(요 8:31). 그 다음 날 밤에도 주님은 계속해서 말씀하셨다. "진리를 알지니 진리가 너희를 자유롭게 하리라"(요 8:32). 우리는 하나님의 방식대로 진리를 이해하지 못한 채 살고 있기에, 너무도 많은 영역에서 묶여있고 자유롭지 못한 상태다. 우리가 연구하면서 충분한 시간 동안 지속적으로 주님의 말씀에 거하고, 성령님으로 하여금 우리 삶에 임하셔서 우리를 가르쳐주시도록 허용한다면, 주님은 우리 안의 어느 영역에 진리를 적용해야 하는지 반드시 계시하실 것이다. 이러한 진리들을 통해 우리는 생각과 마음을 덮고 있는 수건들을 제거해낼 수 있다. 와! 정말 놀랍지 않은가! 당신이 이 진리를 깨달을 때, 이제 당신도 시편 기자 다윗과 같은 고백을 할 것이다. "주의 율례들을 즐거워하며 주의 말씀을 잊지 아니하리이다"(시 119:16).

앞에서도 언급한 바 있으나, 처음 그리스도인이 되었을 때만 해도 나는 밤낮 가리지 않고 말씀을 묵상하는 일에 푹 빠져있었다. 성경을 묵상하는 것은 매우 멋진 일이었다. 그러나 주님의 말씀을 깊이 탐구하려는 심오한 차원의 흥미와 열심과 열정은 없었다. 나는 말씀의 의미를 철저히 이해할 목적으로 성경의 문단 안에 있는 모든 단어를 집중적으로 분석하고 연구하려는 열망은 품지 못했다. 하나님의 말씀을 그런 식으로 연구해야 한다는 사실도 아예 몰랐다. 성경의 의미를 이해하기 위해 성경 원어인 히브리어와 헬라어를 연구해야 한다는 이야기도 들어본 적이 없었다. 물론 내가 이렇게 말하는 모습도 예수님이 말씀하셨듯이 변명에 불과한 것을 잘 안다. 나의 성경 연구는 단순히 하나님의 말씀을 묵상하는 차원에만 머물렀다. 그러나 만일 진정으로 하나님의 말씀을 깊이 탐구해보기를 원했더라면, 나는 얼마든지 알고 싶어 하는 진리를 발견할 수 있었을 것이다. 실제로 예수님이 지적하고 계셨던 것은 내 마음의 상태였다.

연구를 통해 주님의 말씀을 '듣는 일에 둔했던' 나는 그로 인해 결국 '마음도 둔해졌다.' 기억하라. '연구하다' (study)라는 단어는 헬라어로 '속도를 내다' 는 뜻이 있다. 주님은 우리가 주님에 관한 일들을 이해하고 깨닫는 일에서 뒤처지지 않기를 원하신다. 주님이 우리에게 연구하라고 당부하시는 이유도 여기에 있다. 주님은 우리가 주님의 말씀을 연구함으로써 '기대 수준에 도달하기' 를 원하신다. 우리는 늘 주님과 보조를 맞추어야 한다. 뒤처져 있다면, 속히 '속도를 내어' 주님이 행하시고 말씀하고 계신 바를 온전히 따라잡아야 한다.

당신은 하나님의 말씀인 성경을 연구하고 탐구함으로써 속도를 낼 수 있다. 예수님이 나에게 "네가 진심으로 알기 원한다면 너는 반드시 알아낼 수 있단다" 라고 말씀하신 취지도 여기에 있다. 나는 성경을 연구하는 영역에서 수준 미달이었다. 물론 주님의 말씀을 묵상하기는 했다. 말씀 묵상은 성경 구절을 기억하고 하나님과 동행하는 삶에서 말씀을 실천하는 일에는 도움이 되었다. 그러나 내게는 성경을 연구함으로써 얻을 수 있는 핵심적이고 전략적인 정보와 계시는 턱없이 부족했다. 나는 단지 말씀을 묵상하는 사람이었을 뿐 연구자는 아니었다. 연구한다는 것은 열심히 지식을 찾는 모습이다. 우리는 진정으로 알기 원하는 것은 무엇이든 발견할 수 있다. 예수님은 내가 연구하려는 열정이나 갈망이 부족했다고 말씀하셨다. 우리는 제자 교육의 과정을 끝마칠 때까지 줄곧 주님의 말씀 안에 머물러야 한다. 나는 주님의 말씀을 충분할 정도로 오랫동안 연구하지 못했다. 성경은 거듭해서 당신이 얼마나 오랜 시간을 들여 하나님의 말씀에 머물러 있는지에 관해 다룬다. 과연 얼마나 오랫동안 주님의 말씀에 머물러 있어야 할

까? 정답은 당신이 주님 앞에 인정받는 자로 나타나게 될 때까지다.

인정받을 때까지 연구하라
Study to the point of approval

당신은 하나님으로부터 A급 학생으로 평가받고 인정받을 때까지 충분히 시간을 들여 연구해야 한다. 예수님은 내가 인정받은 자가 되기까지 충분히 오랫동안 주님의 말씀을 연구하지 않았으므로 불합격한 것이라고 말씀하셨다.

많은 사람이 정보나 계시를 얻을 때까지 연구한다. 그러나 그 정도만으로는 하나님의 말씀을 통해 삶 속에서 주님의 음성을 듣거나 주님의 진리를 이해하는 능력을 성장시키기에는 충분치 않다. 어떤 이들은 설교를 하려고 말씀을 연구한다. 혹은 성경 본문을 분석하거나 설교할 수 있다는 것을 과시하려고 말씀을 연구하는 사람들도 있다. 당신은 과연 무슨 목적으로 성경을 연구하는가? 만일 성경을 연구하는 목적이 하나님의 음성을 더 잘 분별하는 성숙하고 능란한 신자가 되는 데 있는 것이 아니라면, 또한 성경적 계시에 들어있는 풍부함과 안정성을 추구하고 싶은 배고픔으로 주님을 기쁘게 해드리기 위해서가 아니라면, 또한 주님과 교제하고 주님을 사랑하기 위해서가 아니라면, 당신의 성경 연구는 헛수고일 뿐 아니라 하나님이 원하시는 조건들로부터 크게 벗어났다.

우리 대부분은 하나님의 말씀을 연구하긴 해도 겨우 지식을 얻는 수준에까지만 머문다. 단순히 지식을 얻으려고 성경을 연구해서는 안 된다. 이보다 심오한 목적을 위해 성경을 연구하지 않는다면, 오히려 허영과 교만에 빠지게 될 것이다. 성경이 말씀하는 바와 같이 지식은 교만하게 하지만 사랑은 덕을 세운다(고전 8:1 참조). 우리는 최우선적으로 하나님을 기쁘시게 하고 사랑하기 위해 성경을 연구해야 한다. 다음으로는 다른 사람들에게 은혜를 끼치는 덕 있는 자들이 되기 위해 성경을 연구해야 한다. 사랑하기 위해서 연구해야 한다. 또한 가장 위대한 계명, 즉 하나님을 전심으로 사랑하는 일을 성취하고자 연구해야 한다(요일 2:5 참조). 예수님은 만일 우리가 주님을 사랑한다면 주님의 계명들을 지킬 것이라고 말씀하셨다. 이렇게 하는 것이 바로 연구를 통해 우리를 인정받는 자로 드린다는 말씀의 의미다. 첫째 되고 가장 위대한 계명, 곧 주님을 사랑하는 일을 성취하기 위하여 연구해야 한다.

주님의 말씀을 깊이 연구하는 일의 중요성
The importance of searching the Lord's Word

예수님은 우리가 나름대로의 신학을 상정하거나
지레짐작하여 생각하는 것을 원하지 않으신다

너희가 성경에서 영생을 얻는 줄 생각하고(think) 성경을 연구

하거니와(search) 이 성경이 곧 내게 대하여 증언하는 것이니라
(요 5:39)

우리는 충분할 정도로 철두철미하게 성경을 연구하지는 않는다. 그러고도 마치 주님의 말씀을 깊고 익숙하게 알고 있는 양 성급하게 속단해버릴 때가 많다. 실제로는 그렇지 않은데도 말이다. 우리는 성경에 나오는 수많은 단어의 의미에 대해 나름대로의 정의와 해석을 내린다. 하지만 정작 그 단어들을 실제로 연구하면, 이제까지 생각했던 것과는 전혀 다른 의미가 있음을 발견하기도 한다. 예수님이 "너희가 성경에서 영생을 얻는 줄 생각하고 성경을 연구하거니와 이 성경이 곧 내게 대하여 증언하는 것이니라"(요 5:39)고 권고하신 까닭도 여기에 있다. 구약성경과 신약성경은 예수님에 관해 증언한다. 이것이 바로 우리가 주님의 말씀을 알아야 하는 가장 중요하면서도 으뜸가는 이유다. 예수님은 바리새인들에게 단순히 성경을 읽고 묵상하는 단계를 뛰어넘으라고 말씀하셨다. 주님은 바리새인들에게 성경을 연구해야 한다고 말씀하셨다. 본문의 맥락에서 '연구하다'(search)는 '사전을 찾아보다'는 뜻이다. 다시 말해 주님의 말씀을 성령님의 도우심을 받아 철저하게 조사하고 탐구해야 한다. 그리하여 실제로는 모르는데 안다고 착각함으로써 중대한 진리를 놓치는 일이 없어야 한다. 나는 성경을 연구하던 중에 예수님이 우리를 위해 십자가 상에서 완성하신 구원에 우리도 함께 동참하면서 그 일부를 담당했다는 점을 발견하였다. 수많은 사람은 자신이 주님께 목숨을 내어드리고 자신의 죄 때문에 주

님이 피 흘려주셨음을 인정함으로써 구원을 얻는다고 생각하거나 추측한다. 물론 옳은 말이다. 우리는 믿음으로 말미암아 은혜로 구원을 받는다. 그러나 이것은 주님이 담당하시는 역할이다. 성경은 우리에게 두려움과 떨림으로 자신의 구원을 이루어가라고 교훈한다.

주님은 하나님의 말씀을 매우 소중하게 여기신다
He places a high value on His Word

> 천지는 없어질지언정 내 말은 없어지지 아니하리라 (마 24:35)

> 진실로 너희에게 이르노니 천지가 없어지기 전에는 율법의 일 점일획도 결코 없어지지 아니하고 다 이루리라 (마 5:18)

이번 방문에서 주님은 충분할 정도로 시간을 내어 주님의 말씀을 연구하고 상세히 분석하고 조사하는 일이 얼마나 중요한지 가르쳐주려고 하셨다. 1995년 어느 날, 잠자고 있는데 한 목소리가 들렸다. "복음서를 연구해라." 이 목소리를 듣자마자 나는 잠에서 깨어났다. 주님의 음성이었음을 알 수 있었다. 그럼에도 불구하고 나는 실제로 복음서를 깊이 연구하는 일을 게을리 하였다. 설교 말씀을 준비할 때 하나님의 말씀을 약간 연구하기는 했다. 그때마다 성령님은 내게 엄청난 계시를 풀어주시곤 하셨다. 그러나 나는 주님이 나를 어디로 인도하고 계신지 이해하기 위해 필요한 내용들을 배울 수 있는 방식으로는 성경을 연구하지 않았다는 것을 전혀 알아차리지 못했다.

수건들이 벗겨지다: 주님 앞에 숨김없는 얼굴로 서다
The veils exposed: Standing before Him with an open face

오늘까지 모세의 글을 읽을 때에 수건이 그 마음을 덮었도다
(고후 3:15)

나의 얼굴과 생각과 마음을 덮고 있던 수건들에 관하여

나를 덮고 있던 수건 중 하나로 인하여 내 삶에는 불균형이 초래되었다. 나는 주님에 관해 아주 명확히 아는 부분은 계속해서 집중적으로 관심을 기울였다. 그러나 한쪽 측면에만 집중하다 보니, 주님의 본성에 내재된 다른 측면들은 자연히 소홀히 여기게 되었다. 가령 나는 사람들에게 예수님은 사자 같은 담대함으로 하나님께 순종할 것을 요구하는 분이라고 이야기했다. 그 후에 하나님은 내게 나타나셔서 주님의 말씀의 권위에 확고히 서있을 만한 사람을 찾으신다고 말씀하셨다. 이렇게 해서 나는 하나님의 권위 있고 담대하고 공격적이고 근엄하신 본성에 관해 이해했다. 나는 여러 해 동안 주님의 본성 중 이 같은 측면에만 초점을 맞추었다. 반면에 주님의 다른 측면들, 즉 온유하

고 신사적인 특성들에 대해서는 연구하기를 게을리 했다.

이 수건으로 인해 나는 속임수에 빠지고 말았다. 예수님에 관한 나의 견해는 균형을 상실했다. 나아가 사람들을 대하는 태도도 조화롭지 못했다. 특정한 상황들에서는 사람들을 온유하고 부드럽고 온순하게 대해주어야 함에도 불구하고, 항상 사자같이 강하고 가혹하고 엄격하고 권위적인 태도로만 대하였다. 십팔 년 전에 예수님이 금으로 된 사자의 얼굴을 하고 나타나신 적이 있었다. 그때 주님은 내게 주님의 성전에서 마귀를 완전히 쫓아내기 위해서는 양 같은 본성이 필요하다는 사실을 일깨워주셨다. 왜냐하면 사자의 형상 혹은 그 본성은 너무나도 크기 때문이었다(사자이신 주님은 사탄을 성전에서 몰아내려고 쫓아오시다가, 성전 문 통로에 크기를 맞추어 어린 양으로 변하셨다. 『예수님의 얼굴』 p.190-역자 주). 내게 이런 교훈을 가르쳐주신 주님께 정말 감사드린다. 나는 속으로 이렇게 생각했다. '왜 예수님은 내게 이런 사실들을 훨씬 더 먼저 분명하게 가르쳐주지 않으셨던 걸까? 왜 이토록 수많은 세월이 지나도록 주님이 먼저 나를 찾아와서 말씀하지 않으셨을까? 왜 나는 이렇게 많은 실수를 저지르고 비참할 정도로 엉망진창이 되는 과정을 통과해야만 했을까?' 여기에 대한 나의 대답은 다음과 같다. 주님은 당신 스스로 할 수 있는 일을 결코 대신 해주지 않으신다.

당신 몫의 일은 반드시 당신이 감당해야 한다. 만일 당신이 연구를 하지 않는다면, 어떤 사실들에 대해서는 주님도 당신에게 결코 가르쳐주지 않으실 것이다. 연구해서 찾아내는 것은 당신의 역할이다. 우리는 주님과 함께 협력하는 자들이라는 것을 기억하라. 내가 뒤처지게 된 이유는 열심히 속도를 내어 주님과 보조를 맞추려고 하지 않았기 때문이다. 오랜 세월이 지난 후에 내가 내 몫의 연구 분량을 채웠을 때, 비로소 나는 주님이 그토록 내게 가르치기를 원하셨던 사실들을 이해할 수 있게 되었다. 그동안 내가 겪은 모든 고통과 어려움은 하나님의 말씀에 대한 지식의 부족과 태만함으로 일어난 것들이었음을 깨달았다.

4

He brings me into sonship and approval

주님이 나를 아들 됨과
승인으로 이끄시다

"주님은 사랑하시는 자를 징계하신다."

Face-to-Face with Jesus

04

주님이 나를 아들 됨과 승인으로 이끄시다

He brings me into sonship and approval

"주님은 사랑하시는 자를 징계하신다."

주께서 그 사랑하시는 자를 징계하시고 (히 12:6)

사탄에게 넘겨지는 것에 관한 계시

The revelation of being delivered over to Satan

오랜 시간이 흘러서야 마침내 나는 금상첨화와도 같은 진리를 터득했다. 왜 예수님이 주님의 말씀을 충분히 연구하지 않았다는 이유로 나를 사탄에게 넘겨주셨는지 깊이 깨닫게 된 것이다. 언젠가 나는 어느 위대한 하나님의 여성이 쓴 축사(deliverance)에 관한 책을 읽었다. 이 책에서 저자는 디모데후서에 관한 가르침을 소개했다.

> 너는 진리의 말씀을 옳게 분별하며 부끄러울 것이 없는 일꾼으로 인정된 자로 자신을 하나님 앞에 드리기를 힘쓰라 망령되고 헛된 말을 버리라 그들은 경건하지 아니함에 점점 나아가나니 그들의 말은 악성 종양이 퍼져 나감과 같은데 그중에 후메내오와 빌레도가 있느니라 진리에 관하여는 그들이 그릇되었도다 부활이 이미 지나갔다 함으로 어떤 사람들의 믿음을 무너뜨리느니라 그러나 하나님의 견고한 터는 섰으니 인침이 있어 일렀으되 주께서 자기 백성을 아신다 하며 또 주의 이름을 부르는 자마다 불의에서 떠날지어다 하였느니라 큰 집에는 금 그릇과 은그릇 뿐 아니라 나무 그릇과 질그릇도 있어 귀하게 쓰는 것도 있고 천하게 쓰는 것도 있나니 (딤후 2:15-20)

후메내오는 성경 연구를 게을리 해서 하나님의 말씀을 잘못 해석하여 설교했다. 그는 부활은 이미 지나갔다고 말함으로써 사람들의 믿음을 완전히 뒤엎어놓았다. 성경은 바울이 이 상황을 처리하기 위해 성령님에 의해 후메내오를 사탄에게 넘겨주었다고 밝힌다.

> 아들 디모데야 내가 네게 이 교훈으로써 명하노니 전에 너를 지도한 예언을 따라 그것으로 선한 싸움을 싸우며 믿음과 착한 양

> 심을 가지라 어떤 이들은 이 양심을 버렸고 그 믿음에 관하여는 파선하였느니라 그 가운데 후메내오와 알렉산더가 있으니 내가 사탄에게 내준 것은 그들로 훈계를 받아 신성을 모독하지 못하게 하려 함이라 (딤전 1:18-20)

바울은 성경을 연구하지 않고 잘못된 교리를 가르친 그들을 신성모독이라고 표현했다. 바울은 그들이 이처럼 진리와 믿음에서 탈선함으로써 그들의 구원과 축사가 마치 괴저(gangrene)라고도 하는 '악성종양'처럼 변질되고 병들어버렸다고 말한다. 나는 이 가르침을 들었을 때 비로소 하나님의 말씀을 연구하는 일이 얼마나 중차대한 일인지 이해할 수 있었다.

우리가 하나님의 말씀을 시간을 투자하여 충분히 연구하지 않는다면, 잘못된 것들을 성급한 태도로 가르칠 수밖에 없다. 가르침의 오류가 심각하면 할수록 다른 신자들의 소중한 믿음을 뒤엎어놓을 수 있다. 하나님은 우리가 다른 사람들의 믿음을 파괴하거나 간섭하는 모습을 몹시 싫어하신다. 하나님은 믿음을 매우 귀하게 여기시는 분이다. 성경은 믿음을 가리켜 '보배롭다'고 표현한다(벧후 1:1 참조). 또한 성경은 믿음의 확실함은 불로 연단하여도 없어질 금보다 더 귀하다고 선언한다(벧전 1:7 참조). 성경에서 예수님은 다음과 같이 말씀하셨다. "그러나 인자가 올 때에 세상에서 믿음을 보겠느냐"(눅 18:8).

예수님은 우리 안에 믿음이 있는지 찾아보신다. 믿음은 하나님을 기쁘시게 해드린다. 하나님의 말씀을 가르치는 교사들로서, 우리는 다른 사람들의 믿음을 방해하거나 혼란스럽게 해서는 안 된다. 하나님은 믿음을 매우 귀하게 여기실 뿐 아니라, 사람들이 믿음을 지녔는지의 여부도 살펴보시는 분이다. 우리는 다른 이들의 믿음을 확고히 하도록 도와주는 일에 부르심을 받았다. 결코 그들의 믿음을 무너뜨리는 일을 해서는 안 된다. 사탄이 마치 밀 까부르듯 베드로를 공격했을 때에도 예수님은 그의 믿음이 꺾이지 않도록 기도하셨다. 한편 예수님은 다음과 같이 말씀하셨다.

> 누구든지 나를 믿는 이 작은 자 중 하나를 실족하게 하면 차라리 연자 맷돌이 그 목에 달려서 깊은 바다에 빠뜨려지는 것이 나으니라 (마 18:6)

정말 가혹한 심판이지 않은가. 그만큼 예수님은 우리의 믿음을 높이 평가하시며 소중히 여기신다. 믿음은 순수하고 순결한 하나님의 말씀을 듣는 것과도 직접적인 연관이 있다(롬 10:17 참조).

교훈을 받기 위해 사탄에게 넘겨지다
Delivered over to satan to learn

> …내가 사탄에게 내준 것은 그들로 훈계를 받아… (딤전 1:20)

성경에서 이 내용을 이해하면서 내 안에 이런 생각이 들었다. '오늘날 삶 속에서 주님의 심판에 관하여 이같이 경건하고 초자연적이고 계시적인 가르침을 받지 못한 채로 사는 설교자나 성도들이 얼마나 많은가?' 나는 하나님의 말씀에 대한 무지로 거짓된 교리들을 선포한 이런 교사들처럼 되고 싶지 않았다. 그들과 같은 오류는 결코 범하지 말아야 한다. 주님은 내가 종국적으로 그들과 같은 최후를 맞이하는 일이 없게 하시려고 애를 쓰셨다. 물론 나는 후메내오와 알렉산더처럼 성도들에게 믿음을 타협하도록 하는 무서운 거짓말을 설교하지는 않았다. 그러나 주님은 그들의 삶과 사역에 끔찍한 불상사를 초래했던 원리를 내게도 가르쳐주기를 원하셨다. 그들은 사탄의 손에 넘겨졌다. 아마 많은 사람이 이런 표현을 들을 때 틀림없이 무서움을 느낄 것이다. 주님은 내게 말씀하셨다. "데이비드야, 네가 반드시 알아야 할 것이 있단다. 창세 이후 인간이 세상에 존재하기 시작한 이래로 나는 나의 가장 귀중한 종을 각각 서로 다른 목적을 위해 사탄에게 넘겨주곤 했단다." 인간을 사탄에게 넘겨주는 것에 관한 교리는 신약성경의 사도들 이야기에서 최초로 나오는 것은 아니다. 다만 내가 성경에서 사도들이 몇몇 사람을 여러 가지 목적으로 사탄에서 넘겨주는 장면을 읽는 동안 처음으로 이런 계시를 깨닫게 된 것이다.

성경에서 바울이 어떤 사람을 사탄에게 넘겨주었던 이유는 그 사람의 육체는 망하더라도 그의 영은 구원을 얻도록 하기 위해서였다(고전 5:5 참조). 바울은 아버지의 아내와 음행을 하고서도 이를 회개하지 않은 사람을 어쩔 수 없이 사탄에게 넘겨주어야만 했다. 예수님이 내게 말씀하신 내용의 요지는 인간을 사탄에게 넘겨주는 사역의 최초 사례는 신약성경에 소개된 주님의 종들이 아니라는 점이었다. 실제로 신약의 사도들은 이 원리를 구약성경의 하나님에게서 배웠다. 하나님은 언제나 하나님의 목적을 성취하시기 위해 사탄을 사용하셨다. 비록 사탄은 자신이 하나님께 사용당하고 있음을 알아차리지 못했을지라도 말이다.

욥은 순전함을 입증받기 위해 사탄에게 넘겨졌다
Job was delivered over to satan to test his integrity

주님은 구약성경에 나오는 실례들을 내게 하나하나 보여주셨다. 주님은 다음과 같이 말씀하셨다. "우선 내 종 욥의 경우를 예로 들어보자. 욥에 관해 처음으로 사탄에게 말한 것도 나였고, 사탄에게 욥을 치도록 허락한 것도 나였다. 욥을 사탄의 손에 넘겨준 것도 나였다."

> 여호와께서 사탄에게 이르시되 내가 그의 소유물을 다 네 손에 맡기노라… (욥 1:12)

> 여호와께서 사탄에게 이르시되 내가 그를 네 손에 맡기노라… (욥 2:6)

성경은 욥을 사탄에게 넘겨주신 분이 하나님이라고 밝힌다. 욥이 나쁜 일을 저질렀기 때문이 아니었다. 오히려 하나님이 그의 순전함을 기뻐하셨기 때문이었다. 아담은 하나님의 명령에 불순종한 이후에 사탄에게 넘겨졌다. 사탄에게 넘겨지기 이전의 욥이 하나님의 보호를 받았듯이, 아담도 에덴동산에 의해 보호를 받았다. 그러나 아담이 동산으로부터 쫓겨남과 동시에 보호막도 사라지고 말았다.

아담은 동산에서 쫓겨난 후 사탄에게 넘겨졌다
Adam was delivered over to satan after being put out of the garden

정말 놀랍지 않은가! 한 사람은 하나님께 순종하며 순전한 삶을 살았다는 이유로 사탄에게 넘겨졌다. 반면에 또 한 사람은 하나님께 불순종하고 하나님을 기쁘시게 해드리지 못했다는 이유로 사탄에게 넘겨졌다. "그러나 아담으로부터 모세까지 아담의 범죄와 같은 죄를 짓지 아니한 자들까지도 사망이 왕 노릇 하였나니…"(롬 5:14) 다시 말해 아담은 죄를 범하자마자 곧바로 죽음의 통치권에 넘겨지고 이에 종속되고 말았다. 아담의 불순종에 대해 하나님이 내리신 형벌은 죽음이었다. 하나님은 이 심판을 완성시키고자 죽음이라는 귀신의 왕을 사용하셨다.

다윗 왕도 사탄에게 넘겨졌다
King David was delivered over to satan

사탄에게 넘겨진 또 한 명의 하나님의 종은 다윗 왕이었다. 하나님은 단지 다윗이 백성을 계수하는 악을 저지르기 원했다는 이유로 사탄에게 넘겨주신 것이 아니었다. 실제로 주님의 분노를 촉발시킨 것은 이스라엘 백성이었다. 이에 주님은 사탄을 보내셔서 다윗 안에 인구를 조사할 마음이 들도록 충동질하게 하셨다.

> 여호와께서 다시 이스라엘을 향하여 진노하사 그들을 치시려고 다윗을 격동시키사 가서 이스라엘과 유다의 인구를 조사하라 하신지라 (삼하 24:1)

> 사탄이 일어나 이스라엘을 대적하고 다윗을 충동하여 이스라엘을 계수하게 하니라 (대하 21:1)

성령님이 예수님을 사탄에게 넘기셔서 시험받게 하시다
The holy Spirit delivers Jesus over to satan to be tempted by him

예수님이 내게 이렇게 말씀하셨다. "데이비드야, 성령님이 나를 사탄의 손에 넘기셔서 유혹과 시험을 받도록 하셨단다." 성경은 다음과 같이 기록한다.

> 예수께서 성령의 충만함을 입어 요단 강에서 돌아오사 광야에서 사십 일 동안 성령에게 이끌리시며 마귀에게 시험을 받으시더라 이 모든 날에 아무것도 잡수시지 아니하시니 날 수가 다하매 주리신지라…마귀가 또 예수를 이끌고 올라가서 순식간에 천하만국을 보이며 (눅 4:1-2, 5)

예수님은 사탄의 손에 넘겨지셔서 시험을 받으셨다. 그러나 주님은 마침내 사탄의 모든 시험에서 승리하셨다(마 4:10-11 참조). 예수님은 내가 사탄에게 넘겨졌을 때에도 결국 승리할 수 있도록 도와주셨다.

예수님을 사탄에게 넘기셔서 시험받게 하신 분은 성령님이셨다. 한편 예수님은 다음과 같은 말씀도 하셨다. "데이비드야, 하나님 아버지는 나를 사탄과 죽음에 내어주셨단다"(눅 22:3, 요 13:27 참조). 성경에서 예수님은 사탄이 가룟인 유다의 마음속에 들어가 그로 하여금 주님을 "죄인의 손에 팔리"(마 26:45)도록 현혹시켰다고 말씀하셨다.

아버지의 잔:
예수님이 인류의 구원을 위해 사탄에게 넘겨지시다

The Father's cup:
Jesus was delivered over to satan for mankind's salvation

…아버지께서 주신 잔을 내가 마시지 아니하겠느냐 하시니라
(요 18:11)

이 세상의 임금이 주님을 십자가에 못 박으려고 끌고 가는 동안, 주님은 다음과 같이 말씀하셨다. "이제는 너희 때요 어둠의 권세로다" (눅 22:53). 십자가 처형을 당하시던 순간은 예수님이 어둠의 권세에게 넘겨진 시점이었다. 자, 그렇다면 예수님이 사탄에게 넘겨진 시간 동안 성취된 사건은 무엇인가? 온 세상의 구원이 아닌가! 욥의 경우를 보라. 그는 시험을 당하고 난 후에 이전보다 두 배나 더 받게 되었다. 구약성경에서든 신약성경에서든 사람들이 사탄에게 넘겨지게 된 이유는 매우 다양하다. 하나님이 이런 일을 허락하시는 이유는 하나님의 목적들을 이루기 위해서다. 하나님의 목적들을 몇 가지만 살펴보자.

- 사람의 영을 구하기 위해-구원(고전 5:5 참조).
- 성경 연구의 부족으로 잘못된 교리를 설교함으로써 사람들을 하나님 안에 있는 순전한 믿음에서 이탈시키는 자들을 훈계하시려고(후메내오와 알렉산더: 딤전 1:18-20).

- 사람의 경건함과 순전함을 입증하시려고(욥 1:6-12, 2:1-7).
- 이스라엘에 대한 분노와 불쾌함(삼하 24:1, 대상 21).
- 교만에서 건져주시고 구원하시려고(바울은 사탄의 사자에게 괴롭힘을 당했다. 이는 사탄에게 넘겨진 것과도 유사한 상황이다: 고후 12:7).
- 결혼 관계 안에서 무절제함으로 발생한 죄악 때문에(고전 7:5).
- 죄로 인해(스가랴 3장 1-4절에서 더러운 옷은 죄를 상징한다).
- 예수님은 베드로가 사탄에게 시험을 당하도록 허락하셨다. 그러나 주님은 베드로의 믿음이 굳건해지고 속히 회복되도록 기도하셨다(눅 22:32 참조).

하나님은 주님의 백성의 삶 속에서 사탄을 사용하신다
God uses satan in the lives of His people

> 여호와께서 사탄에게 이르시되 내가 그의 소유물을 다 네 손에 맡기노라… (욥 1:12)

> 여호와께서 사탄에게 이르시되 내가 그를 네 손에 맡기노라… (욥 2:6)

일반적으로 그리스도인들은 삶에서 일어나는 사건들은 하나님이나 마귀 중 어느 한쪽의 영향을 받는다고 생각한다. 그러나 내가 직접 성경을 연구하고 여러 가지 시험을 경험한 결과 깨달은 점은 이와는 다르다. 우리의 삶은 하나님과 마귀 모두에게 영향을 받는다. 하나님은 사탄이 우리의 삶에 개입하도록 허락하신다. 이 점은 교회에 다니는 대부분의 사람이 잘 이해하지 못한다. 처음에 사탄에게 욥을 언급하신 분은 하나님이셨다. 사탄은 욥에 대해 생각조차 하지 않았을지도 모른다. 욥을 사탄의 손에 넘겨 시련과 시험과 유혹을 당하도록 허락하신 분도 하나님이셨다. 예수님을 광야로 가게 하시고 사탄에게 넘기셔서 시험을 받게 하신 분은 성령님이셨다. 마귀가 먼저 예수님을 찾아 나선 것이 아니었다. 예수님이 상처를 입으시는 것은 하나님의 뜻이었다. 예수님이 죄인들의 손에 넘겨지고 난 후에 사탄은 그 죄인들을 통해 주님의 몸을 상하게 하였다. 사례를 들자면 얼마든지 있다. 내 요지는 다음과 같다. 우리는 하나님이 우리를 사탄에게 넘겨주시는 깊은 목적이 무엇인지 볼 수 있어야 한다. 언뜻 끔찍하고 무서운 소리로 들릴지도 모른다. 그러나 실제로 이 일은 외관상으로만 불행해 보이는 축복이다.

하나님이 구원이라는 목적을 위해 사탄을 사용하시다
God uses satan for the purpose of salvation

> 이런 자를 사탄에게 내주었으니 이는 육신은 멸하고 영은 주 예수의 날에 구원을 받게 하려 함이라 (고전 5:5)

하나님은 여러 가지 목적을 성취하시기 위해 사탄을 사용하신다. 사탄은 구원이라는 목적으로 하나님께 이용당할 수 있다. 수많은 성경 구절이 이 점을 언급한다. 한 가지 예를 들어보겠다. 바울은 성적인 죄를 범한 어떤 사람을 사탄에게 넘겨주었다. 그의 육신은 망하게 하더라도 그의 영은 주님의 날에 구원을 얻게 하기 위해서였다(고전 5:1-5 참조). '꿈의 사람' 요셉도 마찬가지였다. 하나님이 사탄을 통해 허락하신 온갖 고난을 통과한 후에, 그는 마침내 인생의 후반부에 이르러 수많은 사람을 구원할 수 있게 되었다(창 45:4-8, 50:20 참조). 뭐니 뭐니 해도 최고의 사례는 바로 예수님이다. 주님은 사탄의 권력과 손아귀에 넘겨져서 결국 십자가에 못 박혀 돌아가셨다. 그러나 예수님은 십자가에서의 죽으심을 통해 온 세상을 구원하셨다.

그것은 당신을 멸망시키기 위함이 아니라 구원하기 위함이다
It's for your salvation, not for your destruction

하나님이 당신의 삶에 사탄의 맹습을 허락하실 때, 그리하여 사탄이 마치 당신을 집어삼킬 듯, 밀 까부르듯 공격할 때, 궁극적으로 이런 일의 목적은 언제나 당신을 멸망시키기 위함이 아니라 당신을 구원하고 보호하기 위함이다. 하나님의 목적은 늘 생명과 사랑과 빛이다. 사탄의 목적은 항상 죽음과 지옥과 증오와 파멸과 어둠이다. 하나님이 위로부터 보내신 성령님은 우리를 광야로 내몰아 마귀에게 시험받게 함으로써 우리와 함께 일하신다. 성령님은 예수님과도 이러한 일을 행하셨다(눅 4:1-2 참조).

하나님은 우리를 죄에서 정결케 하시려고 사탄을 사용하신다
God uses satan to purify our lives from sin

> …이 세상의 임금이 오겠음이라 그러나 그는 내게 관계할 것이 없으니 (요 14:30)

주님은 우리를 정결케 하시려고 삶 속에 사탄의 개입을 허락하신다. 주님은 사탄의 목적을 잘 알고 계신다. 사탄은 우리 안에 무엇이든 부정한 것이나 심지어 사탄 자신은 없는지 확인하려고 찾아온다. 두 사람이 미리 약속하지도 않았는데 동행할 수는 없는 일이다. 사탄과 행한다는 것은 우리의 마음과 삶 속에 사탄을 닮은 어떤 것 혹은 사탄에게 동의한 무언가가 존재하고 있음을 의미한다. 성령님은 우리를 사탄에게 넘겨주심으로써 유혹을 받을 수 있는 상황 속으로 몰아넣으신다. 주님이 이렇게 하시는 데는 목적이 있다. 주님은 우리가 주님의 선택된 자들로서 정결케 되기를 바라신다. 다윗은 사울 왕에게 임했던 악령으로 인해 광야로 내몰리게 되었다. 그러나 이 모든 일은 하나님의 계획 안에서 일어나고 있었다. 다윗을 광야로 보내는 것은 하나님의 뜻이었다. 하나님은 그가 광야 생활을 시작함으로써 왕이 되기 위해 필요한 훈련과 정화의 과정에 착수하기를 원하셨다. 하나님은 이 일을 성취하시려고 사울 안에 있던 악한 영을 사용하신 것이다. 모든 하나님의 종은 반드시 이러한 과정을 통과해야 한다. 모세는 애굽인을 죽인 후 정결케 되기 위하여 광야 생활 가운데로 내몰렸다. 아브라함은 어디로 가야 할지도 모른 채 무조건 고향을 떠나야만 했다. 대제사장 여호수아도 불결함으로 인해 사탄의 저항에 직면했다.

> 대제사장 여호수아는 여호와의 천사 앞에 섰고 사탄은 그의 오른쪽에 서서 그를 대적하는 것을 여호와께서 내게 보이시니라 여호와께서 사탄에게 이르시되 사탄아 여호와께서 너를 책망하노라 예루살렘을 택한 여호와께서 너를 책망하노라 이는 불에서 꺼낸 그슬린 나무가 아니냐 하실 때에 여호수아가 더러운 옷을 입고 천사 앞에 서 있는지라 (슥 3:1-3)

이 같은 저항으로 말미암아 마침내 우리의 더러운 영적인 옷은 변화되고 깨끗해진다. 야곱은 형 에서를 속인 후에 도망자의 신세가 되었다. 욥도 광야로 내몰리는 과정을 통해 정결케 되었다. 수많은 사람이 이런 과정을 통과했다. 주님이 우리를 사탄에 넘겨주시는 가장 중대한 목적 중 하나는 우리의 인격을 점검하시고 시험하시고 단련시키기 위함이다. 예수님은 사탄의 주된 목적은 혹시라도 우리 안에 하나님으로부터 오지 않은 무엇이 있는지 살펴보는 것이라고 말씀하셨다. 사탄은 우리 안에 있는 불결한 것을 이용하려고 한다.

당신이 처한 짙은 어둠 속에서 하나님을 바라보라
Seeing God in your thick darkness

그 안에 계신 하나님을 보라

> 백성은 멀리 서 있고 모세는 하나님이 계신 흑암으로 가까이 가니라 (출 20:21)

> 그때에 솔로몬이 이르되 여호와께서 캄캄한 데 계시겠다 말씀하셨사오나 (대하 6:1)

성경에서는 하나님이 빛이시고 그분 안에는 어둠이 전혀 없다고 선포한다. 또한 성경에는 주 하나님이 캄캄한 데 계시겠다고 약속하셨다는 말씀도 기록되어있다. 하나님은 빛이시다. 하나님 안에는 어둠이 전혀 없다. 그러나 그분은 당신이 처한 캄캄한 어둠 속에 거하고 계신다. 모세는 이 사실을 잘 알고 있었다. 그는 주님께 점점 더 가까이 나아갈수록 주님이 짙은 어둠 속에 계신다는 사실을 깨닫게 되었다. 흑암으로부터 멀리 떨어져 있던 사람들은 과연 그런 곳에 하나님이 계실 것이라고는 전혀 예측할 수 없었다. 주님은 당신을 불가사의해 보이는 그 깊은 어둠 속에 계신 주님께로 더 가까이 이끌기를 원하신다. 당신의 삶에 드리워진 어둠이 갈수록 짙어지는 상황 속에서도 하나님은 그곳에서 당신과 함께하신다. 당신이 아무리 깊은 어둠 속에 처해

있을지라도 그 어둠 가운데에 계신 하나님을 찾아내는 법을 배워야 한다. 당신은 하나님이 당신을 어둠의 계절 안으로 보내신 이유가 무엇인지 열심히 노력해서 찾아내야 한다.

주님의 목적들
The purposes of the Lord

> 그때에 블레셋 사람이 이스라엘을 다스린 까닭에 삼손이 틈을 타서 블레셋 사람을 치려 함이었으나 그의 부모는 이 일이 여호와께로부터 나온 것인 줄은 알지 못하였더라 (삿 14:4)

하나님의 인도하심(빛)을 구하기보다는 잘못된 점(어둠)에만 초점을 맞출 때, 우리는 탈선하고 실수하고 비틀거리게 된다. 우리는 어둠에 집중해서는 안 된다. 오히려 어둠 속에 계신 주님을 발견하고 바라볼 수 있어야 한다. 하나님이 우리 삶에 나쁜 일들이 일어나도록 허락하시는 목적을 발견하는 것은 매우 중요하다. 깊은 흑암 혹은 최악의 어둠의 순간을 맞이하는 순간에도 그 안에서 주님을 발견하고 바라볼 수 있다. 가장 중요한 것은 하나님의 목적과 숨겨진 전략들을 발견해내는 일이다. 우리가 옳다고 여기는 것과는 전혀 상반되고 잘못된 것처럼 보이는 어떠한 일이 일어나도록 하나님이 허락하시는 이유가 무엇인지 알아내야 한다. 우리의 생각과 시선을 오직 어둠(사탄, 잘못된 것들,

불의해 보이는 것들) 자체에만 초점을 맞추는 한, 실패하고 넘어질 수밖에 없다. 예수님도 다음과 같이 말씀하셨다. "이는 그 어둠이 그의 눈을 멀게 하였음이라"(요일 2:11 참조). 우리가 하나님보다 어둠에 더욱 초점을 맞출 때마다 어둠은 우리의 눈을 멀게 한다. 그리하여 어둠 속에 있는 우리의 삶을 향한 하나님의 더 위대하신 목적을 바라볼 수 없도록 만든다. 하나님은 어둠 속에서 우리의 눈을 열어주기를 원하신다. 우리가 눈먼 상태가 되는 것은 하나님의 뜻이 아니다. 삼손의 부모는 경건치 못한 아내를 취한 삼손의 불의한 행위 이면에 숨어있는 하나님의 목적을 깨닫지 못했다.

요셉의 삶을 한 번 들여다보자. 하나님은 그에게 어떤 꿈을 주셨다. 꿈속에서 요셉은 자신의 놀라운 운명적 부르심을 보게 되었다. 그는 이 사실을 형들에게 들려주었고, 그들은 질투(어둠)에 사로잡혔다. 심지어 형들은 요셉을 구덩이에 빠뜨려 죽이려고까지 시도했다. 마침내 그들은 요셉을 애굽에 팔아넘겼다(창 37:27-29 참조). 이 모든 것은 요셉의 삶에서 발생한 나쁜 일들이었다. 그의 삶 속에 어둠의 계절이 시작되고 있었다. 하나님은 이 모든 상황을 통해 무슨 계획을 하셨던 걸까? 요셉은 노예로 팔려갔던 나라에서 결국 높은 권세의 자리로 승진했다. 처음에 그는 한 관리의 집에서 노예로 일했다. 보디발이라는 이 관리는 요셉을 바로에게 보내주는 매개체의 역할을 담당하였다. 바로야말로 요셉을 승진시켜줄 사람이었다. 정말 놀라운 일이었다. 이것이 바로 빛이다. 요셉이 어둠의 계절 속으로 넘겨져서 구덩이에 빠지고 감옥에 갇혔던 모든 일은, 후일에 그가 애굽의 둘째 치리자로 승진

될 수 있기 위해 필요한 과정들에 불과했다. 하나님은 예수님, 다윗, 베드로, 바울, 욥, 기타 수많은 사람의 삶 속에서도 이와 유사한 일들을 행하셨다. 이들은 모두가 한결같이 사탄에게 넘겨져서 일생일대 최악의 어두운 순간들을 경험해야 했다. 그러나 그들은 결국 어둠을 뚫고 나와 승리했다. 하나님의 목적들은 성취되었다.

주님을 사랑함으로써 받는 보상들
The rewards for loving Him

우리 삶 속의 모든 것이 합력하여 선을 이룬다

> 우리가 알거니와 하나님을 사랑하는 자 곧 그의 뜻대로 부르심을 입은 자들에게는 모든 것이 합력하여 선을 이루느니라 (롬 8:28)

결론적으로 당신은 모든 것을 합력하여 선을 이루시는 하나님의 약속을 잘 이해해야 한다. 당신이 처한 어둠으로부터 선한 것이 출현할 것임을 단순히 믿으라. 하나님은 어둠 가운데에 계신다. 그분을 발견하라. 어둠을 통해 하나님을 이해하고 그분을 믿으라. 우리를 향하신 하나님의 사랑은 우리 삶의 가장 어두운 순간들조차도 모두 합력하여 의미 있는 것으로 변화될 수 있게 하신다. 하나님의 사랑은 모든 순간,

정말 모든 순간을 소중하게 다루신다. 주님이 기적으로 변화시키지 못하실 일은 전혀 없다. 이 얼마나 위대한 사랑인가!

하나님의 사랑과 징계를 이해하라
Understanding God's love and chastisement

> 무릇 내가 사랑하는 자를 책망하여 징계하노니… (계 3:19)

내가 하나님의 심판에 관해 온전히 이해할 수 있기까지는 꽤 오래 걸렸다. 나는 미성숙한 그리스도인이었을 때부터 이미 하나님의 심판을 경험하기 시작했다. 처음에는 심판을 받고 있는지도 몰랐다. 주님의 심판을 통해 나와 주님과의 동행은 이전보다 훨씬 더 구체적이고 친밀해질 수 있었다. 심판을 받는다는 것은 결코 기분 좋은 일은 아니다. 그러나 심판은 이전에는 미처 생각지도 못했던 방법으로 그리스도의 사랑을 몸소 체험할 수 있는 기회다. 심판은 나에게 안전하고 보호받는다는 느낌을 들게 했다.

> 주께서 그 사랑하시는 자를 징계하시고 (히 12:6)

주님은 우리가 주님의 사랑을 받고 있을 때 우리를 교정하신다. 그러나 주님에게 교정을 받는 동안 나는 주님께 거절당하는 것이 아니라 받아들여지고 있다는 것을 이해하지 못했다.

> …그가 받아들이시는 아들마다 채찍질하심이라 하였으니 (히 12:6)

나는 잘 알지 못했지만 전능하신 주님은 나를 수용하고 계셨다. 처음에 여러 가지 교정을 받을 때만 해도 나는 하나님에게 거절당했다고 생각했다. 그러나 주님이 직접 이 개념을 설명해주시자 비로소 성경에 기록된 말씀의 의미를 제대로 이해할 수 있었다. 다윗은 주님의 심판을 이렇게 표현했다.

> 여호와를 경외하는 도는 정결하여 영원까지 이르고 여호와의 법(the judgments of the Lord)도 진실하여 다 의로우니 금 곧 많은 순금보다 더 사모할 것이며 꿀과 송이꿀보다 더 달도다 또 주의 종이 이것으로 경고를 받고 이것을 지킴으로 상이 크니이다 (시 19:9-11)

나는 주님의 심판을 받는 일을 사모하기 시작했다. 주님은 심판들을 통해 우리가 장차 뻔뻔스러운 죄악에 빠지지 않도록 지키신다. 그리하여 나는 주님께 나를 심판해달라고 간구했다. 주님이 심판들을 통해 미래를 미리 내다볼 수 있도록 허락하실 때, 우리의 모든 것이 변화될 것이다. 주님은 앞으로 일어날 일을 사전에 알려주시고 보여주심으로써, 우리가 실제 상황에 직면하기 전에 미리 고치고 변화될 수 있게 하신다. 주님의 심판은 도저히 형언할 수 없을 정도의 안정감을 내포한다.

내게 있어 심판의 과정은 언젠가 주님께 이렇게 기도를 드린 이후부터 시작되었다. "주님, 저를 심판해주세요. 지금 당장은 아니더라도 제가 장래에 저지를 수도 있을 잠재적인 실수들을 미리 좀 보여주세요." 이 기도를 드린 후에 나는 다시 일상적인 삶으로 돌아왔다. 그러나 며칠이 지난 후부터 주님의 심판이 시작되었다. 이 일은 오늘 지금 이 순간까지도 중단 없이 계속된다. 이 과정 중 하나의 체험을 소개하겠다.

지옥을 여행하다
My trip to hell

> 네가 그를 채찍으로 때리면 그의 영혼을 스올(hell)에서 구원하리라 (잠 23:14)

나는 잠이 들었고, 아무런 예고도 받지 않은 채 어떤 경험을 하게 되었다. 나는 순식간에 지옥으로 이끌려갔다. 이유는 잘 알지 못했지만 아무튼 나는 하나님을 모르고 방황하는 영혼들이 가는 구덩이 속으로 떨어졌다. 그곳에서는 수많은 사람이 불로 고문을 당하며 고통스러워하고 있었다. 나는 다른 모든 사람과 동일하게 하나님과의 분리를 경험하도록 허용되었다. 내가 왜 이런 곳에 오게 되었는지 도저히 이유를 알 수가 없었다. 나는 구원도 받았고, 하나님을 사랑했다. 오만가지 생각이 머릿속을 스치고 지나갔다. 내가 잠을 자다가 죽어서 결국 지옥에 떨어졌을 리는 없었다. 그렇다면 도대체 나는 왜 이런 곳에 내려오게 된 것일까? 나는 하나님을 섬겼고, 그분을 사랑했다. 주님은 과연 무슨 이유로 나를 내려 보내신 걸까?

그때 멀리서 예수님의 모습이 보였다. 예수님이 지옥 안으로 들어오고 계셨다. 와, 내가 주님을 보았을 때 정말 얼마나 기뻤는지 아는가! 예수님은 주로 입으시던 아름다운 흰색 가운을 입고 계셨다. 나는 지옥에 떨어진 채 주님과는 철저히 분리되었다고 생각하고 있었다. 주님은 내가 있는 쪽을 향해 걸어오셨다. 주님은 걸어오시는 도중에 이따금씩 멈추어 서서 다른 사람들과도 이야기를 나누셨다. 나는 예수님이 죄인들이나 천국에 들어가지 못한 사람들과 이야기하시는 모습을 보며 깜짝 놀랐다. 주님이 주고받으신 말씀의 내용은 내 귀에까지 들리지 않았다. 단지 주님이 그들과 개별적으로 간단하게 대화를 나누시는 모습을 보았을 따름이다.

주님의 모습을 지켜보면서 나는 주님이 오시면 내가 왜 지옥에 내려오게 되었는지 여쭈어보아야겠다고 생각했다. 당신도 알다시피 얼마 전까지만 해도 나는 주님의 방문을 받으면서 주님과 멋진 관계를 누리고 있었다. 그런데 왜 갑작스럽게 지옥에 떨어졌는지 도통 이유를 알 수가 없었다. 마침내 주님이 내게로 다가오셨다. 주님의 흰색 가운은 이전과는 비교할 수도 없을 만큼 눈부시게 빛났다. 주님이 내게 오시자마자 나는 울부짖으며 말했다. "주님, 제가 왜 여기에 오게 된 건가요?"

그러자 주님은 나에게 어떤 한 행동을 하셨다. 사실 나는 주님의 행동의 의미를 오랜 세월 동안 제대로 이해하지 못했다. 주님은 사랑과 애정이 가득한 모습으로 팔을 뻗으셔서 구덩이에서 나를 들어 올리셨다. 그리고는 구부정하게 앉으신 채로 마치 아기를 안듯 나를 주님의 무릎 위에 앉히셨다. 자녀를 훈육하고 때릴 때 으레 하는 행동처럼 말이다. 실제로 주님은 약간 구부리신 무릎 위에 나를 걸쳐놓으시고 주님의 오른손을 들어 손바닥으로 때리기 시작하셨다. 나를 때리면서 주님은 이렇게 말씀하셨다. "네가 복음 전도자로서 친절하지 못한 모습으로 살아왔기 때문이지." 주님은 한 마디 한 마디에 박자를 맞추어서 나를 찰싹 찰싹 때리셨다. 이 장면을 끝으로 나는 갑자기 잠에서 깨어났다. 나는 다시 몸으로 돌아와 있었다. 가슴이 심하게 쿵쾅거렸다. 마치 피가 끓어오르는 것만 같았다. 방금 전의 지옥 체험과 그곳에서 느낀 공포로 나는 완전히 겁에 질려버렸다. 온몸이 땀으로 흠뻑 젖어 나는 이불을 박차고 일어났다. 계속 지옥에 있지 않아서 얼마나 다행인지 몰랐다.

지옥에서 경험한 주님의 사랑과 징계에 관한 계시

The revelation of the Lord's love and chastisement in hell

하나님으로부터 오는 교정은 결코 주님이 당신을 거부한다는 표시가 아니다. 오히려 이는 주님이 당신을 받아들여주신다는 징표다. 아마 나와 유사한 체험을 한 어떤 이들은 실제로 내가 품었던 것과 동일한 방식으로 오해하고 있을지도 모른다. 나는 잠에서 깨자마자 속으로 이렇게 생각했다. '단지 친절하지 않은 복음 전도자였다는 이유로 지옥에 간다는 건 말도 안 돼!' 그 일이 한낱 꿈이었다면 충분히 이해할 수도 있었다. 그러나 이 일은 예수님이 몸소 나를 찾아오셔서 실제로 만난 사건이었다. 내가 들은 메시지는 신실하고 참되며 천국의 증인이신 주님이 직접 하신 말씀이었다. 주님은 절대로 거짓말을 하시는 법이 없다. 주님은 내 삶에 균형을 잡아주셔야 했다. 나는 최악의 방식으로 심판과 징계를 경험하고 있었으나, 사실상 이 일을 주님께 부탁드린 것은 바로 나였다. 주님으로부터 들은 온갖 꾸지람은 나를 불안하게 했다. 그러나 당시에는 주님의 책망이 주님 안에서 나의 미래와 구원을 더 심오한 차원에서 보장받을 수 있는 기회라는 점을 이해하지 못했다. 예수님은 내가 앞으로도 계속해서 불친절한 복음 전도자의 모습으로 살아가지 않게 하시려고 애를 쓰셨다. 주님은 내가 친화력을 가지고 다른 사람들과도 잘 어울릴 줄 아는 복음 전도자가 되기를 원하셨다. 나는 다른 사람들과 잘 사귀지도 않고 어울리지도 않은 채 고독한 사람이 되려는 경향이 강했다. 주님은 나에게 목자가 양 떼를 돌보듯 관계들도 잘 돌보아야 한다고 말씀하셨다. 나는 관계들을 잘 다스리고 지키고 감독해야 할 의무가 있었다.

성경은 채찍으로 때림으로써 "그의 영혼을 스올에서 구원하리라"(잠 23:14)고 지적한다. 우리는 주님의 자녀들이다. 주님이 우리를 교정하시고 때리시는 것은 우리를 사랑하시고 받아들이신다는 의미다. 동시에 이는 주님이 우리 영혼을 지옥에서 구원하심을 보여주는 훌륭한 징표기도 하다. 성경은 당신이 자녀를 사랑한다면 어려서부터 매로 때려서라도 그 영혼을 지옥에서 건져야 한다고 권고한다.

당시에 내가 주님께 받았던 교정들은 일반적인 책망이라기보다는 오히려 매질과 채찍질에 훨씬 더 가까웠다. 이 모든 일은 내가 앞으로 저지를 수도 있을 주제넘은 죄악들로부터 나를 지키시고 보호하시기 위한 것들이었다. 주님이 우리에게 미래나 장차 일어날 일을 보여주시는 데는 이유가 있다. 우리가 그것들을 보게 되면 모든 것이 달라지기 때문이다. 만일 우리가 주님의 교정에 따라 자신의 삶을 회개하고 변화시키고 바로잡지 않을 경우에 발생할 수도 있는 일을 미리 본다면, 우리는 만사를 이전과는 다른 방식으로 행할 것이다. 하나님은 언제나 사랑으로 교정하신다. 주님이 우리를 교정하시는 목적은 삶에 평강의 열매를 맺게 하시기 위함이지, 결코 괴로움을 끼치거나 파멸로 이끄시기 위해서가 아니다. 사실 교정을 받는 일은 그다지 기분 좋은 일은 아니다. 그러나 이 모든 과정을 통과한 후에는 반드시 만족할 만한 수확을 거두어들이게 된다.

하나님은 정말로 사랑하시기 때문에 교정하신다
He really does love those He corrects

교정의 과정을 거치는 동안 주님은 내게 주님의 방식들과 주님을 따르는 법에 관해 가르쳐주려고 애를 쓰셨다. 지금과는 달리 그때만 해도 나는 주님의 가르침을 제대로 이해하지 못했다. 주님은 주님이 얼마나 규율을 엄격하게 강조하는 분인지 가르쳐주셨다. 또한 내가 주님이 원하시는 모습대로 온전히 변화되려면, 내 삶에서 징계가 얼마나 중요한 것인지도 알려주셨다. 당시에는 잘 깨닫지 못하고 있었지만, 이 모든 혹독하고 가차 없는 교정들은 장차 내가 더 높은 권위의 수준에서 기능할 수 있는 준비를 갖추기 위해 반드시 거쳐야 할 과정이었다. 주님의 꾸지람들은 없어서는 안 될 필수적인 요소들이었다.

예수님이 나를 지옥으로 데려가서서 때리신 일은 내가 지옥에 떨어지지 않도록 언제나 보호하시는 주님의 긍휼하심의 표현이었다. 참으로 놀라운 사실이 아닐 수 없다. 나는 내가 잘못하는 것이 무엇인지도 깨닫지 못했다. 그러나 그때의 지옥 여행 이후로 나는 가장 친절한 거리의 복음 전도자로 변화되었다.

예수님은 지옥에 있는 동안 사탄의 모습도 보여주셨다. 사탄은 내가 이제껏 보았던 것 중에서 가장 어두운 존재였다. 그의 두 눈에서 뿜어 나오던 사악함과 어둠은 도저히 이 세상에서 기인한 것으로는 보이지 않았다. 그는 영원히 방황하는 존재였다. 사탄 안에는 사랑이나 자비, 친절이 조금도 없었다. 나는 그의 궁극적인 소원이 나를 파멸시키는 것임을 알고 있었다. 하지만 주님은 그 일을 허락하지 않으셨다. 주님이 함께하지 않는다면 내 인생의 이 칠흑 같이 어두운 밤을 헤쳐 나갈 수도 없고 결코 회복될 수도 없었다. 예수님은 이런 시기에 사탄에 맞서 싸우고 그를 결박할 수 있는 영적 전쟁의 방법도 가르쳐주셨다. 지옥에서 예수님의 임재는 그동안 나를 못살게 굴던 온갖 괴로움을 물리치셨다. 나는 예수님을 보았을 때 비로소 이제는 상황이 괜찮아질 것임을 알게 되었다. 그리하여 이 칠 년 동안 나는 할 수 있는 한 예수님께 꼭 달라붙어있었다. 이토록 혹독한 맹공격의 시절을 통과하고 난 후에 주님은 나를 승리의 자리로 이끄셨다. 사탄은 나를 사납게 공격하는 데 사람들만을 도구로 사용한 것은 아니었다. 그는 전략적으로 내 삶에 존재하던 미처 성화되지 못한 부분들을 공격의 수단으로 삼았다. 결국 나는 살아남았다. 사탄은 예수님도 이와 동일한 방식으로 시험했다.

>…이 세상의 임금이 오겠음이라 그러나 그는 내게 관계할 것이 없으니 (요 14:30)

예수님은 나로 하여금 이 모든 시련을 극복할 수 있도록 하셨다. 내게 승리를 주신 주님을 나는 매우 사랑한다. 이런 게 바로 진정한 우정이 아니겠는가. 친구가 인생의 가장 어두운 시간들을 보내고 있더라도 변함없이 성실한 모습으로 대하라. 밝은 대낮에 처했을 때만 잘해주는 것은 진정한 친구가 아니다. 인생의 어두운 계절을 지날 때 예수님은 내게 신실한 친구가 되어주셨다. 비록 나는 주님께 충성을 다하지 못하는 순간에도 주님은 언제나 변함이 없으셨다.

예수님은 죽음과 지옥의 열쇠들을 갖고 계시며 오늘날 그것들을 전리품으로 사용하신다
Jesus holds the keys of death
and hell and uses them today as spoils

> 곧 살아 있는 자라 내가 전에 죽었었노라 볼지어다 이제 세세토록 살아 있어 사망과 음부의 열쇠를 가졌노니 (계 1:18)

예수님은 내게 죽음과 지옥의 열쇠들을 영혼들을 얻기 위한 전쟁의 전리품으로 사용하신다고 말씀하셨다.

이 열쇠들은 내가 십자가 위에서 얻은 승리를 통해 확보한 전리품 중의 일부란다. 나는 이 열쇠들을 사탄에게 빼앗아서 그가 지옥에 둔 모든 전리품을 풀어내는 일에 사용하고 있단다. 그 전리품들이란 바로 사람의 영혼들이다. 그들은 내가 와서 자신들을 풀어주기만 기다리고 있었단다. 다윗을 비롯하여 성경이 언급하는 다른 사람들이 풀려났단다. 데이비드야, 지금 사탄은 나의 부림을 받고 있어. 지옥과 사탄의 왕국과 죽음의 열쇠들을 가진 자는 오직 나밖에 없단다. 나는 이 열쇠들을 내가 적절하다고 생각되는 방식으로 사용한다. 나는 아담의 타락 이후로 죽음의 통치를 상징하는 죽음의 면류관도 빼앗아왔단다. 이제 지옥과 죽음은 내 지배를 받는다. 데이비드야, 나는 지옥과 죽음을 나의 목적들을 위해 이용하고 있다. 나는 지옥에 대한 권세를 가지고 있기에 나의 종들을 그곳으로 보내어 지옥이 실재한다는 것을 가르쳐준단다. 그들에게 지옥은 실제로 존재하며 내가 십자가에서 죽은 것도 그들을 이 사악한 고통에서 구원하기 위함이었음을 직접 보여주는 것은 매우 소중한 교훈이 된단다. 지옥에 다녀온 사람들의 간증들을 통해 수많은 영혼이 구원을 받게 될 것이다. 데이비드야, 나는 잃어버린 영혼들을 구원하기 위해 이미 이천여 년 전에 쟁취한 나의 십자가의 전리품들을 오늘날에도 여전히 사용하고 있다. 사람들에게 지옥이 실제로 존재한다고 말해주어라. 지옥은 결코 내가 나의 피조물들을 위해서 만든 장소가 아니란다. 사람들에게 회개하고 반드시 죽기 전에 나의 영원한 생명을 얻어야 한다고 말해주어라. 그들에게 말할 책임을 너에게 위임하겠다. 그들에게 내가 그들을 사랑한다고 말해주어라. 내가 그들을 이 끔찍한 파멸에서 구원하기 위해 죽었노라고 말해주어라.

주님은 아버지셨고 나를 아들처럼 대하셨다
He was a Father and treated me like a son

너희가 참음은 징계를 받기 위함이라 하나님이 아들과 같이 너희를 대우하시나니 어찌 아버지가 징계하지 않는 아들이 있으리요 (히 12:7)

주님이 나를 아들 됨의 관계로 이끄시다

여러 해 동안 나는 예수님을 열정적으로 사랑했다. 나는 주님을 정말 사랑했고 주님이 베푸시는 징계의 채찍도 잘 참았다. 주님을 향한 나의 열정은 조금도 사그라지지 않았다. 주님을 향한 마음이 식으려고 할 때마다, 나는 정신을 바짝 차리고 다시 계속해서 주님을 따라가곤 했다. 주님은 나를 아들로서 대우하셨다. 주님은 나를 성숙한 자로 만드셨다. 나는 주님의 심판들을 통과함으로써 주님과 아들 됨의 관계로 들어갔다. 이 모든 과정을 거치면서 주님은 수많은 나타나심을 통해 나를 다루셨다. 주님은 내가 하나님 아버지 앞에 서서 그분의 교정을 견딜 수 있는 자로 준비시키셨다. 그리고 실제로 나는 해냈다. 이제 주님은 나를 데리고 주님과의 관계의 다음 수준으로 옮겨가셨다. 아들 됨의 관계를 넘어 나는 주님을 친구로서 아는 수준으로 들어갔다.

예수님은 우리를 다루시고 우리와 동행하시는 일에 있어 몇 가지

상이한 단계를 구분해놓으셨다. 성경에서 주님이 사용하시는 몇몇 과도기적인 단계를 살펴보면 다음과 같다.

> 내 아버지께서 모든 것을 내게 주셨으니 아버지 외에는 아들을 아는 자가 없고 아들과 또 아들의 소원대로 계시를 받는 자 외에는 아버지를 아는 자가 없느니라 (마 11:27)

> 예수께서 대답하여 이르시되 사람이 나를 사랑하면 내 말을 지키리니 내 아버지께서 그를 사랑하실 것이요 우리가 그에게 가서 거처를 그와 함께 하리라 (요 14:23)

> 그날에는 너희가 아무것도 내게 묻지 아니하리라 내가 진실로 진실로 너희에게 이르노니 너희가 무엇이든지 아버지께 구하는 것을 내 이름으로 주시리라 (요 16:23)

> 이는 너희가 나를 사랑하고 또 내가 하나님께로부터 온 줄 믿었으므로 아버지께서 친히 너희를 사랑하심이라 (요 16:27)

삼위일체 하나님과 당신의 관계는 한 단계에서 또 다른 단계로 끊임없이 전환된다.

사랑의 나타나심으로 새 힘을 공급받다
His refreshing appearance of love

나의 결점들에도 불구하고 주님은 나를 사랑하시기에
나 없이는 그 일을 하실 마음이 없다고 말씀하시다

아들 됨의 훈육과 훈련 과정이 마무리될 즈음에 주님이 나를 방문하셨다. 이번 방문을 당신에게 이야기하는 지금 이 순간, 내 눈에서는 눈물이 흘러내린다. 예수님은 훈육의 과정이 끝날 무렵에 내 꿈속에 나타나셨다. 주님은 앞으로 주님의 나라와 주님의 백성을 위하여 나를 통해 이루려고 계획하신 놀라운 일들을 들려주셨다. 내가 주님께 여쭈었다. "주님, 그 일을 왜 제가 해야만 하지요? 저보다 훨씬 더 준비가 잘 된 사람들이 얼마든지 많잖아요. 게다가 이 아들 됨의 과정을 통과하는 동안에 주님의 훈련과 징계를 받으면서 제가 얼마나 많은 실수를 저질렀는지 주님도 잘 아시잖아요." 그러자 주님은 온유하고 부드러운 음성으로 다음과 같이 대답하셨다. 이때 주님이 사용하신 표현은 내 평생 처음 들어보는 것이었다. 주님의 말씀은 내 남은 인생을 완전히 뒤바꿔놓았다. "너를 사랑하기 때문에 나는 너 없이는 그 일을 할 마음이 들지 않는구나, 데이비드야." 예수님에게 이런 답변을 듣게 되리라고는 전혀 예상하지 못했다. 나는 이런 표현은 한 번도 들어본 적이 없었다. 주님과 이십 년간 동행했지만, 이런 식의 말씀은 처음이었다. 예수님의 말씀을 들은 후에 내가 할 수 있었던 것은 오로지 흐느

껴 우는 일밖에는 없었다. 이런 식의 사랑 표현이나 이런 식의 말씀을 듣기는 내 평생 그때가 처음이었다. 정말로 처음이었다. 순간적으로 북받쳐 오르는 감정을 도저히 주체할 길이 없었다. 눈에서 뜨거운 눈물이 솟아나서 양 볼을 타고 줄줄 흘러내렸다. 이 아들 됨의 과정을 통과하는 동안 나를 향한 주님의 심판과 징계는 너무나도 혹독했다. 심지어 나를 향한 주님의 감정도 오해를 하며 슬슬 균형을 잃어가고 있었다. 내가 이런 오해를 하게 된 데는 또 다른 이유가 있었다. 그리스도의 몸에 있는 지도자들과 목사님들이 내 허물들과 약점들과 결점들을 알고 난 후부터 나를 대하는 태도가 달라지는 것을 보았기 때문이었다. 솔직히 나는 예수님이 나를 사탄의 손에 넘겨주신 동안에 왠지 나는 주님의 부르심에 합당한 모습이 되기에는 너무나 부족한 사람이라는 생각이 들었다. 하지만 이런 생각은 순전히 나의 인간적인 판단이었다. 내가 잘못 이해한 것이다. 사실은 전혀 그렇지 않았다. 나는 완전히 정반대의 생각을 하고 있었다.

이 방문에서 예수님은 계속해서 다음과 같이 설명하셨다. "수많은 사람이 너에게 이런 식으로 헌신된 것은 아니란다. 그들은 일단 자신들이 원하는 것을 얻거나, 혹은 자신들에게 높은 지위나 명성을 가져다줄 수 있는 은사나 기름 부으심, 돈 등을 얻으면 이제는 오히려 너를 피하거나 버리는 도구로 그것들을 이용한단다. 심지어 그들은 너의 약점들과 결점들, 실수들과 죄를 구실로 삼아 너를 버리고 못 본 척하고 무시할 것이다. 만일 그들이 너 없이도 그 일을 할 수만 있다면 그들은 충분히 그렇게 하고도 남을 거야." 예수님은 계속해서 말씀을 이어가셨다. "그러나 진정한 사랑을 가진 사람이라면 그 일을 너 없이 하지는 않을 거란다. 그들이 너 없이는 그 일을 할 수 없거나 그럴 만한 능력이 없어서가 아니란다. 단지 그들이 너를 사랑하기 때문이야. 설령 네가 가장 적합한 사람이 아닐지라도 그들은 너를 사랑하기 때문에 너와 함께 그 일을 하기로 헌신한 거야." 정말 놀라울 뿐이다. 기억하라. 주님은 당신을 사랑하신다. 주님은 특별히 당신을 부르셔서 이루려고 계획하신 일을 다른 누군가에게 시키시기로 바꾸시는 분이 아니다. 이는 당신을 향한 주님의 사랑 때문이다. 비록 당신이 그동안 아무리 많은 실수를 저질렀을지라도, 혹은 때로는 하나님의 영광에 미치지 못하는 삶을 살아왔을지라도, 주님의 사랑은 변함이 없다. 지금 이 책을 읽는 바로 당신도 마찬가지다. 주님은 당신이 없어도 충분히 그 일을 행하실 수 있다. 그러나 주님은 그렇게 하지 않으신다. 왜냐하면 주님은 당신을 무척이나 사랑하므로 당신을 향한 헌신을 중단하실 수 없는 것이다. 주님이 나에게 하신 말씀은 사실상 최고의 찬사와 사랑의 표현이었다. 당신은 주님이 당신에게 이런 말씀을 하시는 모습을 생각한 적이나 있는가? "내가 너 없이 그 일을 한다는 건 상상도 할 수 없구나." 이 말씀은 예수님이 본 장 서두에서부터 계속 우리 모두에게 들려주시는 메시지다. "무릇 내가 사랑하는 자를 책망하여 징계하노니"(계 3:19).

승인: 예수님과 얼굴을 대면한 만남에서 열쇠들을 받다
The Approval: Keys given in a Face-to-face appearance from Jesus

예수님이 나에게 왕국의 열쇠들을 맡겨주셨다

하늘로부터 소리가 있어 말씀하시되 이는 내 사랑하는 아들이
요 내 기뻐하는 자라 하시니라 (마 3:17)

나와 주님의 관계는 지속적으로 성장하고 있었다. 그러던 중 나는 어느 한 수준에서 주님과 나 사이에 신뢰가 구축되고 있음을 알아차렸다. 나는 주님이 나를 얼마나 깊이 신뢰하시는지 1997년 여름이 되어서야 비로소 깨달았다. 나는 수많은 실수를 저지르며 살았다. 다른 많은 그리스도인과 마찬가지로 하나님의 사랑과 인자하심은 내 약점들과 실패들보다 훨씬 더 뛰어나시다는 것을 잘 이해하지 못했다. 대부분의 사람은 주님과 친밀한 관계를 누리고 대면할 수 있으려면 반드시 절대적인 완벽함을 갖추어야 한다고 믿는다. 그러나 실제로는 전혀 그렇지 않다. 오히려 그와는 정반대다. 주님은 자비하신 분이다.

주님은 우리가 거룩하고 의로운 삶을 살아가기를 진심으로 바라신다. 그러나 주님과 우리와의 관계는 전적으로(나는 균형을 잃지 않고 말하려고 한다) 우리가 얼마나 의로운지 혹은 얼마나 의로울 수 있는지에 근거한 것이 아니라, 주님의 의로우심에 바탕을 둔다. 1997년 한 해 동안 나는 주님으로부터 일련의 방문들을 받았다. 장기간 금식을 하며 주

님께 나를 심판하시고 검열해달라는 요청을 드린 이후의 일이었다. 다음 성경 말씀을 보라. "너희는 여호와를 만날 만한 때에 찾으라 가까이 계실 때에 그를 부르라"(사 55:6). 그 이유를 살펴보자. "너희가 온 마음으로 나를 구하면 나를 찾을 것이요 나를 만나리라"(렘 29:13).

예수님은 일정한 패턴을 가지고 우리를 검열하신다. 가장 먼저 주님은 우리를 격려하신다. 그런 다음에는 우리 안에 변화되어야 할 부분들이 무엇인지 말씀하신다. 주님은 요한계시록에 나오는 일곱 교회에도 이러한 패턴을 사용하셨다. 1997년 여름, 나는 잠이 들자마자 곧바로 예수님과 함께 있게 되었다. 주님이 어떻게 이런 일을 행하시는지 나도 잘 모른다. 내가 모든 것을 알고 있는 것은 아니다. 단지 내가 아는 것은, 잠이 들자마자 주님이 꿈에서 나타나셨거나 혹은 나를 데리러 오셨다는 점이다(나는 몸을 그대로 가지고 있거나 혹은 몸에서 빠져나온 상태였다). 내가 알고 있는 전부는 내가 호출을 받자마자 즉시 주님과 함께 있게 된다는 것뿐이다. 지난 여러 해 동안 나는 다양한 장소와 환경 가운데로 인도되었다. 이번에 나는 예수님이 계신 곳으로 소환을 받았다. 주님은 항상 입으시는 아름다운 흰색 가운을 입고 계셨다.

주님의 키는 대략 183센티 가량으로 나보다 약간 크셨는데, 더할 나위 없이 완벽한 사람의 키였다. 주님의 머리칼은 엷은 갈색이었고 정수리에서부터 단정하게 가르마가 나있으셨다. 머리카락은 물결 모양으로 얼굴을 타고 내려와 양 어깨 위에 드리워져 있었다. 나는 주님의 오른편에 서있었다. 주님이 걷기 시작하셨고 나도 주님을 따라 걸어갔다.

여기서 한 가지 말해둘 것이 있다. 주님과 또 다시 나란히 걸어가고 있다는 사실 자체가 내게는 얼마나 감격스러운 일이었는지 모른다. 우리는 마치 친구 사이인 것처럼 함께 걸어갔다. 나는 주님 옆에서 걸어갈 수 있다는 것만으로도 어쩔 줄을 모르고 있었다. 그동안에도 수많은 순간을 주님과 대면하며 만났지만, 이 순간은 그 어느 때와도 비교할 수 없을 정도로 가장 특별하고 친밀한 사이처럼 느껴졌다. 주님과 함께 걸어가는 동안 아무런 대화도 주고받지 않았다. 주님은 매우 과묵하셨다. 주님은 나보다 몇 발자국 앞서서 걸어가셨다. 아마 일곱 내지는 열 발자국 정도 앞서셨던 것 같다. 잠시 후에 주님은 걸음을 멈추셨다. 나는 주님이 서시는 것을 보면서 나도 멈추어 섰다.

나는 주님의 두 눈을 들여다보았다. 주님의 눈에서 신뢰를 볼 수 있었다. 주님이 그런 눈길로 나를 바라보신 적은 이번이 처음이었다. 주님의 두 눈은 여느 때의 만남에서 볼 수 있었던 것처럼 사랑으로 넘실거렸고, 이번에는 사랑과 신뢰가 뒤섞여 있었다. 주님은 더할 나위 없이 다정하고 부드러운 어조로 내 이름을 부르시며 다음과 같이 말씀하셨다. "데이비드야, 내가 하늘나라 왕국의 열쇠를 네게 주겠다. 네가 무엇이든지 땅에서 매는 것은 나 예수도 너처럼 매겠고, 네가 무엇이든지 푸는 것은 나 주 예수도 너처럼 풀겠다." 주님이 이 말씀을 하시는 순간, 나는 무슨 대답을 해야 좋을지 알 수 없었다. 그래서 아무 말도 하지 않았다. 나는 그저 주님의 은은하고 달콤한 목소리에 귀를 기울였다. 예수님이 이 이야기를 하셨을 때, 나는 주님이 베드로에게 주신 것과 동일한 열쇠들에 관해 말씀하고 계신 것을 알 수 있었다. 베드로는 주님이 누구신지 깨달았기 때문에 이 열쇠들을 받았다. 나는 우리가 예수님이 누구신지에 관한 계시를 얻을 때 그리스도로 인해 우리의 삶 속에는 진정한 권세가 풀어진다고 생각한다. 하나님의 아들에 관한 이 계시로 말미암아 우리는 주님에게 특별한 방법으로 주님의 권위를 위임받게 된다. 이 순간을 맞이하기 전까지 나는 수백여 시간을 기도와 금식으로 보냈다. 우주의 왕이신 주님이 내게 오셔서 주님의 온 왕국의 열쇠들을 맡기셨다고 생각하니 내 안에서 한없는 겸허함이 올라왔다. 내 모습이 너무나 부족하게 여겨졌다. 한편으로 이 메시지가 진정으로 의미하는 바가 무엇인지도 궁금했다. 내가 주님에게서 받은 능력과 권세의 영향력을 온전히 이해하게 되기까지는 여러 해가 소요되었다. 그러나 이 방문 직후부터, 나는 지역 전체가 변화되고 온 도시 안에 부흥이 터져 나오는 모습을 목격하기 시작했다. 지역과 사람들에 대한 하나님의 정부적인 의지와 갈망을 선포하고 명령하는 권세도 점점 증가되었다. 성경 구절들을 연구하기 전까지 나는 예수님이 왜 주님의 왕국의 열쇠들을 내게 주셨는지, 혹은 그 열쇠들이 무엇인지에 대해 완전히 이해하지는 못했다. 그러나 시간이 지남에 따라 예수님에게 받은 권세 안에서 기능하는 법을 점점 이해하기 시작했다. 예수님은 오직 베드로에게만 천국의 열쇠들을 주셨다.

> 예수께서 빌립보 가이사랴 지방에 이르러 제자들에게 물어 이르시되 사람들이 인자를 누구라 하느냐 이르되 더러는 세례 요한 더러는 엘리야 어떤 이는 예레미야나 선지자 중의 하나라 하

나이다 이르시되 너희는 나를 누구라 하느냐 시몬 베드로가 대답하여 이르되 주는 그리스도시요 살아 계신 하나님의 아들이시니이다 예수께서 대답하여 이르시되 바요나 시몬아 네가 복이 있도다 이를 네게 알게 한 이는 혈육이 아니요 하늘에 계신 내 아버지시니라 또 내가 네게 이르노니 너는 베드로라 내가 이 반석 위에 내 교회를 세우리니 음부의 권세가 이기지 못하리라 내가 천국 열쇠를 네게 주리니 네가 땅에서 무엇이든지 매면 하늘에서도 매일 것이요 네가 땅에서 무엇이든지 풀면 하늘에서도 풀리리라 하시고 (마 16:13-19)

당신은 본문의 핵심 요지를 알아챘는가? 이 단락은 예수님이 제자들에게 질문을 던지는 것으로 시작된다. "사람들이 나를 누구라 하느냐?" 그러다가 마침내 주님은 이렇게 물으신다. "너희는 나를 누구라 하느냐?" 주님의 물음에 사도 중에 대답하는 자가 한 명도 없었다. 아무도 계시를 제시하지 못했다. 하나님 아버지로부터 말미암은 계시를 받았던 사람은 유일하게 베드로뿐이었다. 그가 예수님에게 이 열쇠들을 받을 수 있었던 이유는 단지 사도였기 때문이 아니었다. 그는 예수님이 메시아로서 하나님의 아들이라는 계시를 받았다. 그에게 열쇠들이 주어진 까닭도 이 때문이었다. 예수님은 베드로가 예수님의 정체성에 관한 계시를 받은 이후에 그에게 이 열쇠들을 주셨다. 우리가 예수님을 친밀하게 아는 단계로 들어갈 때, 주님은 우리 삶 속에 놀라운 권세를 풀어주신다.

문득 성령님은 성경 본문 속에서 이 사실을 내게 깨닫게 하셨다. 성령님은 나로 하여금 예수님이 이 천국의 열쇠들을 맡기기 전에 내 삶에 무슨 일이 일어났는지를 되돌아보고 생각할 수 있도록 하셨다. 주님과 나 사이에 깊은 유대감이 있었다. 또한 나는 주님이 누구신지에 관하여 친밀하고도 순전한 지식을 가지고 있었다. 주님이 실제로 내 삶 속에서 이 모든 일을 행하신 이유는 그동안 계속 깊어진 주님과의 관계 때문이라는 사실을 깨달았다. 다른 이유는 없었다. 오직 그 이유밖에는 없었다. 당신의 경우도 마찬가지다. 당신이 예수 그리스도에 관한 계시를 알 때, 예수님은 이 땅에서 당신에게도 권세를 허락하실 것이다.

열쇠들로 인해 나타난 결과들:
열쇠들이 풀어지고 지역들이 변화되다

The Results of the Keys:
Keys are released and regions are transformed

주님에게 열쇠들을 위임받은 이후부터, 나는 미국에 있는 지역 전체가 변화되는 광경을 목격하기 시작했다. 그중의 하나가 미시시피 주에 있는 쇼(Shaw)라는 지역이었다. 그곳에서 술집이 문을 닫고 마을의 시장이 성령으로 충만해지는 모습을 보았다. 그뿐만 아니라 그 지역의 모든 교도소와 감옥은 전혀 가동할 수 없는 상태가 되고 말았다.

운영 필요성 자체가 사라져버렸기 때문이다. 수많은 사람이 자신의 삶을 주님께 드렸다. 오! 우리는 이런 일들이 미국의 광역 도시들 안에서 일어나기를 얼마나 소원하는지 모른다. 나를 그곳에 초청했던 목사님은 지금도 소식을 전해준다. 이 부흥의 기간에 가게 문을 닫고 자신의 삶을 주님께 드렸던 술집 주인은 구원을 받았으며 현재까지도 여전히 영업을 하지 않는다고 한다. 또한 그들은 교도소 시스템이나 경찰서를 아직도 재건하지 못하고 있다고 한다. 이 얼마나 놀라운 권능인가! 이런 일은 불과 십 년 내지 십일 년 전에 일어났다.

일리노이 주 브루클린이 변화되다
Brooklyn, Illinois, transformed

이 열쇠들을 받은 이후에 일리노이 주의 브루클린에서도 또 한 번 이러한 일들이 발생했다. 주님이 나를 통해 지역들을 변화시킨다는 소식이 그곳 시장의 귀에까지 들어갔다. 그녀는 나를 초청하여 자신의 관할하에 있는 브루클린 지역에서 사역을 좀 해달라고 부탁했다. 그곳에서 우리는 엄청난 일들이 이루어지는 광경을 목도했다. 주님은 나에게 주님께 받은 열쇠들을 사용하여 그 지역에 온전함과 건강을 풀어놓으라고 말씀하셨다. 주님은 특히 경제 부문과 그 시장을 위해 재정적인 축복을 선포하라고 하셨다. 나는 그녀를 바라보며 이렇게 말했다. "주님이 이 지역을 위해 당신의 손에 삼백만 달러를 풀어놓으라고 제게 말씀하셨습니다." 아울러 주님은 그 지역에 존재하던 마피아 조직들에 대해서 더 이상 불법적인 활동을 못하도록 심판을 선포하라고 하셨다. 또한 세인트루이스에서 그 지역까지 가로지르는 새 다리의 건설을 풀어놓으라고도 말씀하셨다. 오래된 다리는 이미 낡고 망가진 상태였다. 마피아는 그 시장과 우리 사역 팀을 죽이려고 위협했다. 그들은 그 시장에게 돈을 훔쳤다는 거짓 누명까지 씌우면서 위협을 가했다.

열쇠들로 말미암아 미국의 대통령이 예언을 성취시키다
These keys caused the president of the united states to fulfill prophecy

1999년에 내가 이 액수의 돈을 그 시장에게 풀어놓은 후 석 달이 지났을 무렵, 빌 클린턴(Bill Clinton) 대통령이 브루클린을 방문하여 그녀에게 삼백만 달러를 건네주었다. 이와 비슷한 시기에 마피아 조직들과 불법적인 조직들의 상당수가 완전히 폐쇄되었다. 2008년에 나는 다시 브루클린에 방문하였다가 1999년에 나를 통해 받았던 메시지를 기억하는 한 목사님을 만났다. 그는 우리가 서있는 건물이 원래는 마피아의 소유였다고 밝혔다. 그 목사님이 마피아의 건물 중 하나를 교회로 개조한 것이었다. 계속해서 그 목사님은 다음과 같이 말해주었다. "하나님이 구 년 전에 브루클린에 대해 선포하신 일들이 모두 그대로 이루어졌습니다. 당신의 생명을 죽이려고 했던 모든 사람이 지금은 죽었거나 감옥에 갇혀있습니다. 이 건물의 소유주였던 사람도 지금 이 순간 옥살이를 하고 있습니다. 마피아는 이 지역의 시장에게 돈을 횡령했다고 거짓 기소함으로써 누명을 씌웠지만, 결국 어둠의 권세는 힘을 잃고 말았습니다." 이 모든 일은 확실히 주님이 내게 주신 열쇠들을 통해 풀려나온 권세로 말미암아 얻은 열매였다.

정신병원 전체가 치유되다
Whole mental hospitals healed

지역 차원의 기적적인 변화들을 목도한 이후에도 주님은 계속해서 매우 강력한 일들을 행하셨다. 우리는 악성종양을 가진 사람들, 눈먼 사람들, 말 못하는 사람들, 다리를 저는 사람들, 기타 여러 가지 질병에 걸린 사람들이 치유되는 모습을 지켜보았다. 예배를 드리던 도중에 예수님이 나타나시면, 사람들은 휠체어를 박차고 일어났다. 주님의 방문은 특별하고 예상치 못한 순간에 이루어졌다. 내가 아는 한 젊은 이가 있었다. 그는 신경쇠약으로 세인트루이스의 어느 정신병원에 수용되어있었다. 그와 나는 아주 절친한 사이였다. 어느 날 그가 병원 심방과 기도를 받기 원한다는 전갈을 보냈다. 나는 그의 병원을 직접 찾아갔다. 그때만 해도 나는 앞으로 아주 놀라운 사건이 우리를 기다리고 있을 줄은 미처 예상치 못했다. 그가 입원한 병실에 도착하여 나는 동행한 몇 명의 스태프와 그를 위해 기도했다. 우리는 그의 정신에서 질병이 떠나가라고 명령하면서 기도했다. 정신장애는 고치기 힘든 질병이다. 정신질환자들이 치유되는 모습을 보는 것은 그리 흔한 일이 아니다. 물론 우리에게는 힘든 일이더라도 하나님께는 조금도 어려울 게 없다. 우리가 그를 위해 기도했을 때, 그의 정신병은 즉시 치유되었다. 그는 완치되어 침상에서 일어났다.

예수님이 병원에 나타나셔서 집단적인 기적을 베푸시다
Jesus appears in the hospital and performs a mass miracle

이 친구가 치유를 받은 직후에 갑자기 예수님이 내 앞에 나타나셨다. 주님은 침대 맞은편에 서계셨다. 주님의 얼굴은 밝게 빛나고 있었고, 아름답고 찬란한 흰색 가운을 입고 계셨다. "데이비드야, 이 정신병원 전체의 치유를 위해서 내가 준 열쇠들을 사용해라. 그러면 내가 이 병원 이곳저곳을 돌아다니면서 사람들을 치유하겠다." 나는 주님의 말씀대로 순종했다. 앞으로 얼마나 극적인 일이 일어나게 될 것인지는 전혀 알지 못했다. 우리는 방금 전 치유를 받고 집으로 돌아가려는 그 젊은이와 함께 병원 문을 막 나서려던 참이었다. 그 순간 수십 명의 사람이 제각각 병실 문을 박차고 나오면서 소리를 질렀다. "우리는 치유되었어요. 우리는 정신적으로 자유케 되었어요." 우리가 방문하지 않았던 다른 층에 있던 환자들도 우르르 몰려나왔다. 상황은 걷

잡을 수 없을 정도가 되었고, 접수대에 앉아있던 직원과 간호사는 어찌할 줄을 모르고 있었다. 우리는 그녀에게 이렇게 말했다. "이 사람들을 모두 풀어주셔야 합니다. 이들은 모두 치유되었습니다." 그러자 유감스럽게도 그녀는 만일 치유받은 이 사람들을 모두 병원에서 내보낸다면 자신들은 급료도 받지 못할 것이라고 대답했다. 미국의 제약 회사들이 의약품과 약물들로 사람들을 속박시켜놓은 현실이 너무나 안타까웠다. 결국 그들은 다른 사람들의 질병에 의존하여 자신들의 생계를 유지하는 것이다. 교묘한 방법으로 남들을 이용해먹는 사람들이다. 이번 사건은 집단 차원에서 일어난 영광스러운 기적이었다. 나의 스태프들과 그곳의 의사들, 간호사들 모두가 깜짝 놀랐다. 환자 중에서 내가 직접 안수한 사람은 단 한 명도 없었다. 이 모든 일은 예수님이 직접 하셨다. 주님은 천국의 열쇠들을 통하여 주님의 권능을 가시적으로 드러내고 계셨다.

5

Jesus begins appearing notably
in services, cities, and countries

예수님이 예배와 도시들과 나라들 안에 영화롭게 나타나시다

Face-to-Face with Jesus

05

예수님이 예배와 도시들과 나라들 안에 영화롭게 나타나시다

Jesus begins appearing notably in services, cities, and countries

"주님이 영화롭게 나타나시는 시대"
The day of his notable appearances

우리는 지금 우리가 영화로운 주님의 날을 산다는 사실을 잘 이해해야 한다. 성경은 다음과 같이 표현한다.

> 주의 크고 영화로운 날이 이르기 전에(before that great and notable day of the Lord come)… (행 2:20)

본문에서 '영화로운'(notable)이라는 단어는 그리스어 '에피파네스'(epiphanes)에서 유래되었다. 이 말은 '주목할 만하고 잘 알려져 있고 가시적인 나타남'이라는 뜻을 내포한다.[14] 당신은 이런 말을 들어본 적이 있는가? 우리는 주님이 우리에게 나타나시는 시대를 살아간다. 오늘날 주님이 실제로 지구의 수천 명의 사람에게 나타나신다. 사람들은 꿈이나 환상에서, 심지어 밝은 대낮에도 실제로 주님과 대면하여 만나는 체험을 한다. '노터블'(notable)이라는 단어는 육안으로도 볼 수 있는 가시적인 어떤 것을 묘사할 때 사용한다. 이 말은 주님의 나타나심이 왜 오늘날 우리 시대에 일어나는지를 설명하는 것이기도 하다.

과연 한 나라가 하루 만에 거듭날 수 있을까?
Can a nation be born again in a day?

> 이러한 일을 들은 자가 누구이며 이러한 일을 본 자가 누구이냐 나라가 어찌 하루에 생기겠으며 민족이 어찌 한 순간에 태어나겠느냐 그러나 시온은 진통하는 즉시 그 아들을 순산하였도다
> (사 66:8)

몇 년 전에 매우 놀라운 두 가지 사건이 일어났다. 그중 하나는 무슬림 나라 사람들이 예수님과 대면하여 만난 일이었다. 첫 번째 이야기는 이들이 속한 무슬림 나라 전역에 전국적인 뉴스로 퍼져 나갔다.

어느 날 밤, 한 남자의 꿈에 예수님이 나타나셨다. 주님은 그에게 다음과 같이 말씀하셨다. "나는 예수 그리스도다. 너희의 죄를 위해 내가 죽었다." 예수님은 그 사람에게 여러 가지 이야기를 하셨고, 마침내 그를 구원으로 인도하셨다. 잠에서 깨어난 후, 그는 자신이 실제로 부활하신 주님을 목격했음을 깨달았다. 동시에 그는 알라가 결코 참되고 살아있는 신이 아니라는 것도 알게 되었다. 그러나 어떤 무슬림 나라에서는 이처럼 귀한 사람들이 예수 그리스도에 대한 믿음을 공공연히 고백했다는 이유로 죽임을 당하기도 한다. 뉴스 매체들은 이 사람이 잠에서 깨어난 뒤 식당으로 가서 사람들에게 간밤에 꿈에서 본 예수님 이야기를 들려주었다고 보도했다.

한 나라 전체가 하루 만에 거듭나다
-예수님의 나타나심으로 무슬림 나라 전체가 구원을 받다

> 이러한 일을 들은 자가 누구이며 이러한 일을 본 자가 누구이냐 나라가 어찌 하루에 생기겠으며 민족이 어찌 한 순간에 태어나겠느냐 그러나 시온은 진통하는 즉시 그 아들을 순산하였도다
> (사 66:8)

예수님이 밤에 온 나라 모든 사람에게 나타나시다

이 남자가 다른 사람들에게 자신의 꿈 이야기를 했을 때, 그들 모두

같은 날 밤에 꿈에서 예수님을 보았다고 말했다. 국제 뉴스를 검색해 보라. 예수님이 같은 날 밤 이 무슬림 나라의 모든 국민에게 동시에 나타나셨다는 것을 알게 될 것이다. 주님의 나타나심으로 말미암아 그 나라 전체가 하룻밤 사이에 기독교로 개종하였다. 정말 놀랍기 그지 없다. 이것이 바로 권능이다. 그렇다. 한 나라가 하루 만에 거듭나는 일은 실제로 가능하다. 지금 예수님은 아직 복음을 받아들이지 않은 무슬림 나라 사람들에게 나타나신다. 예수님이 몸소 복음을 전파하고 계신 것이다. 우리가 섬기는 주님은 정말 놀라운 분이다. 참으로 아름다운 이야기다.

예수님이 21세기에 나타나셔서
실제로 어린 소년과 소녀를 먹이시다

Jesus appears in this 21st century
and literally feeds a little boy and girl

육지에 올라보니 숯불이 있는데 그 위에 생선이 놓였고 떡도 있더라…예수께서 이르시되 와서 조반을 먹으라 하시니 제자들이 주님이신 줄 아는 고로 당신이 누구냐 감히 묻는 자가 없더라 예수께서 가셔서 떡을 가져다가 그들에게 주시고 생선도 그와 같이 하시니라 이것은 예수께서 죽은 자 가운데서 살아나신 후에 세 번째로 제자들에게 나타나신 것이라 (요 21:9, 12-14)

또 하나의 굉장한 사건이 제3세계 나라의 무슬림들에게 이와 동일한 방식으로 일어났다. 이 이야기는 실화로서 실제로 국제 뉴스와 헤드라인에 대서특필되었다. 한 젊은 여성이 비극적인 사고를 당해 그만 아름답고 소중한 두 명의 자녀를 남겨놓은 채 세상을 떴다. 자녀들은 모두 열두 살 미만으로 아직 어린 나이였다. 그 여성의 오빠가 불의의 사고로 죽은 동생을 위해 나이 어린 조카들을 돌봐주어야 했다. 시간이 지남에 따라 그는 조카들을 돌보는 일에 싫증이 났다. 사실 그는 조카들을 제대로 양육하고 있지도 않았다. 어느 날 몹시 화가 난 그는 조카들을 데리고 한 공동묘지로 가서 그들을 따로따로 생매장해버렸다. 그 아이들은 여전히 목숨이 붙어있는 상태로 각각 무덤 속에 묻히게 되었다. 그로부터 이삼 주 쯤 지났을 때, 묘지 옆을 지나가던 행인이 이상한 소리를 듣고 가까이 다가갔다가 무덤 속에 아이들이 있는 것을 발견했다. 뉴스 매체는 실제로 무슨 일이 일어났는지 철저히 조사했다. 그들은 이 아이들에게 어떻게 그렇게 오랫동안 물과 음식도 없이 살아남을 수 있었느냐고 물어보았다. 당신도 알다시피 어린아이들은 음식을 먹지 않고는 오래 버틸 수가 없다. 그런데 깜짝 놀랄 만한 대답을 듣게 되었다. 그들은 같은 곳에 매장되지 않았음에도 불구하고 두 아이 모두 같은 대답을 했다. 그 대답을 듣기 전에 한 가지 더 알아야 할 점이 있다. 이 아이들은 무슬림 가정에서 양육되었고, 예수님에 관해서는 그동안 한 번도 들어본 적이 없었다.

예수님은 오늘날에도 여전히 사람들을 먹여주신다

그 아이들은 대중매체의 질문에 다음과 같이 대답했다. "흰 가운을 입으신 어떤 분이 계셨어요. 그분은 자신의 이름이 나사렛에서 온 예수라고 하셨어요. 그분이 오셔서 날마다 먹을 것을 주셨어요!" 정말 놀라운 이야기다. 나는 처음 이 이야기를 들으면서 눈물을 흘리지 않을 수 없었다. 얼마나 경이로운 일인가! 주님의 사랑과 긍휼하심이 어쩌면 이토록 깊을 수 있을까. 아마 그 아이들뿐 아니라 그 나라 전체가 이 경험을 결코 잊지 못할 것이다. 그들의 체험은 온 나라를 변화시켰다. 예수님은 오늘날에도 여전히 사람들에게 나타나셔서 먹여주시고 그들에게 스스로를 나사렛 출신으로 소개하신다.

미국에서도 이런 일이 일어나야 한다. 온 세상에서 이런 일이 일어나야 한다. 나아가 우리 세대 전체가 이런 일을 필요로 한다. 주님은 이제 미국에서도 이런 식으로 방문하시고 나타나실 것이라고 내게 말씀하셨다. 주님은 이런 형태의 나타나심이 '영화로운' 주님의 날에 일어나도록 허락하신다. 이는 궁극적으로 휴거(Rapture)라는 주님의 웅장한 나타나심으로 귀결될 것이다. 성경은 다음과 같이 말한다. "여호와의 영광이 나타나고 모든 육체가 그것을 함께 보리라 이는 여호와의 입이 말씀하셨느니라"(사 40:5). 예수님이 구름을 타고 오실 때, 모든 사람의 눈이 주님을 보게 될 것이다(계 1:7, 요일 3:2-3, 마 24:30 참조).

예수님이 티엘 오스본의 부흥 집회에서
이십만 명의 무슬림에게 나타나시다

> 그 후에 오백여 형제에게 일시에 보이셨나니 그중에 지금까지
> 대다수는 살아 있고 어떤 사람은 잠들었으며 (고전 15:6)

주님이 이렇게 많은 사람에게 동시에 나타나실 수 없다고 그 누가 말할 수 있겠는가? 주님은 과거에도 이 일을 행하셨고, 오늘날에도 여전히 동일한 일을 행하고 계신다. 실제로 주님이 이런 형태로 방문하고 계신다는 확증으로 또 하나의 사례를 소개하도록 하겠다. 이 이야기는 수년 동안이나 나에게 깊은 감동을 주었다. 자바(Java)의 자카르타(Jakarta)에서 있었던 일이다. 1956년, 그곳에서 티엘 오스본(T. L. Osbom)은 이십만 명가량의 무슬림이 참석한 부흥 집회에서 메시지를 전하고 있었다. 그때 갑자기 사람들이 앉아있던 곳의 공중에서 예수님이 구름을 타시고 영광스럽게 나타나셨다. 그곳에 있던 모든 사람이 주님의 얼굴과 영광을 목도했다. 이 일을 목격한 후 그들은 자신들의 삶과 마음을 예수님께 바쳤다. 정말 굉장하지 않은가! 이 이야기에서 더 놀라운 것이 있다. 사진 기자들이 그 순간을 필름으로 포착했다. 이 사진들 속에서 진짜 예수님의 얼굴을 볼 수 있다. 이 사건에 관해 더 구체적으로 알기 원한다면, 티엘 오스본이 쓴 『Healing the sick』[15)]에 실린 사진들을 통해 직접 확인하기 바란다. 미국은 이제 앞으로 이런 형태의 주님의 나타나심을 체험하게 될 것이다. 이제 우리는 미미하나

마 이미 이런 일이 이루어지고 있다는 증거를 목격하고 있다.

미국에 도래할 하나님의 운동
'하나님의 아들의 영광스러운 나타나심'

The next movement of God in America
"His Son's notable appearance"

미국은 예수님과 얼굴을 대면하는 만남이 필요하다

　미국은 지난 1940년대부터 1960대에 이르기까지 치유와 기적의 물결을 경험하였다. 오늘날 선지자들은 매우 놀라운 은사로 사역한다. 그러나 미국은 현존하는 교회 경험의 경계선을 도전할 정도로 수많은 사람이 예수님의 나타나심을 경험하고 주님과 대면하여 만나는 식의 하나님의 운동은 아직까지 경험하지 못했다. 앞으로 미국에는 바로 이런 형태의 하나님의 운동이 도래할 것이다. 주님은 이런 식의 만남을 통해 우리 세대에게 주님의 얼굴을 공개적으로 나타내실 것이다. 이 같은 일은 미국의 온 광역도시 안에서 동시에 일어날 것이다. 고위 공직자들, 대통령들, 왕들, 주지사들, 기업인들, 부자들, 유명한 사람들, 가난한 사람들, 무명의 사람들이 모두 예수님의 모습을 볼 것이다. 모든 미국인이 이런 일을 절실히 필요로 한다. 우리는 현재의 교회들을 훨씬 능가하는 매우 실질적인 부흥이 필요하다. 우리에게는 부인할 수 없는 증거로 세상을 뒤흔들어놓을 부흥, 이 세상이 도저히 간과할 수 없을 정도의 엄청난 부흥, 더 이상 시시한 일로 치부되어 숨길 수 없을 만큼 놀라운 부흥이 필요하다. 다음에 도래할 이 운동으로 인해 모든 사람은 마지막 때가 되기 전에 하나님이 어떤 분인지 확실히 알게 될 것이다. 이 일은 반드시 일어날 것이다. 주님이 이 땅에 사는 모든 사람에게 방문하심으로 말미암아 미국은 진동하게 될 것이다. 예수님은 나에게 이 메시지를 미국에 전하라는 사명을 위임하셨다. 모든 사람은 하나님을 직접 대면하여 만날 준비를 해야 한다. 이 일은 비록 작은 규모로나마 우리나라 안에서 이미 일어나고 있다. 머지않아 미국에 사는 수많은 사람이 예수님의 얼굴을 직접 대면할 날이 속히 올 것이다.

나는 미국의 설교자들과 목사님들에게 전할 특별한 메시지가 있다. 우리가 그동안 아무리 은사들을 사용하고 기름 부으심이 있는 설교들을 했어도 온 미국인이 하나님을 대면하여 만날 수 있게 하는 차원으로까지는 이끌지 못했다. 그러나 이런 일은 전국적인 차원으로 이루어질 예수님의 실제적인 나타나심을 통해 가능해질 것이다. 현시점에 이르기까지 당신은 수많은 사람에게 복음을 전했거나 은혜의 통로로 쓰임 받고 있었는지도 모른다. 그러나 미국과 세계 전체에서 그 분량은 지극히 미미한 정도에 불과하다. 미국은 아직까지는 이런 식으로 하나님을 경험한 적이 없다. 나는 하나님이 짧은 순간일지라도 실제로 나타나시기만 한다면, 우리가 하나님으로부터 받은 은사와 기름 부으심으로 평생 사역으로 성취할 수 있는 분량보다 훨씬 더 많은 일이 이루어질 것이라고 확신한다. 우리 세대의 온갖 괴로움에 대한 해답은 오직 예수님이 실재하신다는 것뿐이다. 오늘날 사람들은 하나님을 경험할 수 있기를 간절히 원한다. 그들은 우리가 섬기는 하나님이 과연 실제로 존재하는 분인지 알고 싶어 한다. 예수님이 나타나실 때에 모든 의문은 눈 녹듯 사라질 것이다.

예수님과 대면하지 않는다면 결코 세상을 변화시킬 수 없다
We cannot change the world
if we have not been with Jesus face-to-face

>…천하를 어지럽게 하던 이 사람들이 여기도 이르매 (행 17:6)

>그들이 베드로와 요한이 담대하게 말함을 보고 그들을 본래 학문 없는 범인으로 알았다가 이상히 여기며 또 전에 예수와 함께 있던 줄도 알고 (행 4:13)

초대교회가 세워지던 시절에 정부 관원들은 사도들과 신자들을 가리켜 천하를 어지럽게 하는 자들이라고 했다. 초대교회 사람들은 예수님과 얼굴을 대면하여 아는 깊은 친밀함을 경험한 자들이었기에 이러한 능력과 권능을 행사할 수 있었다. 오늘날 주님의 몸 된 교회로서 우리는 주님과의 이런 수준의 친밀함을 잃어버렸다. 만일 우리가 이

시대에 영향력 있는 존재로서 세상을 소란케 하는 자들이 되고자 한다면, 반드시 예수님과 대면하는 관계를 계발시켜야만 한다.

> 그들이 베드로와 요한이 담대하게 말함을 보고 그들을 본래 학문 없는 범인으로 알았다가 이상히 여기며 또 전에 예수와 함께 있던 줄도 알고 (행 4:13)

> 제자들이 나가 두루 전파할새 주께서 함께 역사하사 그 따르는 표적으로 말씀을 확실히 증언하시니라 (막 16:20)

> 두세 사람이 내 이름으로 모인 곳에는 나도 그들 중에 있느니라 (마 18:20)

예수님이 내가 아는 다른 사람들에게도 나타나시다
Jesus begins appearing to other people I know

사역에서 예수님이 개인적으로 나와 동역하시는 정도는 현저히 증가되었다. 주님이 비단 나에게만 나타나신 것은 아니었다. 주님은 다른 사람들에게도 나타나주셨다. 처음으로 이런 일이 시작된 것은 1996년 미주리 주 세인트루이스에서였다. 나는 그때의 기억을 영원히 잊을 수가 없다. 어느 토요일 저녁에 사무실에서 기도하고 있을 때였다. 무릎을 꿇고 고개를 의자 위에 구부린 채 기도를 드리고 있는데, 갑자기 예수님이 사무실 건물 벽을 통과해서 내 쪽을 향해 걸어오셨다. 주님은 내 앞에 서신 채로 나에게 몇 가지 개인적인 일에 관해 말씀하셨다. 그런 다음 화제를 바꾸어 어느 한 청년의 이야기를 하셨다. 주님은 내가 그를 사도적인 사역자가 될 수 있도록 훈련시키기를 바란다고 말씀하셨다. 그는 약 열여섯 살 정도의 청년이었다. 당시에 나는 한 작은 교회의 감독을 맡고 있었다. 그 지역 교회의 담임 목사님은 매우 강력한 기름 부으심이 있는 가정을 거느렸다. 그 가정은 사역으로의 부르심이 있었다. 이 청년도 그 가정에 속한 여러 십대 중의 한 명이었다. 비록 아직 나이 어린 십대였지만, 주님은 그의 인생을 향한 놀라운 부르심을 가지셨다. 예수님은 계속해서 다음과 같이 말씀하셨다. "나는 네가 그를 사역자로 훈련시키는 일을 맡았으면 한다. 그는 사도가 되기 위해 부르심을 받은 자다." 나는 사도의 직분으로 부르심을 받기 위해 필요한 전제 조건들과 요구 사항들이 무엇인지 잘 알고 있었다. 따라서 예수님의 말씀을 아주 신중하게 받아들이지 않을 수 없었다. 여전히 예수님을 향한 깊은 존경심을 지닌 태도로 나는 주님께 여쭈었다. "주님, 제가 그를 훈련시키기 전에 주님이 먼저 그에게 나타나주세요. 주님이 직접 그에게 참되고 진정한 사도직을 위해서는 이 훈련이 반드시 필요하다고 말씀하셔야 합니다." 정말 뜻밖에도 예수님은 나를 전혀 나무라지 않으시고 오히려 내 마음을 시원케 하는 답변을 해주셨다. "알고 있다, 데이비드야. 나는 오늘 밤에 그에게 나타나려고 한단다." 주님은 계속해서 말씀하셨다. "내일 교회에서 그를 만나면, 내가 너에게 말한 모든 내용을 그에게 이야기하도록 해라." 오늘날 바울과 마찬가지로 모태로부터 사도직으로 부르심을 받은 사람이 많다. 그러나 주님도 말씀하셨듯이 이런 일은 예수 그리스도의 '계시'(revelation)로 말미암은 것이다. 여기서 언급한 '계시'(revelation)는 '가시적인 현상 혹은 나타남'이라는 의미다.

> 형제들아 내가 너희에게 알게 하노니 내가 전한 복음은 사람의 뜻을 따라 된 것이 아니니라 이는 내가 사람에게서 받은 것도 아니요 배운 것도 아니요 오직 예수 그리스도의 계시로 말미암은 것이라 (갈 1:11-12)

주일 아침 예배를 마친 후에 나는 그 젊은 친구를 찾아갔다. 그에게 인사를 하고 주님이 그에 관하여 내게 말씀하신 내용들을 이야기했다. 그런 다음 마지막으로 그에게 물었다. "예수님이 어젯밤 네게 나타나시겠다고 말씀하셨단다. 혹시 주님이 나타나셨니?" 그는 아주 놀라운 대답을 했다. "네, 오늘 새벽에 잠을 자다가 꿈속에서 예수님을 보았어요." 이 얼마나 경이로운 일인가! 그 시점부터 나는 이 젊은이를 사도직을 감당하는 사역자로 키우는 훈련을 시작했다.

1996년 여름

내가 예수님이 하시는 일을 이해하기 시작했을 무렵부터 주님은 문자 그대로 나와 동역하는 사람들에게도 동일하게 매우 현저한 방식으로 나타나셨다. 나는 점차 이런 일을 통해 어떻게 이 사람들의 삶이 변화되고 세상이 변화될 수 있는지를 깨달았다. 나의 인생도 예수님이 나를 찾아오신 순간부터 완전히 달라졌다. 예수님의 나타나심을 계기로 나는 아주 실제적인 방식으로 주님을 경험하기 시작했다. 이런 일은 그야말로 혁명이라고도 할 수 있다. 그리하여 나는 이 분야와 관련하여 믿음을 적용하기 시작했다. 나는 주님이 내 간증을 듣게 될 사람들에게도 개인적인 방식으로 역사하실 것이라고 믿었다. 당시 감독을 맡고 있던 교회에서 나는 이웃들을 대상으로 간증 캠페인을 벌였다. 일단은 그 교회의 목사님과 교인들을 소집한 뒤, 그들이 자신이 사는 지역 공동체의 거리로 나가서 간증을 하도록 이끌었다. 이 캠페인에 착수하기에 앞서 우선은 팀원들에게 삼 일간의 금식을 권했다. 금식하면서 거리에서 만나게 될 사람들에게 주님께서 미리 나타나주시도록 기도하게 하였다. 나는 주님께 밤에 꿈을 통해서든 깨어있는 동안에 환상을 통해서든 우리가 만날 사람들에게 나타나주실 수 있는지 여쭤보았다. 주님이 그들에게 미리 나타나주시기만 하면 그들은 준비된 마음으로 주님에 관한 우리의 증거를 받아들일 것이기 때문이었다.

정말 놀랍게도 예수님은 우리가 거리로 나가기 전날 밤에 실제로 수많은 사람에게 나타나주셨다. 주님이 우리의 기도에 응답하셨다. 거리에 나갔을 때 나는 구원받지 못한 어떤 사람을 만났다. 그는 전날 밤 자신의 꿈속에 나타나신 예수님이 주님을 구세주로 영접하라는 말씀을 하셨다고 이야기했다. 물론 그는 내가 바로 그 일을 위해 기도하며 금식했다는 사실은 알지 못했다. 나는 얼마나 신이 나고 얼마나 큰 격려를 받았는지 모른다. 어쩌면 이렇게 놀라운 일이 일어날 수 있단 말인가! 주님을 증거하는 일에 주님이 이토록 강력한 방법으로 우리와 함께 일하실 줄이야! 나는 이것이 아주 특별한 일임을 알고 있었기에, 중단하지 않고 계속해서 이 경이로운 현상을 추구해갔다. 성경은 사도들에게도 이런 일들이 일어났다고 기록한다. 그들이 천하를 어지럽히는 자들이 될 수 있었던 것은 이전에 예수님과 함께 지냈던 시간들 덕분이었다(행 4:13, 17:6 참조).

예수님은 이런 식의 나타나심을 중단하지 않으셨다. 주님은 나의 스태프들에게도 나타나기 시작하셨다. 또한 사람들에게 직접 방문하셔서 사역에 동참해야 한다는 확증을 주기도 하셨다.

1998년 오하이오 주 클리블랜드

1998년에 있었던 일이다. 이 놀랄 만한 시기를 지나는 동안에 사역은 지속적으로 성장했다. 그 무렵 나에 관한 소문이 저명한 맥키니(Mc-Kinney) 주교와 그의 아내 셜리(Shirley)에게까지 전해졌다. 사람들은 그들을 가리켜 애칭으로 '레이디 주교'(Lady Bishop)라고 불렀다. 그들은 나를 클리블랜드로 초청하여 부흥 집회를 인도해달라고 부탁했다. 이 집회 내내 우리는 주님이 행하신 여러 가지 경이로운 일을 실제로 목격했다. 주님은 영광스럽고 놀라운 권능을 가시적으로 드러내셨다. 어느 날 밤 집회에서 우리는 주님을 향한 친밀한 경배를 드리고 있었다. 경배를 드리는 동안 하나님의 영광이 우리에게 임했다. 주님의 영광의 임재가 어찌나 무겁던지 나는 도저히 사역할 수 없을 정도였다. 너무도 짙은 주님의 영광으로 인해 내가 할 수 있었던 일은 고작 강대상 계단에 앉아있는 것이 전부였다. 그동안 나는 하나님의 권능이 경이롭게 드러나는 모습과 극적인 기적들이 일어나는 광경들을 수없이 많이 목격했었다. 그런데 그날 밤은 유달리 특별했다.

내가 계단에 앉아있을 때 사람들은 주님의 임재 가운데에 서있었다. 바로 그 순간 갑자기 예수님이 내 앞에 모습을 나타내셨다. 주님은 통로 중간 지점에 서계셨다. 주님은 나를 보며 빙그레 미소를 지으셨다. 나는 앉은 채로(어찌됐든 집회는 더 이상 내가 통제할 수 있는 상황이 아니었으므로) 주님이 오셨음을 알아보았다. 집회 현장에 나타나신 예수님이 그 순간부터 집회를 전적으로 주도하셨다. 사역자들로서 우리는 주님께 더 철저하게 굴복하는 법과 주님이 하시는 일을 방해하지 않는 법을 배워야 한다. 주님이 저만치 서계실 때 나는 사람들에게 주님이 지금 이 자리에 오셨다고 말했다. 그런 다음 주님이 행하시는 일들을 사람들에게 일일이 설명했다. 그곳에 있던 몇몇 사람은 내가 하는 말을 믿지 못했다. 그날 내가 사역하던 그 교회는 매우 멋진 경배 팀을 갖추었고 회중도 활력이 넘쳤다. 하나님의 운행하심을 언제라도 받아들일 준비를 갖춘 교회였다. 따라서 예수님이 오셨다는 말을 믿지 못한 사람들은 아마도 방문자들이었을 것이다. 예수님은 나에게 미소를 보내신 뒤, 방향을 돌려 회중석 뒤편으로 걸어가셨다. 그리고는 이렇게 말씀하셨다. "이 중 몇몇 사람은 네가 한 말을 믿지 못하는구나. 그들은 내가 영광의 몸을 입고 세상에 와서 이 집회에 참석했다는 걸 믿지 못한다." 그날 밤 집회 장소에는 약 천이백 명가량의 사람이 모였다. 나는 주님이 걸어가실 때마다 주님의 행동들을 하나하나 그대로 중계방송했다. 주님은 회중석의 맨 뒤쪽으로 가시더니 다시 왼쪽으로 방향을 돌려 마지막 줄의 가장자리까지 걸어가셨다.

예수님이 나타나셔서 에이즈에 걸린 젊은이를 치유하시다
Jesus appears and heals a young man with AIDS

나는 앉은 상태였고 사람들은 모두 서있었다. 따라서 나는 뒤쪽으로 가신 주님의 모습을 볼 수가 없었다. 그러나 여전히 주님의 목소리는 들을 수 있었다. 다음 순간 갑자기 주님은 다음과 같이 말씀하기 시작하셨다. "데이비드야, 여기 뒷줄에 동성애자인 한 젊은이가 와있구나. 그는 자신의 에이즈를 치유받고자 여기에 온 거란다." 당시 우리는 경이로운 경배를 드리고 있었기에 집회의 분위기는 하나님의 임재로 충만했고, 강한 전류도 흐르고 있었다. 잠시 후 예수님은 말씀을 이어가셨다. "데이비드야, 내가 양손을 이 젊은이의 두 어깨에 얹겠다. 내가 그의 에이즈를 치유하고 그를 동성애로부터 자유케 하겠다. 내가 하는 일을 공개적으로 말해라. 이 일을 소리 높여 외쳐라." 예수님이 왼쪽 방향으로 가셔서 그 젊은이를 가리키기 전까지는 나는 참석자 중에 동성애자가 있는지 알지 못했다. 그가 어디에 앉아있는지도 몰랐다. 예수님이 말씀하셨다. "네가 이 일을 계속해서 해설하고 공개적으로 말할 때, 사람들은 내가 실제로 이 방에 와있다고 하는 네 말을 좀 더 확실히 믿게 될 것이다." 그리하여 나는 그 일을 사람들에게 큰 소리로 말해주었다. 예수님이 그 젊은이에 관해 말씀하신 모든 내용을 이야기했다. 나는 하나님이 그의 에이즈를 치유하고 계시며 그를 동성애로부터 자유케 하시는 중이라고 설명했다. 그런 다음 맨 뒷줄에 앉은 그 젊은이를 손으로 가리켰다.

나는 그 젊은이에게 말했다. "이쪽으로 올라오십시오." 나는 여전히 앉아있었다. 그 젊은이는 자리에서 일어나 앞으로 걸어 나왔다. 걸어 나오는 동안에 그는 통제할 수 없을 정도로 진동하며 벌벌 떨었다. 그의 몸을 관통하여 흐르는 권능과 전류 때문이었다. 그 순간 예수님이 말씀하셨다. "데이비드야, 그에게 손을 얹지 마라. 다만 네가 앉아 있는 곳에서 손가락으로 가리키기만 해라." 그 젊은이는 내가 앉아있는 곳으로부터 약 십 내지 십이 미터정도 떨어진 지점까지 걸어왔다. 그가 혼자서 복도 중간쯤을 지나 걷고 있을 때, 나는 예수님의 말씀대로 집게손가락을 들어 그를 가리켰다. 그 순간 내 손가락을 통해 번개와 전기가 흘러나가 그를 강타했다. 그는 하나님의 권능으로 인해 공중으로 약 이 미터쯤 들려 올라갔다가 그대로 뒤쪽으로 날아갔다. 마침내 하나님의 권능 아래서 바닥으로 내동댕이쳐졌을 때 그는 동성애로부터 완전히 자유케 되었고 에이즈도 치유를 받았다. 참으로 영광스러운 권능이지 않은가! 모든 사람이 이 광경을 그대로 지켜보았다. 그곳에 있던 모든 성도의 입에서 일제히 탄성이 터져 나왔다. 그들은 이제 자신들이 이 현상을 목격하는 동안 예수님이 실제로 그 건물 안에 계셨음을 알게 되었다.

그것은 완벽한 영광이었다

그런 다음에 예수님은 다시 중앙 통로 쪽으로 오셨다. 주님은 내 앞을 지나쳐 가시더니 내 왼편에 서셨다. 주님이 나를 보시며 말씀하셨다. "데이비드야, 그런데 내가 여기에 있다는 사실을 아직도 믿지 못하는 사람이 몇 명 있구나. 의심하는 사람들을 모두 내가 서있는 이곳으로 나와서 서게 하여라." 나는 이미 사람들에게 예수님이 앞쪽으로 걸어오시는 중이라고 설명한 상태였다. 나는 다음과 같이 말했다. "여러분 중에 예수님이 실제로 여기에 계신다는 사실이 믿기 어려운 사람은 모두 이 앞쪽으로 나오십시오. 그리고 여기 주님이 서계신 곳으로 가서 서십시오." 약 사십 명가량의 사람이 앞으로 나와서 예수님이 계신 쪽으로 갔다. 그들은 그곳에 가자마자 모두 주님의 권능으로 말미암아 바닥에 고꾸라지고 말았다. 매우 강력한 권능이었다. 예수님은 나를 사용하지 않으시고 그들을 직접 만져주셨다. 모든 회의론자는 하나님의 권능 아래에서 그대로 바닥에 쓰러졌다. 나는 여전히 강대상 계단에 앉아서 이 모든 일을 지켜보았다. 주님이 행하시는 일들은 어쩌면 이렇게 강력하고 즐거울까! 예수님이 직접 사역하시는 모습을 지켜보는 것만큼 굉장한 일은 없다. 나는 우리와 동역해주시는 주님을 무척 사랑한다.

예수님이 데니스에 나타나시다
Jesus appears in Denny's

어느 날 부흥 집회를 앞두고 특별 기도로 준비하고 있을 때였다. 주님이 내게 다음과 같은 음성을 들려주셨다. "데니스 레스토랑으로 가거라. 그곳에서 내가 너에게 나타나려고 한다." 나는 주님께 되물어보았다. "주님, 정말 주님이신가요?" 내가 주님께 이런 질문을 드린 데는 이유가 있었다. 그날 밤 나는 실내에만 머물면서 바로 다음 날 집회를 위해 기도하고 있었기 때문이다. 주님의 대답이 들렸다. "그렇다. 그곳에서 내가 너와 해야 할 일이 있다. 어서 가거라." 나는 두 분의 목사님과 데니스 레스토랑으로 갔다. 나는 그들에게 주님이 데니스 레스토랑으로 오셔서 우리와 만나겠다고 약속하신 것을 말해주었다. 그들은 이미 이전의 부흥 집회 때마다 늘 예수님이 약속하신 대로 나타나주신 일들을 체험한 상태였다. 우리는 데니스에 도착했다. 무엇을 해야 할지 알지 못해서 그냥 자리에 앉아서 기다리기로 했다. 레스토랑 안에는 사람들이 있었다. 우리는 계속해서 기다렸다.

데니스에서 많은 사람이 하나님의 권능 아래에서 고꾸라지다

약 삼십 분 내지 사십 분이 흘렀다. 주님이 레스토랑 안으로 걸어 들어오시는 모습이 보였다. 그 순간 갑자기 데니스 내부는 온통 주님의 영광과 전류로 가득했다. 이것은 우리도 느낄 수 있었고, 그곳에 있던 모든 사람은 물론 심지어 죄인들까지도 느낄 수가 있었다. 우리는 아무 일도 하지 않은 채 그대로 앉아있었다. 그런데 잠시 후 웨이터를 비롯하여 다른 사람들이 우리 테이블 쪽으로 몰려들었다. 그들은 자기들이 실내에서 느끼고 있는 것이 도대체 무엇이냐고 물었다. 우리는 그들에게 주님을 증거했고, 그런 후에 그들을 위해 기도해주었다. 기도를 모두 마치기도 전에 한 젊은이의 종양이 사라져버렸다. 그뿐 아니라 불신자들은 구원을 받았다. 그들은 오늘날까지도 여전히 구원받은 자로 살아간다. 그날 레스토랑에 있던 수많은 사람이 하나님의 권능으로 말미암아 바닥에 쓰러졌다. 정말 영광스러운 광경이었다. 나는 주님이 이런 일들을 행하실 것이라고는 전혀 예상하지 못했다. 이번 일을 통해 나는 한 가지 교훈을 얻었다. 내가 잘 이해하지 못하는 상황일지라도 단순히 하나님께 순종하는 편이 훨씬 낫다는 사실이다. 처음에 주님의 음성을 들었을 때 나는 머릿속으로 생각했다. '데니스 레스토랑이라고? 왜일까?' 그러나 순종의 결과는 매우 놀라웠다.

예수님이 디트로이트에 나타나셔서 암을 치유하시다
Cancers healed through Jesus' appearance in Detroit

이 무렵 나에게 가장 경이로웠던 사건이 일어났다. 2004년에 나는 친구인 웨인 티 잭슨(Wayne T. Jackson)이 목회하는 교회에 가기로 되어 있었다. 당시에 우리는 알게 된 지 얼마 안 된 시점이었다. 따라서 서로 그다지 잘 알고 있지는 못했다. 그의 교회는 디트로이트에 있었고, 나는 토요일에 비행기를 타고 그곳으로 출발할 예정이었다. 디트로이트로 떠나기 전, 목요일부터 금요일까지 베니 힌 목사님의 부흥 집회에 초대를 받았다. 베니 힌 목사님의 부흥 집회에 참석하는 것은 언제라도 무척 즐거웠다. 그의 집회에 참석할 때마다 주님의 임재가 가득했고 영광스러웠다. 금요일 아침에 베니 힌 목사님의 기적 집회에 참석했을 때였다. 경배의 분위기가 아름답게 무르익어가는 동안 예수님이 나타나셨다. 주님은 실제로 물리적인 영역 속에서 나를 향해 걸어오셨다. 주님은 내게 오셔서 다음과 같이 말씀하셨다. "내가 잭슨 목사의 교회에 너를 보내는 이유는 특별한 목적이 있기 때문이란다. 나는 그의 개인적인 삶과 운명적인 부르심, 그리고 사역에서 돌파와 풀어짐이 있기를 원한다. 그는 내가 너를 보냈다는 것을 표징을 통해서 알게 될 것이다. 그 교회에는 티파니(Tiffany)와 카렌(Karen)이라는 교인들이 있단다. 그 두 사람은 모두 몸에 잠복적인 종양이 있다. 그 종양들은 곧 온몸에 퍼질 것이고, 그들은 머지않아 생명을 잃게 될 것이란다. 나는 그들을 치유하려고 한다. 이 말을 그 목사에게 전해주어라. 이것으로 인해 그는 너를 보낸 자가 나임을 알게 될 것이다." 그때까지만 해도 나와 잭슨 주교는 겨우 전화상으로만 대화를 주고받은 사이였을 뿐, 개인적으로는 한 번도 만난 적도 없었다.

이 말씀을 하신 후에 예수님은 어디론가 총총히 사라지셨다. 드디어 토요일이 되어 비행기를 타고 디트로이트로 향했다. 나는 그 목사님의 아름다운 저택에서 예수님이 그의 교인들에 관해 말씀하신 이야기를 모두 그대로 전했다. 그는 실제로 교회에 그 교인들이 있다고 대답함으로써 내 말을 확증해주었다. 그는 카렌에게 종양이 있는 줄은 이미 알았지만, 티파니에게 종양이 있는 줄은 미처 몰랐다고 말했다. 나는 주님이 하신 말씀을 주일에 교회에서 공개적으로 말할 것이며, 카렌과 티파니를 강단 앞쪽으로 나오게 할 것이라고도 말해두었다. 주일 날, 나는 실제로 그렇게 했다. 카렌은 앞쪽으로 나왔는데, 그날 티파니는 참석하지 않았다. 나는 카렌에게 주님이 하신 말씀을 들려준 다음 그녀를 위해 기도해주었다. 그날 그녀의 몸에서 종양이 세 개나 녹아서 나왔다. 나중에 알고 보니 카렌은 몸 안에 약 십사 킬로그램 정도나 되는 종양들을 가지고 있었다. 그녀는 종양들로 인한 고통으로 인해 그동안 일을 전혀 하지 못했었다고 고백했다.

종양들 때문에 그녀는 삼사 개월이나 일을 하지 못했다. 이후 이삼 개월에 걸쳐 그녀의 몸 안에 있던 나머지 종양들이 모두 떨어져 나왔다. 예수님이 행하시는 일은 정말 강력하다. 우리는 주님이 행하시는 영광스러운 일들을 수없이 많이 목격했다. 예수님은 내가 이 주교의 저택에 있을 때 또 다시 나타나셨다. 주님은 곧바로 벽을 통과하여 걸어 들어오셔서 다음과 같이 말씀하셨다. "내가 너를 이곳에 보낸 까닭은 내 종이 이전의 추진력을 잃어버렸기 때문이다. 그의 교회가 한때 가졌던 추진력을 되찾아 다시 회복하고 번성케 되려면 그가 해야 할 일이 무엇인지 네게 알려주마. 나는 그를 '능력'(power) 사역으로 불렀다. 이제까지 그가 그 건물에 있는 전통과 종교의 영에게 방해를 받은 것도 이 때문이었다." 계속해서 예수님은 그가 임대하여 사용하는 건물 내에 존재하는 종교의 영으로 말미암아 그의 교회의 출석 신도수가 급격히 감소하였다고 말씀하셨다. 그 건물의 소유주를 사로잡은 종교의 영 때문에 하나님의 능력이 가로막혀 자유자재로 흘러나오지 못했다. 이 주교는 하나님으로부터 '능력'을 받아 초자연적인 기적들을 삶 속에 증거로 드러내는 사역으로 부르심을 받은 사람이었다. 이 하나님의 사람은 나를 통해 주신 하나님의 메시지를 받아들였고, 주님의 지시하심에 그대로 순종하였다. 마침내 그의 교회는 초자연적인 번영을 누리기 시작했다.

도미니카 공화국의 목사님이 예수님을 만난 후 그의 교회에서 부흥이 터져 나오다

A dominican pastor encounters Jesus and his church breaks into revival

언젠가 미국을 방문한 도미니카 공화국의 목사님을 만난 적이 있었다. 그는 미국의 여러 지역에서 일어나는 하나님의 운동을 직접 체험하려고 방문했다. 그의 삶은 매우 극적으로 변화되었다. 우리는 하나님께서 치유와 구원을 비롯하여 수많은 기적을 행하시는 모습을 목격했다. 참으로 놀라운 일이었다. 주님은 수십 명의 목사님과 수많은 젊은이를 방문하시고 그들과 대면하셨다. 이 도미니카 공화국의 목사님은 이런 소식을 전해 듣고 주님께 다음과 같이 부르짖었다. "주님, 저도 주님을 만나고 싶습니다. 저도 주님과 얼굴을 대면하는 관계를 누리기 원합니다." 그러나 삼 일간의 미국 방문 기간에는 아무런 일도 일어나지 않았다. 그는 고국으로 돌아가면서 반드시 주님이 자신의 삶과 사역 중에 이 일을 이루실 것이라고 확신했다. 화요일에 잠이 들었는데 꿈속에서 예수님을 보았다. 예수님은 흰색 가운을 입으신 모습으로 그에게 나타나 이렇게 말씀하셨다. "내가 반드시 다시 와서 주일에 교회에서 너를 만나주겠다." 이 말씀을 들은 후 그는 잠에서 깨어났다. 꿈을 통해 주님의 방문을 받은 바로 다음 주일에, 예수님은 약속하신 대로 주일 예배 시간에 정말로 그를 찾아오셨다. 이후로 그 목사님의 교회는 날마다 부흥했다. 이 일을 계기로 그들은 도미니카 공화국을 위한 부흥 운동에 착수하였다. 이 얼마나 놀라운 일인가! 주님과 얼굴을 대면하는 관계는 참된 부흥의 열쇠로 작용한다. 특히 당신의 교회와 도시와 나라 안에 하나님의 운동이 터져 나오기를 기다렸던 당신과 같은 멋지고 신실한 목사님들에게는 말이다.

예수님이 플로리다 주 잭슨빌의 기적 집회에 나타나셔서 실제로 걸어 다니시다

Jesus appears and physically walks at miracle service in Jacksonville, Florida

플로리다 주 잭슨빌에 있는 어느 교회에 간 적이 있었다. 그 교회의 담임 목사님은 알 제이 워싱턴(R. J. Washington)이라는 위대한 하나님의 사람이다. 그는 오늘날까지도 여전히 나와 가장 절친한 친구다. 워싱턴 목사님이 내게 자신의 교회로 와서 기적 집회를 인도해줄 것을 요청했다. 집회가 열리는 동안에 우리는 아주 경이로운 일을 체험했다. 어느 날 밤 집회에서 일어난 일이다. 나는 평소와 마찬가지로 사람들에게 메시지를 전했다. 예수님이 천국에서 이 땅으로 특별히 내려오셔서 예배 시간에 우리와 함께하신다는 이야기, 주님이 내게 그 집회를 인도하도록 허락하고 계신다는 이야기, 주님이 오실 때면 아픈 사람들을 치유하신다고 약속하신 이야기 등을 사람들에게 들려주었다. 그런데 바로 그날 밤 실제로 예수님이 나타나셔서 회중석 사이를 걸어다니셨다. 나는 눈이 열려 주님의 모습을 볼 수 있었다. 이번에도 나는 이전의 다른 집회들의 경우와 마찬가지로 집회에 참석한 사람들을 위해 예수님의 모든 움직임을 일일이 설명해주었다. 그 집회에서는 이미 경이로운 일들이 일어났고 여러 가지 기적도 일어나고 있었다. 그러나 일단 예수님이 나타나시자 집회는 훨씬 더 강력해졌다. 나는 집회에 오신 주님을 보면서 사람들에게 주님이 어디에 계신지 말해주었다. 집회 장소는 매우 큰 강당이었다. 나는 연단 위에 서있었고 주님은 엄청나게 넓은 강당을 이곳저곳 걸어 다니셨다. 따라서 사람들은 내가 어디를 가리키는지 제대로 파악하지 못하고 놓쳐버릴 가능성도 컸다. 나는 주님이 강당 오른쪽 구역을 향해 가신다고 묘사하면서 내 손가락으로 주님이 계신 곳을 가리켰다. 그때 주님이 나를 쳐다보시며 말씀하셨다. "나는 바로 이 구역에서 리처드(Richard)라는 이름의 젊은

이를 만지고 있단다." 나는 사람들에게 예수님이 그 구역에서 리처드라는 이름의 젊은이를 만지시는 중이라고 말했다. 그러자 갑자기 한 청년이 위아래로 펄쩍펄쩍 뛰면서 소리를 질렀다. "바로 저예요! 바로 저라고요! 제가 여기 있어요!" 리처드는 예수님이 서계신 곳에 서있었다. 나는 예언적인 은사를 발휘했던 것도 아니고, 지식의 말씀으로 기능하고 있었던 것도 아니었다. 다만 예수님과의 친밀함을 실내에 있던 모든 사람과 나누었을 뿐이었다. 강당 안은 온통 황홀한 전류로 가득 찼고, 성도들은 놀라운 믿음으로 충만해졌다. 이미 우리는 그 집회에서 수많은 기적과 표적과 기사가 일어나는 것을 보았지만, 예수님의 나타나심이야말로 그날 밤 집회의 하이라이트였다. 사람들은 내가 단지 무언가를 모방하는 것이 아님을 알게 되었다. 그들은 내가 집회 장소를 걸어 다니시는 예수님의 움직임을 정확히 설명하는 모습을 직접 지켜보았다. 리처드의 간증이 그 증거가 되어주었다.

예수님이 2007년에 시카고에 나타나시다

Jesus appears in the city of Chicago in 2007

우리는 이런 일을 시카고에서도 경험했다. 시카고에서는 정말 놀랍게도 하나님의 영광의 가시적인 나타나심을 목격했다. 예수 그리스도의 얼굴이 계시된 사건이었다. 사역 훈련을 받는 나의 아들 중 한 명이 시카고에서 목회를 하는데 어느 날 나를 찾아와서 다음과 같은 이야기를 해주었다. "제가 꿈을 꾸었는데요. 꿈속에서 목사님이 시카고에 오셨습니다. 그런데 그때 하나님의 운동이 터져 나왔고, 온 지역의 사람이 모두 그곳으로 몰려왔습니다." 나는 이 꿈이 과연 언제 실현될 것인지는 알 수 없었다. 하나님이 꿈을 통해 보여주신 무언가가 실제로 이루어지기까지는 종종 시간의 격차가 있었다. 따라서 나는 그의 꿈을 진지하게 받아들인 후 그 꿈이 실현될 때까지 줄곧 기다렸다. 2006년 4월, 포트휴런(Port Huron)에 있는 '아버지와 어머니인 니콜스의 교회'(Church of Dad and Mother Nichols)에서 주님을 구하고 있을 때였다. 니콜스는 주아니타 바이넘(Juanita Bynum)의 영적 부모다. 그때 예수님이 내가 있는 방에 나타나셔서 말씀하셨다. "앞으로 나는 2001년에 너와 맺었던 언약을 성취하려고 한다. 이제 나는 아버지와 연합하여 내 몸된 교회와 온 세상이 보는 앞에서 매우 영광스러운 방식으로 너와 동역할 것이다." 계속해서 주님은 미국에 있는 수천 수백만의 사람이 꿈을 통해 혹은 환한 대낮에 주님의 나타나심을 공개적으로 경험할 것이라고 말씀하셨다. 예수님이 이 내용을 비롯하여 기타 몇 가지를 말씀하셨을 때, 나는 주님이 언급하신 계절이 과연 언제부터 시작될지는 전혀 알지 못했다. 그런데 그해 후반 무렵 이런 일이 갑작스럽게 터져 나왔다. 하나님의 운행하심이 워싱턴 주를 강타했고, 주아니타 바이넘의 시누이인 사만타 바이넘(Samantha Bynum)이 이 소식을 들었다. 목사와 선지자로서 시카고에서 살던 그녀는 하나님을 향한 매우 강렬한 갈망이 있었다. 주님이 시애틀과 워싱턴 주에 나타나셨다는 이야기를 듣고 난 후 그녀는 나에게 그녀의 교회에 와달라고 요청했다. 그녀는 과연 주님이 시카고에서도 이런 일들을 행하실 것인지 무척 궁금해했다. 나는 흔쾌히 그러겠다고 대답했다. 그런 다음 나는 다음과 같이 덧붙였다. "머지않아 주님이 미국의 모든 주를 이런 식으로 방문하실 것입니다." 주님은 나에게 가라고 말씀하셨고, 나는 그대로 순종했다. 우리는 월요일부터 금요일까지 일주간의 집회 일정을 계획해놓았다. 집회는 매우 놀라운 시간이었다. 그런데 평소와는 다른 어떤 이례적인 일이 그 집회에서 일어났다.

하나님의 운행하심이 시카고를 강타하다

셋째 날 밤 집회에서 한참 메시지를 전하는데, 예수님이 집회 도중에 나타나셨다. 주님은 통로 쪽으로 오셔서 내 앞에 서셨다. 다시 말해 설교가 한창 무르익어 절정에 도달한 시점에 주님이 나타나셔서 문자 그대로 나를 방해하셨다. 주님의 모습을 보자마자 나는 설교를 갑작스럽게 중단하고 주님을 응시하였다. 주님은 다른 때와 마찬가지로 당당하고 경이로운 태도로 그곳에 서계셨다. 평소에 보았던 모습처럼 주님은 아름답고 눈부실 정도의 흰색 가운을 입고 계셨다. 주님이 나를 향해 말씀하셨다. "데이비드야, 나는 지금 시카고의 거리를 돌아다니려고 한다. 이는 하나님의 운동을 위해 이 도시를 준비시키는 일이 될 것이다. 때가 되면 너를 다시 이곳으로 오게 할 것이다." 성도들은 내가 갑자기 설교를 멈추고 잠시 허공을 응시하는 모습을 지켜보고 있었다. 그들은 도대체 무슨 일이 벌어지고 있는지 의아해했다. 왜 내가 메시지의 절정 부분에서 갑작스럽게 그만두었는지도 궁금해했다. 그들의 눈에는 예수님이 보이지 않았지만 나는 주님을 보고 있었다. 이 말씀을 하신 후 주님은 어딘가로 자취를 감추셨다. 주님은 나타나시던 순간만큼이나 갑작스럽게 떠나셨다. 잠시 후 나는 그곳에 모인 사람들과 목사님에게 방금 전에 일어난 일을 들려주었다. 그들은 뛸 듯이 기뻐하며 하나님에 대한 믿음을 표현했다. 나는 나머지 이틀간의 집회까지 잘 마무리한 뒤 집으로 돌아와 쉬었다. 이 집회 기간이 끝난 바로 다음 날, 바이넘 목사님은 몇 가지 사업적인 용무를 처리할 목적으로 시카고 거리에 나갔다. 그곳에서 그녀는 우연히 어느 한 낯선 여성과 만나게 되었다. 그 여성은 왠지 바이넘 목사님에게 자신이 가진 사진들 몇 장을 보여주어야 할 것 같은 느낌을 받았다고 한다. 그 사진은 아직 아무에게도 보여주지 않은 사진이었다. 바이넘 목사님은 사진들을 들여다보는 순간 깜짝 놀랐다. 그 사진들에는 시카고 거리를 걸어 다니는 예수님의 모습이 찍혀있었다. 그 여성이 바이넘 목사님에게 자신의 경험을 들려주었다. 그녀는 시카고 거리에서 건물들의 사진을 찍고 있었다고 한다. 나머지 사진들은 모두 정상으로 나왔는데, 유독 네 장의 사진만 좀 이상했다. 네 장의 사진 중 두 장에서 예수님이 시카고 거리를 걸어 다니시는 모습을 명백하게 볼 수 있었다. 사진에서 주님은 발걸음을 떼시려고 한쪽 발을 지면에서 들어 올리고 계셨다. 나는 이 사진들을 증거 자료로 본서에 실었다.

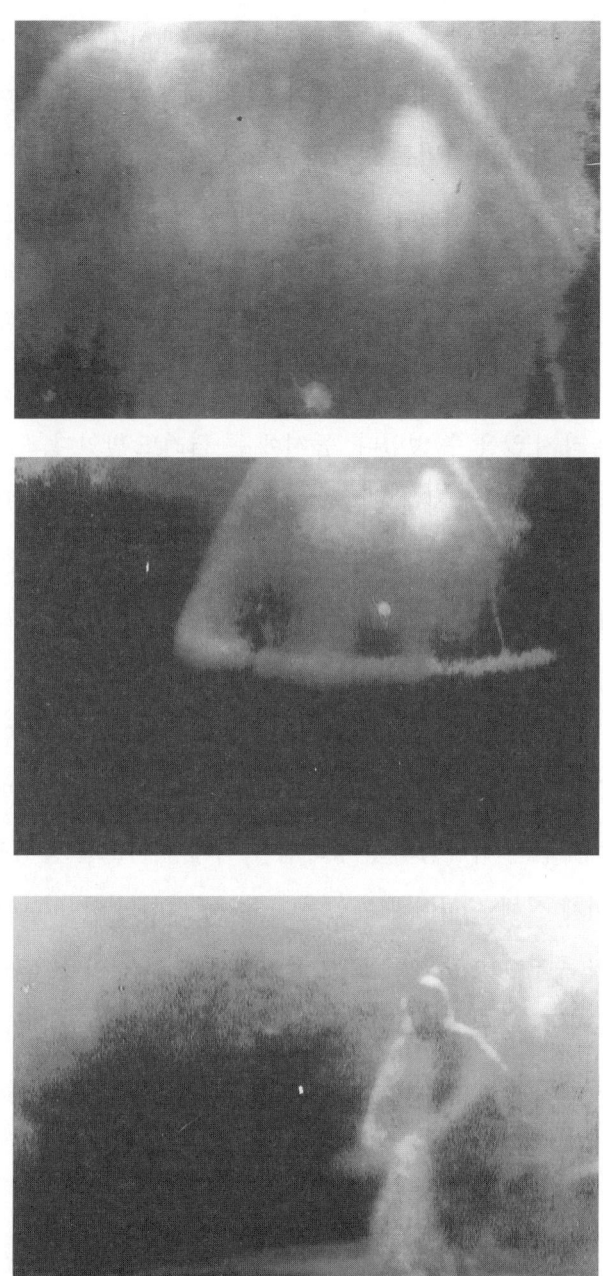

이 사진들은 예수님이 지금도 여전히 살아계시며 미국에서 영화롭게 나타나고 계신 것을 입증하는 자료들이다. 사진들을 보며 소스라치게 놀란 바이넘 목사님은 다음과 같이 말했다. "주님이 약속하셨던 일을 행하고 계시네요! 주님은 며칠 전에 우리 교회의 한 사도에게 나타나셨어요. 주님이 그에게 앞으로 시카고 거리를 돌아다니실 거라고 말씀하셨대요. 그런데 주님이 정말 그러셨네요." 사만타 바이넘은 그 사진들을 복사해서 나에게도 보여주었다. 나도 그 사진들을 보는 순간 깜짝 놀라지 않을 수 없었다. 동시에 큰 격려도 받았다.

이듬해인 2007년에 하나님의 운행하심이 시카고를 강타했다. 전 세계 다섯 개의 대륙과 미국 스물다섯 개의 주에서 몰려온 수천 명의 사람이 실제로 이 일을 경험했다. 매우 경이로운 사건이었다. 밤이면 밤마다 구원과 기적들이 일어났다. 정말 굉장한 광경이었다. 젊은이들은 열정에 불타올랐다. 그중에는 주님과 대면하는 직접적인 방문을 받기 시작한 사람들도 약 이백오십 명가량이나 되었다. 정말 놀라운 일이다. 예수님은 하나님의 운행하심을 위해 시카고를 준비시키셨고, 그 일이 이제 실제로 일어나고 있었다. 나는 그때의 일을 결코 잊을 수 없다. 장차 주님은 이런 식으로 미국을 방문하실 것이다. 그러나 앞으로는 이보다 훨씬 큰 규모의 방문이 이루어질 것이다. 이때는 미국과 지구 상의 모든 나라는 매우 흥미진진한 시간을 보내게 될 것이다.

6

My special trip to heaven
in the year of 2000

2000년, 특별한 천국 여행

Face-to-Face with Jesus

06

2000년, 특별한 천국 여행
My special trip to heaven in the year of 2000

예수님이 나와 함께 천국을 거니시다
Jesus walks me around heaven

2000년에는 전혀 예상치도 못했던 일이 일어났다. 그 일은 내 생애에 가장 놀라운 체험 중의 하나가 되었다. 어느 날 나는 잠을 자다가 아주 갑작스럽게 예고도 받지 않은 채로 다시금 천국으로 들려 올라갔다. 이번 천국 여행은 이전의 체험과는 달랐다. 이제까지는 예수님이 전해주시는 메시지를 듣기 위해 단지 몇 초 혹은 몇 분 동안만 천국에 올라갔다가 다시 세상으로 돌아왔다. 이번 방문에서는 예수님과 더 오랫동안 시간을 보냈다. 주님은 나를 데리고 천국 이곳저곳을 다니셨다. 이 세상에 사는 동안에 권능으로 주님을 섬겼던 성도들에게 나를 소개시키기도 하셨다. 나는 당시에 늘 궁금했던 많은 질문에 대한 해답도 얻었다. 나는 주님과의 이번 만남을 남은 생애 동안 소중히 간직할 것이다. 이 무렵 나는 주님을 전심으로 사랑하고 있었다. 오직 주님만이 내 삶의 초점이 되셨다. 그동안 나는 천국에 다녀왔다는 다른 수많은 사람의 이야기를 들었다. 한결같이 그들은 처음 천국에 가자마자 돌아가신 어머니나 아버지 혹은 사랑했던 누군가를 만나보고 싶었다고 말했다. 그러나 나는 그렇지 않았다. 영원으로 향하는 경계선을 넘자마자 내가 가장 먼저 만나 뵙기를 소원했던 분은 바로 예수님이셨다.

곧바로 나는 영 안에서 예수님 앞에 서있었다. 주님은 매우 기쁜 모습으로 나를 바라보셨다. 주님은 얼굴에 즐거운 미소를 짓고 계셨다. 주님은 아무런 말씀도 하지 않으셨다. 주님은 단지 나를 데리고 돌아다니시면서 한때 세상에 살았던 여러 사람과 이야기를 나누셨다. 그 중에는 낯익은 사람들도 있었다. 그들의 생애를 연구한 적이 있었기 때문이다. 주님과 나는 어느 두 사람이 있는 곳으로 가까이 갔다. 첫 번째 사람은 키가 크고 호리호리한 체격이었다. 나는 영 안에서 그가 이 세상에 있는 동안 복음 전도자로 살았다는 것을 알 수 있었다. 그러나 정확히 누구인지는 알지 못했다. 하지만 두 번째 사람은 누구인지 확실히 알 수 있었다. 나는 그의 생애를 연구한 적이 있었다. 그의 이름은 스미스 위글스워스(Smith Wigglesworth)였다. 스미스 위글스워스는

1900년대 초반에 활동한 사역자로서, 하나님은 그를 통해 죽은 사람을 무려 스물세 명이나 살려내셨다. 그뿐만 아니라 그는 강력한 기적과 치유 사역을 펼친 사람이었다. 예수님은 내 옆에 서서 아무 말씀도 하지 않으셨다. 마치 이 위대한 하나님의 종들이 직접 내게 필요한 메시지를 들려주기를 기다리고 계신 듯했다. 예수님이 천국에서 나를 데리고 다니시며 들려주시고 깨닫게 하신 내용들은 나의 온 삶과 사역을 위한 기반이자 촉매제이며 확증이 되는 매우 중대한 것들이었다. 물론 당시에는 이런 사실을 잘 이해하지 못했지만 말이다. 예수님과 나는 나란히 서서 그 두 사람을 마주 보았다. 마침내 복음 전도자가 입을 열었다. 그의 키는 예수님과 나보다도 훨씬 더 컸다. 예수님의 키는 나보다 약간 더 크셨다. 내 키는 약 175센티미터 정도인데, 예수님은 매번 나를 방문하실 때마다 본 바에 따르면 항상 나보다 조금 더 크신 모습이셨다. 그 복음 전도자는 내가 그 무렵 성별된 삶을 살지 못해서 하나님으로부터 받은 능력을 상당 부분 잃어버렸다고 지적했다. 또한 그는 내 집회에 참석하는 사람들의 수가 줄어든 까닭도 이 때문이라고 말했다.

  나는 서서 잠자코 그의 말에 귀를 기울였다. 그가 하는 모든 말은 진실이었다. 이미 나는 집회에 참석하는 사람들의 출석률이 전반적으로 이전보다 떨어졌음을 알아차리고 있었다. 이 무렵 나는 하나님의 기름 부으심과 권능을 받기 위해 대가를 지불하는 삶을 사는 것에 실패했다. 나는 과녁에서 빗나갔다. 우리가 하나님의 말씀을 전하는 자들로서 성별된 삶을 살아가기를 게을리 할 때, 우리 사역의 여러 영역에는 악영향이 초래된다. 이번 천국 여행을 마친 후에 나는 위대한 하나님의 사람들의 삶을 연구했다. 삶에서 거룩함을 잃어버렸을 때, 그들은 능력도 잃었고, 집회에 참석하는 사람들의 수도 감소되었으며, 가족들을 잃기도 했다. 심지어 어떤 이들은 자신의 목숨마저 잃었다. 우리가 기능하는 기름 부으심도 막힐 수 있다. 우리 삶과 사역에 임하신 하나님의 임재의 힘에 강력하게 끌려오던 사람들의 수도 감소될 것이다. 우리는 성별된 삶을 살아감으로써 자아(self)의 죽음이라는 대가를 치러야 한다. 나는 이 책의 나머지 부분에서 우리가 끔찍할 정도로 실패했다고 여기는 순간에도 어떻게 하나님의 은혜와 능력으로 계속 승리로 나아갈 수 있는지 소개하고자 한다.

천국에서 스미스 위글스워스와 이야기를 나누다
I talked with Smith Wigglesworth in heaven

그 복음 전도자에게 들은 말을 곰곰이 생각할 겨를도 없이 스미스 위글스워스가 갑자기 불쑥 끼어들어 말을 건넸다. 그는 내가 실패한 지점에서 어떻게 회복해서 다시 이전의 추진력을 되찾을 수 있는지 거룩한 답변을 제시했다. "데이비드, 세상으로 돌아가면 하나님께 비범한 방식으로 쓰임 받았던 위대한 하나님의 사람들을 연구하십시오." 당시만 해도 나는 이 말의 의미를 제대로 이해하지 못했다. 그러나 그의 말은 예수님이 내게 깨우쳐주기 시작하신 한 영광스러운 계시의 문을 활짝 열어젖혔다. 이 체험은 지면 관계상 다른 책에 실어놓았다. 스미스 위글스워스의 생애에 대해서는 이미 어느 정도 연구를 한 적이 있었다. 내가 알기로 그는 성경책 이외에는 다른 어떤 서적도 읽지 않았다. 심지어 그는 자신의 집 안에 잡지와 신문을 비롯하여 다른 기독교 저자들이 쓴 책들마저도 절대로 들이지 않았다.

이런 내용을 읽으면서 나는 그가 다소 지나치다고 생각했다. 그러나 천국에서 만난 위글스워스는 변해있었다. 그는 아브라함과 모세의 시대까지 거슬러 올라가 위대한 하나님의 사람들의 일대기를 연구하라고 권면했다. 내가 공부해야 할 것들은 한두 가지가 아니었다. 달라진 그의 모습을 보는 것은 정말 굉장한 일이었다. 성경 시대에 살았던 인물들뿐 아니라 우리 시대에 살았던 사람들에 관해 쓴 다른 서적들을 공부하라고도 조언했다. 한편 나는 천국에 관해 기록한 히브리서의 묘사가 매우 정확하다는 사실을 깨달았다.

> 그러나 너희가 이른 곳은 시온 산과 살아 계신 하나님의 도성인 하늘의 예루살렘과 천만 천사와 하늘에 기록된 장자들의 모임과 교회와 만민의 심판자이신 하나님과 및 온전하게 된 의인의 영들과 (히 12:22-23)

그는 지금 총체적인 온전함 안에서 기능하고 있었다. 그가 다른 위대한 하나님의 사람들에 관한 전기를 읽어보라고 권유하는 모습이 이를 반영했다. 천국에 있는 스미스는 내가 사진에서 본 그의 생전 모습보다 약간은 더 날씬해 보였다.

천국에서 캐더린 쿨만과 거닐며 대화를 나누다.
그녀의 머리칼은 여전히 빨간색이었다
I walked and talked with Kathryn Kuhlman in heaven and she's still a redhead

내가 천국의 영광 가운데에서 만나본 또 한 명의 인물은 캐더린 쿨만(Katheryn Kuhlman)이었다. 그동안 내 안에는 풀리지 않는 한 가지 궁금증이 있었다. 캐더린 쿨만의 삶은 어떻게 해서 그토록 강력한 하나님의 임재를 끌어당길 수 있었을까? 나는 하나님의 영광이 그녀의 삶에 얼마나 강력하게 임하셨는지에 대한 이야기들을 읽어본 적이 있다. 언젠가 한 번은 그녀가 집회를 마친 후 사람들을 피하기 위해 일부러 홀리데이 인 호텔(Holyday Inn Hotel) 뒤편을 통과해서 걸어가고 있었다. 성령님의 강력한 임재가 여전히 그녀와 함께하고 있었다. 그녀가 주방을 가로질러 지나는 동안 호텔의 모든 직원은 그녀와 반대 방향을 보며 일하고 있었다. 따라서 그들은 그녀가 그곳에 있는지, 그녀가 주방을 지나가고 있는지조차 알지 못했다. 그런데 그녀가 그들 옆을 지나는 순간, 갑자기 그들이 하나님의 권능으로 말미암아 바닥에 그대로 쓰러지기 시작했다. 그들의 모자며 숟가락, 앞치마 등 모든 것이 함께 와르르 바닥으로 떨어져 내렸다. 캐더린과 함께하신 강력한 하나님의 권능에 의해 그들 모두가 고꾸라지듯 쓰러지고 만 것이다. 그렇다고 해서 그녀가 그들을 위해 기도하려고 일부러 멈춰 섰거나 그들에게 손을 댄 것은 결코 아니었다. 나는 그 일을 떠올릴 때마다 정말 놀라운 일이라고 생각했다. 캐더린 쿨만에 관해 내가 들은 또 하나의 일화가 있다. 그녀가 인도했던 어느 한 특별한 집회에서 하나님은 천상의 전류를 보내주셨다. 만 이천 명에서 이만 명가량의 회중이 천상의 전기가 물리적으로 나타나는 현상을 실제로 목격했고, 연이어 집회 가운데에는 휘황찬란한 기적들이 수반되었다. 정말 대단한 권능이지 않은가! 캐더린이 사역하였던 또 다른 집회에서는 매우 강력한 태풍과도 같은 바람이 불었다고 한다. 그런 다음에는 사람들을 깜짝 놀라게 할 만한 헤아릴 수 없이 많은 기적이 일어나기 시작했다.

그녀의 간증 이야기를 들은 이후로 내 안에는 늘 호기심이 일었다. 그녀의 삶은 과연 어떻게 해서 그토록 강력한 하나님의 임재를 끌어당길 수 있었을까! 마침 나는 천국에서 그녀에게 질문할 수 있는 기회를 얻었다. 나는 그 자리에 서서 키가 큰 이 여성 복음 전도자를 바라보았다. 그녀는 아주 영광스러운 모습을 하고 있었고, 주름 장식이 달린 흰 드레스를 입고 있었다. 나는 그녀의 머리카락이 붉은 빛이라는 것도 알아챘다. 이전에 사진으로 그녀의 모습을 본 적이 있었다. 세상을 뜨기 직전 무렵에 찍은 사진이었는데, 천국에서 본 그녀는 사진에서보다 훨씬 더 젊어 보였다. 하나님은 천국에서 우리의 청춘을 새롭게 하신다. 당신도 주님께 요청하기만 하면 이 같은 천국 여행을 경험할 수 있다. 처음 캐더린을 보았을 때, 나는 그녀를 따라잡기 위해 뛰어가야 했다. 그녀는 예수님과 내가 서있는 곳의 맞은편에 있던 아름다운 금으로 된 다리를 건너가는 중이었다. 다리 밑으로는 수정같이 맑은 물줄기가 개울을 이루어 흘러가고 있었다. 나는 이때의 순간을 아직도 생생하게 기억한다. 그 개울은 아주 아름답고 맑고 깨끗했다. 내가 캐더린을 따라잡은 것은 다리 위에서였다. 나는 그녀에게 그녀의 삶과 사역에 늘 함께하신 하나님의 임재에 관해 궁금했던 내용을 물어보았다. 내가 그녀를 보았을 때 그녀는 이미 움직이고 있었으나, 나는 재빨리 그녀를 따라잡고 질문을 던졌다. "당신의 삶에 주님이 그토록 강력하게 임재하실 수 있었던 이유는 도대체 무엇인가요?" 그녀는 불로 가득 찬 두 눈과 매우 진지한 표정을 하고 나에게 대답했다. "하나님의 말씀을 선포하는 일을 중단하지 마세요. 나아가 신성한 것을 훼손하지(desecrate) 마세요!" 그녀는 이 말을 마친 후 그곳을 떠났다. 그녀가 내게 준 교훈은 매우 소중했다. 하나님의 말씀을 선포하는 일을 중단하지 말라는 첫 번째 말의 의미는 충분히 이해할 수 있었다. 그런데 신성한 것을 훼손하지 말라는 표현은 나로서는 처음 들어보는 낯선 이야기였다. 게다가 나는 이 말이 무슨 의미인지 알 수 없었다.

나중에 이 특별한 천국 여행을 마치고 집으로 돌아왔을 때, 나는 해답을 얻었다. '데시크레이트'(desecrate)를 사전에서 찾아보았다. '불경한 짓을 하거나 불손하게 대하다, 거룩한 것들이나 죽은 것들을 무시하다'[16]라는 뜻이었다. 캐더린은 자아(self)의 죽음과 대가를 지불하는 것 등 수많은 교훈을 가르쳐주었다. 이러한 것들은 우리의 욕구들과 의지에 대해 영적으로 죽을 때에 비로소 얻을 수 있다. 나는 그녀가 권능 있는 사역을 행하기 위해서 반드시 치러야 했던 말씀 선포라는 대가를 말한다고 이해했다. 왜냐하면 하나님은 표적과 기사들을 통해 주님의 말씀을 확증하시는 분이기 때문이다.

그녀가 말하고자 했던 두 번째 요지는 다음과 같았다. 일단 당신이 자아의 죽음을 통과하고 나면, 당신은 자신의 죽음을 결코 훼손해서는 안 된다. 대체로 '데시크레이트'는 누군가가 묘지로 가는 도중에 망자(亡者)에 대해 어떤 식으로든 불손한 태도를 보이는 것과 관련해서 사용된다. 당신이 일단 죽기 위한 대가를 지불했다면-이는 그 무렵 내 영적 상태였다-다시 되돌아가서 땅을 파헤치는 일은 없어야 한다. 자아의 죽음을 계속해서 유지하라! 자아가 되살아나도록 허용하지 마라. 그리스도인으로서 신성하고 거룩한 생명을 훼손하지 마라. 본질적으로 그녀는 영적으로 더럽혀지거나 불결해져서는 안 된다고 말하고 있었다. 이것이 바로 대가 곧 자아의 죽음이다. 당신은 일단 죽은 후에는 계속 그 죽음의 상태로 머물러야 한다. 결코 되돌아가서 당신의 무덤을 헤집어서는 안 된다. 육신으로 돌아가는 것이 바로 자아의 무덤을 파헤치는 모습이다. 하나님의 도우심으로 우리 모두는 이런 일을 절대로 하지 않기를 진심으로 바란다.

메이슨 주교에게 메시지를 받다
Bishop C. H. Mason gives me a message

메이슨 주교는 지금도 천국에서 춤을 추고 있다

이번 천국 여행에서 나는 또 한 명의 위대한 하나님의 사람과도 만나 교제할 수 있도록 허락받았다. 그는 세기의 전환점에서 강력하게 쓰임 받았으며, 아주사거리 부흥 운동에서 깊은 감화를 받았던 인물이었다. 그의 이름은 바로 메이슨(C. H. Mason) 주교다. 하나님을 만나고 성령세례를 받는 과정에서 메이슨은 '그리스도 안에 있는 하나님의 교회'(Church of God in Christ-이하 COGIC)를 창설했다. COGIC는 오늘날 미국 최대의 오순절 교파로 성장했다. 내가 몸담고 자라온 곳도 COGIC였다. 나는 이곳에서 여러모로 정말 많은 은혜를 받았을 뿐 아니라, 패터슨(G. E. Patterson) 주교 생전에 이 운동을 통해 많은 가르침을 얻었다. 메이슨 주교가 처음으로 이 교파를 출발시켰을 무렵에는 매우 강력한 하나님의 운행하심이 수반되었다. 이 사도가 수천 명이 운집한 건물 안을 걸어 다니면 수많은 종양이 즉시 바닥으로 떨어지곤 했다. 그는 매우 강력한 치유와 기적의 사역을 하였다. 내가 자란 곳은 테네시 주의 멤피스인데, 이곳에 본부가 있었다. 그곳에서 나는 그가 인도했던 강력한 집회들을 잘 아는 사람들에게서 이야기를 전해들었다. 하나님의 영광은 이 사람에게도 아주 비범한 방식으로 함께하셨다.

내가 그에게 가까이 다가가자 그는 이 강력한 교파와 운동이 한때 누리던 영광을 잃어버렸다고 이야기했다. 주님은 내게 앞으로 이 '그리스도 안에 있는 하나님의 교회'에 다시금 하나님의 영광을 회복시키실 것이라고 말씀하셨다. 메이슨 주교가 내게 말을 걸었다. 그는 이 세상에서 성령님이 그에게 임하시면 곧바로 갑작스럽게 주님 앞에서 춤을 추었다고 했다. 그럴 때면 오히려 음악이 그의 동작을 따라잡아야 하는 상황이 되곤 했다. 그는 마치 사랑이 많은 영적 아버지처럼 내게 다음과 같은 말을 해주었다. "데이비드야, 오늘날 나의 자녀[COGIC] 중 많은 이가 성령님을 따라 춤추기보다는 음악에 맞추어 춤을 추고 있단다. 그들은 하나님의 성령에 인도함을 받는 것이 아니라, 춤을 추기 위해 음악이 나오기만을 기다리고 있단다." 그는 가서 사람들에게 성령님 안에서 춤추는 일을 회복해야 한다고 말해줄 것을 부탁했다. 그런 다음 그는 자신이 세상에서 살 때 주님 앞에서 어떻게 춤추었는지 보여주려고 갑자기 내 앞에서 춤을 추기 시작했다. 정말 강력한 춤이었다. 그가 춤을 추자 우리가 서있던 천국의 장소는 영광으로 충만해졌다. 나는 그가 이 땅에서 춤을 추는 동안 기적이 일어나는 모습도 보았다. 이 방문을 마친 후 나는 메이슨 주교가 춤추는 장면을 담은 낡은 비디오테이프를 보았다. 비디오에서 그가 춤추는 모습은 천국에서 내가 목격한 모습과 아주 똑같았다. 정말 놀라웠다. 그와의 만남은 참으로 굉장한 체험이었다.

천국에서 예수님이 나를 격려하시다
Jesus encourages me in heaven

영광 중의 나타나심

예수님은 무척이나 겸손하신 분이다. 주님의 겸손하심은 나를 깜짝 놀라게 할 정도였다. 그분은 왕 중의 왕이시다. 그런데도 주님은 주님의 종들이 내게 말하고 섬길 수 있도록 잠자코 옆에 서계셨다. 아마 당신은 천국 여행에서는 예수님이나 천사들과만 이야기를 나누게 될 것이라고 생각할 수도 있다. 하지만 전혀 그렇지 않았다. 주님은 아무 말 없이 서계시면서 주님의 종들이 내게 말할 수 있도록 허락하셨다. 어떤 이들은 이 일이 정말 이상하다고 생각할지도 모른다. 그러나 이런 일은 결코 비성경적이지도 않을 뿐더러, 예수님의 시대에도 있었다. 하나님 아버지는 모세와 엘리야를 영광 가운데에 예수님 앞에 나타나게 하시고, 그들로 하여금 주님이 십자가에서의 죽으심으로 지상의 사역을 성취하는 일에 관해 이야기를 나누도록 허락하셨다.

주님이 죽은 성도들로 하여금
우리에게 메시지를 전하도록 허락하시는 이유

이번 천국 여행을 마친 후에 나는 스미스 위글스워스에게 들은 이야기 중의 하나를 성경 말씀을 읽으며 깨달았다. 위글스워스는 과거의 모든 영적 아버지의 생애를 조사하고 연구하라고 권했다.

> 네가 있기 전 하나님이 사람을 세상에 창조하신 날부터 지금까지 지나간 날을 상고하여 보라 하늘 이 끝에서 저 끝까지 이런 큰 일이 있었느냐 이런 일을 들은 적이 있었느냐 (신 4:32)

> 청하건대 너는 옛 시대 사람에게 물으며 조상들이 터득한 일을 배울지어다 (우리는 어제부터 있었을 뿐이라 우리는 아는 것이 없으며 세상에 있는 날이 그림자와 같으니라) 그들이 네게 가르쳐 이르지 아니하겠느냐 그 마음에서 나오는 말을 하지 아니하겠느냐 (욥 8:8-10)

성경은 우리에게 지나간 날들에 관해 묻고 탐구하라고 권면한다. 특히 신명기에서는 우리가 단지 이 세상에 관한 것뿐 아니라 천국에 관해서도 질문을 던져야 한다고 지적한다. 정말 놀랍지 않은가! 그 이유는 과연 무엇일까? 두 번째 말씀은 우리는 살아온 날이 길지 않을 뿐 아니라 세상에서 살아갈 날도 제한되어있다는 점에서 불리한 입장이라고 밝힌다. 그러므로 성경은 만일 우리가 옛 시대의 사람들에게서 배울 수만 있다면 훨씬 더 많은 지혜를 터득하게 될 것이라고 제시한다.

하나님이 이런 일을 우리 삶 속에 허락하시는 목적
God's purpose for allowing this to happen in our lives

주님은 이 하나님의 남종과 여종들이 운명적 부르심(및 그밖에 내용들)에 관한 나의 질문들에 대답하도록 허락하셨다. 이들의 답변은 내가 개인적인 부르심과 사역을 성공적으로 감당하기 위해 반드시 필요한 것들이었다. 엘리야와 모세가 예수님께 나타나 이야기를 나눈 것도 이러한 이유 때문이었다. 내가 스미스 위글스워스에게 받은 메시지를 선포하자 하나님의 영광이 매우 강력하게 풀어졌다. 심지어 집회 도중에 한 여성이 죽었다가 살아나는 일까지 일어났다. 이런 일은 내가 선포한 메시지에 대한 확증이었고, 스미스 위글스워스의 기름 부으심이 그와 대화를 나누는 동안에 어느 정도 나에게 전이되었음을 보여주는 표징이기도 했다. 이번 천국 여행에서 보고 들은 것을 더 많이 나누었으면 좋겠는데, 지면 관계상 이 책에 모든 내용을 싣지 못해서 무척 아쉽다. 천국 여행에 관한 내용 전체를 CD와 DVD로 제작했으니 원하는 사람은 활용하기 바란다.

이 경건한 하나님의 사람들과 주고받은 대화들은 내가 지상에서의 임무를 성공적으로 완수하는 데 필요한 조언과 지혜와 가르침 등으로 가득했다. 성경은 이런 형식의 체험들을 가리켜 '영광 중의(영광의 영역 혹은 천상의 영역 안에서의) 나타나심' 이라고 부른다.

문득 두 사람이 예수와 함께 말하니 이는 모세와 엘리야라 영광

중에 나타나서 장차 예수께서 예루살렘에서 별세하실 것을 말할새 (눅 9:30-31)

예수님은 부활하실 때 수많은 성도를 무덤에서 일으켜 세우셨다. 주님은 천국으로 입성하시기 전에 성도들과 함께 세상에 잠시 들르셨다. 그들은 이제껏 지옥에 포로로 잡혀있던 이들이었다. 성경은 주님이 이 땅에 잠시 들르신 동안에, 다윗과 예레미야처럼 과거에 살았던 수많은 성도가 거룩한 성에서 많은 사람 앞에 나타났다고 기록한다.

> 무덤들이 열리며 자던 성도의 몸이 많이 일어나되 예수의 부활 후에 그들이 무덤에서 나와서 거룩한 성에 들어가 많은 사람에게 보이니라 (마 27:52-53)

천국에서 유명한 자: 그들은 나를 알고 있었다
Prominence in heaven: They knew who I was in heaven

> 누구든지 사람 앞에서 나를 시인하면 나도 하늘에 계신 내 아버지 앞에서 그를 시인할 것이요 누구든지 사람 앞에서 나를 부인하면 나도 하늘에 계신 내 아버지 앞에서 그를 부인하리라 (마 10:32-33)

내가 또한 너희에게 말하노니 누구든지 사람 앞에서 나를 시인하면 인자도 하나님의 사자들 앞에서 그를 시인할 것이요 사람 앞에서 나를 부인하는 자는 하나님의 사자들 앞에서 부인을 당하리라 (눅 12:8-9)

누구든지 이 음란하고 죄 많은 세대에서 나와 내 말을 부끄러워하면 인자도 아버지의 영광으로 거룩한 천사들과 함께 올 때에 그 사람을 부끄러워하리라 (막 8:38)

내가 성도들과 천사들 옆을 지나가고 있는데, 마치 모든 사람이 이미 나를 알고 있는 듯한 느낌이 들었다. 그래서 주님께 여쭈어보았다. "주님, 저 사람들은 저를 어떻게 알고 있지요? 저는 저 사람들이나 제 주위에 차려자세로 서있는 이 모든 천사를 한 번도 만나본 적이 없거든요." 그러자 주님은 이렇게 대답하셨다. "데이비드야, 이곳에 있는 모든 사람이 너를 알고 있단다. 왜냐하면 내가 너에 관해 이야기해주었기 때문이지. 내가 했던 이 말을 혹시 기억하니? 만일 네가 사람들 앞에서 나를 시인하면 나도 하늘에 계신 내 아버지와 내 거룩한 천사들 앞에서 너를 시인할 것이다. 그러나 만일 네가 이 땅에 살아가면서 사람들 앞에서 나를 부인하면, 나도 너를 모른다고 부인할 것이다." 주님은 다음과 같이 덧붙이셨다. "너는 세상에서 사람들 앞에서 담대하게 내 증인이 되어주었다. 너는 사람들에게 나를 향한 너의 열정적인 사랑을 말해주었다. 따라서 나도 이곳에서 네가 한 것처럼 행했단다.

너는 세상 사람들 앞에서 나와 내 말을 전혀 부끄러워하지 않았다. 그러므로 나도 너와 네 이름을 이곳 천국에서 내 아버지 앞에서 시인했단다. 여기에 있는 이 천사들이 너를 알고 있는 까닭은 내가 나를 지지해준 사람이라고 이미 말했기 때문이란다."

주님은 당신의 이름도 천국에 널리 알리기를 원하신다
The Lord wants to spread your name around heaven too

주님의 말씀을 들으니 나는 열일곱 살 이래로 사람들에게 예수님을 증거하기 위해 애썼던 지난 모든 순간이 떠올랐다. 노숙자들과 귀중한 시간을 보내던 일들도 생각났다. 나는 가능한 한 많은 사람을 주님께로 인도하고 싶은 열망에 사로잡혀서, 때로는 열두 시간에서 스무 시간 동안, 심지어는 길거리에서 잠을 자면서까지 노숙자들과 함께 지낸 적도 있었다. 그렇게 하는 동안 수년에 걸쳐 수천 명의 사람이 구원을 얻는 모습을 지켜보았다. 당신도 마찬가지다. 당신이 이 세상에 살면서 사람들 앞에서 예수님의 증인이 되고 예수님을 시인하면, 천국에서는 예수님이 직접 당신의 이름을 널리 알리셔서 당신을 유명한 자로 만들어주실 것이다. 당신은 다음과 같이 질문할 수도 있다. "주님이 천국에서 나에 대해 무슨 말씀을 하실까?" 주님은 당신이 주님과의 관계 가운데에서 행한 영적인 생활을 간증하실 것이다. 주님은 당신의 이름을 하나님 아버지 앞에서 시인하실 것이다.

이기는 자는 이와 같이 흰옷을 입을 것이요 내가 그 이름을 생명책에서 결코 지우지 아니하고 그 이름을 내 아버지 앞과 그의 천사들 앞에서 시인하리라 (계 3:5)

여호와께서 모세에게 이르시되 네가 말하는 이 일도 내가 하리니 너는 내 목전에 은총을 입었고 내가 이름으로도 너를 앎이니라 (출 33:17, 출 33:12 참조)

왕 중의 왕이시고 만주의 주님이신 예수님이 우리를 유명한 자로 칭찬하신다는 것은 얼마나 큰 영광이고 특권인지 모른다. 예수님은 내게 다음과 같이 대답하셨다. "데이비드야, 네가 세상에서 나에 관해 말할 때, 나는 천국과 세상에서 너에 관해 말을 한단다. 나는 다른 이들에게 너에 관해 좋게 말해주고, 너를 핍박했던 원수들에게도 찾아간단다. 네가 나를 향한 사랑으로 나를 시인했기 때문에 나도 너를 시인한단다. 나는 너를 사랑한다. 그리고 앞으로도 더욱더 너를 시인할 것이란다. 이는 단지 시작에 불과하단다." 주님은 계속해서 말씀하셨다. "이제 나는 너를 내 삶에서 가장 중요한 관계이며 인격이신 분에게 소개하려고 한다. 그분은 바로 내 아버지시다. 아버지께는 이미 너에 관해 말씀을 드렸기 때문에 그분도 너를 계속 기다리셨단다."

아름다운 하나님의 도성 시온 산을 보다
I saw the beautiful city of God: Mount Zion

천국에서 나는 하나님의 도성인 시온 산을 얼핏 보았다. 내가 본 그 아름다운 도성은 마치 경사지 위에 세워져 있는 것 같았다. 어떤 이들이 생각하듯이 지극히 거대한 높은 산의 모습은 아니었고, 꽤 큰 규모의 언덕이나 작은 산처럼 생겼다. 나는 이런 사실을 직접 다른 수천 명의 사람과 함께 그 도성을 향해 올라가는 도중에 알아챌 수 있었다. 우리는 하나님 아버지가 앉아계신 가장 높은 곳을 향하여 계속 걸어 올라갔다. 어느 순간 나는 주변 사람들의 모습을 둘러보았다. 모두 흰색의 아름다운 가운을 입고 있었다. 모든 사람이 그 도성을 향해 행진하며 움직였다. 그들은 모두 구속받은 자들이었다. 나는 내가 구속받은 자들의 무리에 속해있다는 사실이 무척 기뻤다. 우리는 시온 성을 향해 걸어 올라가고 있었다. 시온 성 언덕의 정상에서 찬란한 주님의 빛이 밝게 빛났다. 수천 명의 성도가 그곳에 있었다. 나중에 알았지만, 이 수천 명의 성도는 성경이 말씀하는 '보편적인 모임'(general asse-mbly) 혹은 헤아릴 수 없이 많은 하나님의 사람으로 이루어진 무리였다. 그 도성의 사방은 금으로 만들어진 벽으로 에워싸여 있었다. 천국은 실제로 존재한다. 천국은 바로 당신과 당신의 자녀들, 당신의 가족, 당신이 사랑하는 모든 사람을 위해 준비된 장소다. 주님은 내게 금으로 된 이 벽들 위로 올라가도 좋다고 허락하셨다. 그 벽들은 정말 아름다웠고 반투명한 금으로 만들어졌다. 나는 벽들 너머의 풍경을 바라볼 수도 있었다.

우리의 삶이 천국의 책에 기록되어있다
Our lives are written in heavenly books

당신이 수행해야 할 임무와 운명적 부르심이 이미 기록되어있다

나의 유리함을 주께서 계수하셨사오니 나의 눈물을 주의 병에 담으소서 이것이 주의 책에 기록되지 아니하였나이까 (시 56:8)

그때에 내가 말하기를 내가 왔나이다 나를 가리켜 기록한 것이 두루마리 책에 있나이다 (시 40:7)

천국에서 나의 생애가 적힌 책을 보다

주님과의 동행을 처음 시작했을 무렵에 체험한 또 한 가지 일을 당신과 나누는 것이 중요하리라 생각된다. 1992년, 내가 열아홉 살 때의 일이다. 그때 나는 천국에 있는 또 다른 방을 방문하는 기회를 누렸다. 당시 나는 미혼이었고 어떤 훌륭한 그리스도인 여성과 결혼하려고 계획하고 있었다. 나는 주님께 그녀와 결혼하는 것이 과연 내 삶을 향한 주님의 뜻인지를 여쭈었다. 그날 밤 잠이 들었을 때 꿈에서 천국으로 이끌려갔다. 즉시 몸을 빠져나와 생각의 속도로 천국에 이르렀다. 나는 순간적으로 그곳에 가있었다. 천국에 도착했을 때, 나는 어느 한 방 안으로만 들어갈 수 있었다. 그 방은 거대한 책들로 가득했다. 그 책들 안에는 모든 사람의 생애에 관련된 내용이 기록되어있었다. 나는 그 책들을 쓰신 분이 하나님이신 것을 알 수 있었다. 그 책들에는 이미 태어났거나 앞으로 태어날 모든 사람에 대한 하나님의 목적들과 계획들이 적혀있었다. 책들의 크기는 가정에서 커피테이블에 놓고 보는 특대 사이즈였으며, 흰색과 금색으로 되어있었다.

나는 호기심이 발동하여 다른 사람의 책에는 무슨 내용이 기록되어 있는지 궁금했다. 그리하여 얼른 달려가 그 책들을 대충 훑어보려고 했다. 그때 한 천사가 나에게 손짓하여 오라고 하면서 나에 관해 기록된 책을 보여주었다. 그 천사의 키는 대략 210센티미터에서 240센티미터 정도는 되어보였고, 흰색 가운을 입고 있었다.

이 둥그런 방의 중앙에는 책꽂이들이 놓여있었고, 책꽂이들 안에는 흰색과 금색으로 된 책들이 가득 꽂혀있었다. 그 방은 엄청나게 거대한 도서관처럼 보였다. 책꽂이들이 벽 주변을 둘러싸고 있었다. 방의 중앙에는 연단 하나가 있었는데, 그 위에는 흰색과 금색으로 된 나의 개인적인 책이 놓여있었다. 천사는 내 책이 놓인 연단 옆에 서서 내게 가까이 다가오라고 손짓하였다. 연단 가까이에 가서 보니, 주님이 내 인생 전체를 기록하신 책이 이미 펼쳐져 있었다. 이 책의 왼쪽 상단부에는 '하나님의 계획'이라는 글귀가 있었고, 그 아래부터는 내 나이 열아홉 살에 하나님으로부터 부여받은 모든 임무에 관한 내용이었다.

그 책은 결코 이 세상에서 만든 것 같지 않았다. 왜냐하면 오른쪽 면은 모두 공백이었기 때문이다. 나는 하나님이 그 책의 오른쪽 면을 공백으로 남겨두신 이유를 알고 있었다. 내가 살면서 행하는 선택의 내용들을 직접 기록하시려고 남긴 공백이었다. 내 삶에서 이루어진 선택들은 하나님이 나를 위해 창세전부터 미리 예정하신 계획들 옆에 나란히 기록될 것이다.

그런데 갑자기 굵은 글씨체의 단어들이 그 책의 오른쪽 면 위에 나타났다. "데이비드의 심각한 이혼." 천사는 내가 이 여성과 결혼을 해야 할지의 여부를 물었던 기도에 대해 분명한 응답을 말해주었다. "주님은 당신이 그 여성과 결혼한다면 이로 인해 당신의 삶에 가장 큰 재앙이 초래될 것이라고 말씀하십니다. 나아가 당신이 삶에서 이루어야 할 특별한 사역도 완전히 엉망진창이 될 것입니다." 이 장면을 끝으로 나는 꿈에서 깨어났다. 그때만 해도 나는 내가 어떤 특별한 사역을 감당하도록 부르심을 받았다는 사실을 잘 몰랐다. 내 나이 겨우 열아홉 살이었고, 구원을 받은 지 이 년밖에 안 된 시점이었다. 대부분의 사람은 하나님이 우리의 삶을 책으로 기록하신다는 점을 잘 알지 못한다. 이 책들에는 우리를 향한 하나님의 계획들과 목적들이 기록되어있다. 심지어 우리가 누구와 결혼해야 하는지 혹은 누구와 결혼해서는 안 되는지에 관해서도 기록되어있다. 주님은 이 점을 꿈에서 말씀하셨다. 다음 성경 구절을 읽어보라.

이에 내가 말하기를 하나님이여 보시옵소서 두루마리 책에 나

를 가리켜 기록된 것과 같이 하나님의 뜻을 행하러 왔나이다 하
셨느니라 (히 10:7)

히브리서 기자는 예수님의 삶을 향한 하나님의 뜻이 기록된 책도 존재했다고 밝힌다. 우리 각자에 관한 책이 있다. 나는 내 책을 천국에서 직접 읽어보았다. 다윗도 시편에서 하나님이 자신의 삶을 책으로 기록하셨다고 언급한다.

그들을 생명책에서 지우사 의인들과 함께 기록되지 말게 하소서 (시 69:28)

내 형질이 이루어지기 전에 주의 눈이 보셨으며 나를 위하여 정한 날이 하루도 되기 전에 주의 책에 다 기록이 되었나이다 (시 139:16)

나의 유리함을 주께서 계수하셨사오니 나의 눈물을 주의 병에 담으소서 이것이 주의 책에 기록되지 아니하였나이까 (시 56:8)

성경 본문들에 나오는 다윗의 고백에서 성령님은 주님이 우리의 삶을 책으로 기록하셨음을 다시 한 번 상기시킨다. 이번 꿈은 내 운명적 부르심과 인생의 성공을 위하여 가장 중요한 역할을 했다. 나는 결혼해서는 안 되는 사람과 결혼하려 함으로써 내 삶을 향한 하나님의 계

획들을 완전히 그르칠 뻔했다. 하나님은 이 꿈을 통해 내 운명적 부르심을 안전하게 지켜주셨다. 당신은 잘못된 사람과 결혼한 사람들을 얼마나 많이 알고 있는가? 그들은 인생 전체를 비틀거리며 살다가 마무리하기도 한다. 만일 그들도 나와 같은 꿈을 꾸었더라면, 인생의 온갖 심적 고통과 아픔에서 벗어날 수 있었을지도 모른다. 그러나 설령 당신이 잘못된 사람과의 결혼으로 이제껏 큰 불행을 겪었거나 혹은 이혼을 경험했더라도, 여전히 희망은 남아있다. 자비로우신 주님은 이 모든 부정적인 환경을 회복시키실 수 있다. 하나님께는 결코 불가능이란 없다. 주님은 당신에게 찬란한 미래를 주실 수 있는 분이다. 주님은 당신의 삶을 아름답게 만드시는 분이다.

예수님이 놀라운 신비, 곧 영광의 소망이신 그리스도가 우리 안에 계심을 계시하시다

Jesus reveals the great mystery: Christ in us, the hope of glory

이 일 후에 천국에서 예수님은 나에게 아주 놀라운 진리와 신비를 보여주셨다. 당시는 2000년이었다. 그 무렵에 예수님은 내가 인도하는 예배나 집회에 나타나셔서 이 땅을 걸어 다니시는 모습을 보여주곤 하셨다. 내가 이런 사실을 사람들에게 이야기하면, 어떤 이들은 내 말을 믿었지만 많은 사람은 믿지 않았다. 예수님이 내게 이렇게 말씀하셨다. "데이비드야, 나는 너와 내 몸 된 교회를 위해 두 가지 아주 놀라운 신비를 계시하려고 왔단다." 바로 그 순간 내 앞에 한 장면이 펼쳐졌다. 이전에 내가 부흥 집회 때 인도했던 예배 시간의 광경이었다. 예수님은 내 옆에 서신 후 나에게 계속 지켜보라고 말씀하셨다. 나는 예배의 장면을 유심히 지켜보았다. 내가 강단 위에서 마이크를 손에 쥐고 앞뒤로 왔다 갔다 하며 담대하게 복음을 선포하고 있었다. 이때 갑자기 예수님은 좀 더 자세히 살펴보면 아주 놀라운 신비를 알 수 있을 것이라고 말씀하셨다. 자세히 보았더니 내가 층계를 내려와 강단 아래쪽으로 걸어가는 참이었다.

나는 계단을 내려온 후에 다시 강단 위쪽을 쳐다보았다. 그러자 강단 위에서는 예수님이 손에 마이크를 쥐시고 복음을 선포하고 계셨다. 예수님은 여전히 흰색 가운을 입으셨다. 마치 내가 주님 안에 있다가 주님 밖으로 걸어 나온 것 같았다. 잠시 후 예수님이 말씀하셨다. "내가 온 이유는 너와 나의 교회에 네 안에 있는 그리스도에 관한 신비를 말해주기 위함이란다. 그리스도는 이 세상을 위한 영광의 소망이다. 데이비드야, 네가 나에게 네 몸과 입술을 주관해달라고 기도할 때, 나는 네가 사역을 시작하기 전에 실제로 네가 요청한 대로 행하고 있었단다." 주님은 또 다른 진리에 대해서도 말씀하셨다. "나는 바로 네 안에 살고 있단다. 나는 네 안에서 행하고 있지." 주님은 말씀하셨다. "네가 사역을 시작하는 순간, 네가 바닥을 왔다 갔다 하고, 여기저기 걸어 다니고, 사역을 하고 싶다고 느끼는 순간, 그것은 네가 아니고 바로 나란다. 내가 네 안에서 행하고 네 안에서 살아가겠다고 약속하지 않았더냐? 나의 백성에게 전해주어라. 나는 그들 안에서 행하고 그들의 신체적인 몸 안에서 살아가고 있단다. 너희의 몸은 내 성전이기 때문이란다." 와, 정말 놀랍지 않은가! 나는 예배 시간마다 언제나 내 안에서 주님의 임재를 느꼈다. 늘 그런 것은 아니었지만 때로는 아주 특별한 방식으로 느끼기도 했다. 그러나 지금 주님은 내가 성도들에게 사역을 하는 동안 실제로 주님이 내 몸 안팎을 드나드시는 모습을 보여주셨다. 나는 예배 시간에 아주 굉장한 기적들이 일어나는 광경을 목격하는 순간조차도 그리 특별하거나 이상한 느낌을 받지 않을 때가 많다.

마치 모세가 자신의 얼굴에 하나님의 영광이 머물러 있음을 알지 못했던 것처럼, 나도 이런 일이 내게서 일어나는 줄을 전혀 몰랐다. 야곱도 하나님의 임재가 자신과 함께 계셨음을 나중에야 알고 이렇게 고백했다. "야곱이 잠이 깨어 이르되 여호와께서 과연 여기 계시거늘 내가 알지 못하였도다"(창 28:16). 나도 마찬가지였다. 나는 사역하는 동안에 실제로 이런 일이 이루어지고 있는 줄은 정말 몰랐다. 예수님이 보여주신 장면은 이미 성경에도 나오는 말씀이었다. "…예수 그리스도께서 너희 안에 계신 줄을 너희가 스스로 알지 못하느냐…"(고후 13:5) 주님이 계시하신 진리는 다음 성경 구절에서도 확인할 수 있다.

> 하나님이 그들로 하여금 이 비밀의 영광이 이방인 가운데 얼마나 풍성한지를 알게 하려 하심이라 이 비밀은 너희 안에 계신 그리스도시니 곧 영광의 소망이니라 (골 1:27)

하나님의 성전과 우상이 어찌 일치가 되리요 우리는 살아 계신 하나님의 성전이라 이와 같이 하나님께서 이르시되 내가 그들 가운데 거하며 두루 행하여 나는 그들의 하나님이 되고 그들은 나의 백성이 되리라 (고후 6:16)

예수님이 부흥 집회에 친히 나타나셔서
아픈 사람들을 치유해주시다

Jesus personally appears and heals the sick in crusades

주님은 다시 내게 나머지 장면을 끝까지 지켜보라고 하셨다. 나는 강단 위로 올라가서 예수님 속으로 들어간 후에 다시 메시지를 선포하고 있었다. 내가 예수님 안으로 다시 걸어 들어간 것이다. 이때 주님이 이렇게 말씀하셨다. "너는 항상 내게 사역 가운데에 너와 친히 동역해 달라고 요청했었지. 그래서 내가 실제로 네 요구대로 한다는 걸 보여주기 위해 널 여기로 데려왔단다. 너는 요즘 네 삶에서 내가 준 기름 부으심의 많은 부분을 잃어버렸을 것이다. 그러나 나는 그것을 대체할 훨씬 더 소중한 무언가를 네게 주었단다. 나는 네게 나 자신을, 나의 영광을 주었다. 지금 이후로 나는 네가 강단에 서는 모든 집회마다 네게로 가서 너와 동역할 것이란다." 내가 예수님의 몸속으로 다시 들어간 후에 굉장히 영광스러운 일이 일어났다. 주님이 말씀하셨다. "보아라! 잘 지켜보아라!" 나는 예수님이 나의 신체적인 몸 밖으로 걸어

나오셔서 강단 아래로 내려가시는 모습을 보았다. 주님은 계속해서 걷기만 하셨다. 주님은 사람들 사이로 걸어가셨다. 나는 강단에서 내려와 주님의 뒤를 따라갔다. 이미 주님은 아픈 사람들과 휠체어에 앉아있는 사람들에게 안수하시며 치유를 시작하셨다. 이 예배에는 오랫동안 휠체어에 의존해야 했던 사람들도 와있었다. 예수님이 그들에게 아주 가볍게 손을 대셨기에 그들은 자신들이 치유되었다는 것도 알아차리지 못했다.

이때 주님이 나에게 말씀하셨다. "너는 강단에서 내려와 나와 함께 일해야 한다. 나를 도와 그들을 휠체어에서 일으켜 세워주어라. 그리하여 내가 그들의 몸을 완전히 치유했음을 그들에게 보여주어야 한다." 왕 중의 왕이신 주님께서 친히 나와 함께 일하시겠다는 말씀을 들으니 굉장히 영예롭게 느껴졌다. 주님은 다음과 같은 말씀도 하셨다. "내가 너를 이곳에 데려온 또 하나의 목적이 있다. 나는 너와 내 백성 안에 자신감을 불러일으키고 격려하기를 원한다. 그들에게 기적의 부흥 집회가 열리는 동안 내가 이 땅을 실제로 걸어 다닐 것이라고 말해주어라. 그들이 올 때 내가 아주 특별한 방식으로 그들과 만나줄 것이며 그들의 질병을 치유할 것이라고 말해주어라." 무척이나 놀라운 일이었다. 나는 주님이 나와 함께 일하고 계신다는 것은 이미 잘 알고 있었다. 1996년부터 이미 주님은 나를 통하여 주님에 관한 증거를 들었던 사람들에게도 나타나시고 있었다. 그러나 이번 만남은 내게 훨씬 더 큰 격려가 되었다. 이번 만남을 계기로 나는 주님이 말씀하시는 내용들을 더 담대히 회중에게 선포할 수 있었다. 2000년에 이렇게 주님과 만난 이래로 우리는 기적의 부흥 집회를 개최할 때마다 매번 주님이 나타나셔서 직접 기적과 치유를 행하시는 모습을 목격한다. 집회 때마다 주님은 수많은 사람과 만나신다.

이십사 장로 곁을 지나다
Passing the twenty-four elders

예수님과 나는 하나님 아버지의 보좌를 향해 걸어갔다. 도중에 우리는 보좌를 둘러싼 이십사 장로 옆으로도 지나갔다. 평소에 나는 왜 하나님이 보좌 주변에 이십사 장로를 두셨는지 궁금했다(계 4:4 참조). 내가 알기로 장로들은 영적인 조언자들이었다. 나는 성경에서 이 단락을 연구할 때마다 모든 것을 다 아시는 하나님이 굳이 보좌 주변에 영적인 조언자들을 두셔야 하는 까닭이 무엇인지 의아스러웠다. 결론적으로 말해서, 누가 주님을 가르치거나 훈계할 수 있단 말인가? 내가 이 점을 예수님께 여쭈어보았더니, 주님은 내게 다음과 같이 대답하셨다.

> 이십사 장로가 나에게 조언을 하는 건 아니란다. 그들의 존재는 주님이 정해놓으신 섭리에 따른 것이란다. 데이비드야, 네가 잊지 말아야 할 게 있다. 나는 내가 한 말대로 살고 있다. 지략이 많으면 경영이 성립한단다.

의논이 없으면 경영이 무너지고 지략이 많으면 경영이 성립하느니라 (잠 15:22)

나는 우선 나부터 내 말대로 살아간 다음에야 비로소 네게도 내 말대로 살라고 요구한단다. 이 조언자들이 여기에 존재하는 목적은 세상적인 조언자들의 경우와는 다르단다. 그들이 자신들 속에 있는 것으로는 결코 내 아버지나 나에게 조언을 할 수 없지. 그러나 그들은 내 말 그리고 우리가 이미 주고받은 말과 관련해서 우리에게 조언을 한단다. 성경 말씀을 상기해보아라.

너는 나에게 기억이 나게 하라… (사 43:26)

그들은 오직 내 아버지께서 이미 말씀하신 것만을 내 아버지께 말씀드릴 수 있단다. 내 아버지는 심지어 그분의 이름보다도 그분의 말씀을 더욱더 중요하게 여기신단다. 그분의 이름이 전능하신 여호와라고 해서 그분의 말씀을 마음대로 어기시는 일은 결코 없다. 그분은 말씀을 실행하시기 위해 말씀 안에 머무시고 말씀에 헌신하신다. 십자가에서의 나의 죽음도 하나님 아버지의 미리 아심과 정하신 뜻대로 이루어진 일이란다. 구원의 계획도 내 아버지께서 세상을 만드시기 전부터 미리 결정되어있었다. 데이비드야, 세상의 시간이 시작되기 훨씬 전에 이미 천국에서는 결정들과 토의들이 이루어지고 있었단다.

> 그가 하나님께서 정하신 뜻과 미리 아신 대로 내준 바 되었거늘
> 너희가 법 없는 자들의 손을 빌려 못 박아 죽였으나 (행 2:23)

이십사 장로의 모습은 정말 영광스러웠다. 나는 주님이 그들을 마치 자문역 상임이사회의 역할을 하도록 배치해두신 것이라고 이해했었다. 그러나 실제로 천국에서 그들의 기능은 이 땅에서의 개념과는 전혀 달랐다. 그들은 자신들의 능력이나 지혜로는 하나님께 조언을 해드릴 수 없다. 그들은 오직 하나님의 말씀에 근거하여 주님께 의견을 여쭙고 만사를 결정한다. 주님은 주님의 말씀을 주님의 이름보다도 우위에 두셨기 때문이다. 주님은 주님의 말씀을 매우 소중하게 여기신다. 하나님도 하나님이 하신 말씀에 위탁되어 계실 뿐 아니라 기꺼이 굴복하신다. 주님은 완벽하게 성실하신 분이다.

예수님이 나를 하나님 아버지의 보좌가 있는 방으로 데려가시다
Jesus allows me to come to the throne room of the Father

"천국에서 하나님 아버지의 영광을 보다"
예수님이 나에게 하나님 아버지를 보여주시다

한편 나는 천국에서 하나님 아버지의 보좌가 있는 방에 가는 체험

도 하였다. 순식간에 나는 어느 한 거대한 방으로 이끌려갔다. 그곳은 사방이 온통 하나님의 영광으로 충만했다. 그 장소에서는 권능이 너무나도 강력하여 제대로 서있을 수조차 없을 정도였다. 나는 무슨 일이 일어나고 있는지 미처 알기도 전에 재빨리 바닥에 엎드렸다. 빛이 어찌나 눈부시던지 앞을 또렷하게 볼 수도 없었다. 얼굴을 바닥에 대고 엎드려 있는 동안 겨우 바닥을 쳐다볼 수 있을 정도로만 몸을 일으켜 세웠다. 바닥은 아름다운 대리석으로 되어있었고, 표면에는 무늬들이 가득했다. 잠시 후 나는 아까보다 조금 더 고개를 치켜들었다. 그러자 하나님 아버지께서 매우 커다란 보좌 위에 앉아계신 모습이 보였다. 나는 주님의 발 있는 데로부터 약 1미터 반이나 3미터가량 떨어진 곳에 몸을 가누지 못한 채로 엎드려 있었다. 빛과 영광과 구름이 눈부실 정도로 찬란하였기에, 도저히 하나님 아버지의 얼굴을 쳐다볼 만큼 높이 머리를 들 수가 없었다. 나의 영적인 몸에는 기력이 조금도 남아있지 않았다. 하나님의 임재 가운데에 나는 완전히 힘을 잃어버렸다.

나는 고작 아주 가까스로 고개를 드는 것이 전부였다. 내가 다시 눈을 들어 올려다보았을 때, 하나님이 보좌의 팔걸이에 양 손과 팔을 걸쳐놓고 앉아계신 모습이 뚜렷하게 보였다. 하나님은 그 부드러운 손가락에 금으로 된 아름다운 결혼반지를 끼고 계셨다. 하나님 아버지의 보좌 앞에서의 체험 중에서 유독 이 반지가 내 시선을 사로잡았다. 나는 하나님 아버지께서 왜 손가락에 결혼반지를 끼고 계신지 무척 궁금했다. 하나님은 아무 말씀도 하지 않으셨다. 내게는 그분의 얼굴을 올려다볼 만큼 머리를 높이 치켜들 힘도 남아있지 않았다. 참으로 경이로운 체험이었다. 다른 많은 사람과 마찬가지로 당신도 죽기 전에 반드시 이 같은 천국 여행을 할 수 있을 것이다.

예수님이 하나님 아버지가 끼고 계신 결혼반지에 관해 설명하시다
Jesus explains the wedding ring on the Father's hand

나중에 예수님은 하나님 아버지께서 손가락에 끼고 계셨던 결혼반지의 의미를 설명하셨다. "데이비드야, 내 아버지와 나는 너와 결혼한 사이란다. 누구든 주님과 연합된 사람은 주님과 함께 결혼 관계 안에서 한 영이 된단다. 너는 하나님과 결혼하는 단계까지 이르렀구나. 나의 왕국 안에서 나를 사랑하는 사람들 사이에도 차이가 있단다. 신자라고 해서 모두 선택되어 나와 함께 이처럼 연합된 수준의 결혼 관계 안에 있는 것은 아니다. 나와의 관계에도 서로 다른 다양한 수준이 존재한다. 나는 네가 기꺼이 허용하는 만큼만 너에게 가까이 가고 너와 친밀해질 거란다. 자연적인 세계에서와 마찬가지로, 우정, 아들 됨, 종 됨, 청지기정신, 왕 됨과 결혼 관계 간에는 차이가 있단다. 너는 친구들보다는 네 배우자에게 훨씬 더 많은 의무를 가지지 않니? 네가 친구들을 사랑할 수 있을지도 모른다. 그러나 네가 함께 살고 함께 거하고 함께 머무는 사람은 바로 네 배우자다. 너는 다른 어떤 관계들보다도 결혼 관계에서야말로 가장 열정적이고 친밀한 헌신을 하게 된단다."

예수님은 계속해서 말씀을 이어가셨다. "나는 너와 함께 하나가 되어 살아간단다. 이것은 내가 세상에 있는 동안 하나님 아버지께 드렸던 기도이기도 하다. 나는 네가 하나님 아버지와 나와 하나가 되게 해달라고 기도했지. 너는 단지 나와 우정 가운데에 하나인 것은 아니란다. 더 깊은 의미에서 볼 때, 너는 결혼 관계 안에서 하나님 아버지와 연합됨으로써 우리(Us)와 하나란다. 나는 내 친구들이나 단지 나를 믿기만 하는 사람들보다는 내 신부에게 훨씬 더 심오한 위탁과 헌신을 하고 있다. 너는 이 같은 결혼 수준의 관계를 누리게 해달라고 요청했다. 그래서 하나님 아버지께서 네게 이런 모습을 보여주신 거란다. 이는 네가 우리와 단순히 우정 관계가 아니라 결혼 언약 안으로 들어왔음을 알려주기 위해서란다."

이 세상으로 돌아와서 연구를 하면서 나는 주님의 말씀을 확증하는 몇몇 성경 구절을 발견했다. 바울이 고린도 교인들에게 보내는 첫 번째 서신을 기록할 때, 성령님은 그로 하여금 어떤 특정 그룹의 사람에게 다음과 같은 말씀으로 훈계하도록 하셨다. "주와 합하는(joined unto) 자는 한 영이니라"(고전 6:17). '합하는' (joined)이라는 단어는 결혼의 정황에서도 사용된다. 바로 몇 구절 앞에서 바울은 다음과 같이 말한다. "몸은 음란을 위하여 있지 않고 오직 주를 위하여 있으며 주는 몸을 위하여 계시느니라"(고전 6:13). 내가 목격한 것처럼 주님이 내 몸의 안팎으로 드나드시던 장면도 바로 이 성경 구절을 통해 설명이 가능하다. 한편 성경에는 다음과 같은 말씀도 있다. "이와 같이 하나님께서 이르시되 내가 그들 가운데 거하며 두루 행하여"(고후 6:16 참조). 결혼 관계 안에서 우리의 몸은 배우자에게 헌신되어있다. 성령님께서 바울로 하여금 이런 메시지들을 기록하게 하신 이유도 이 때문이다. 바울은 한 남자와 아내 사이에 이루어지는 결혼 관계를 다루기에 앞서, 우선은 우리와 주님과의 연합을 언급했다(고전 7장 참조). 우리와 주님과의 결혼 관계는 그 무엇보다 우선시되어야 하는 것이기 때문이다.

한편 나는 하나님 아버지께서 선택하신 자와 결혼하신 상태이심을 설명하는 또 다른 성경 구절들도 찾아보았다.

> 내가 네게 장가들어 영원히 살되 공의와 정의와 은총과 긍휼히 여김으로 네게 장가들며 진실함으로 네게 장가들리니 네가 여호와를 알리라 (호 2:19-20)

> 이는 너를 지으신 이가 네 남편이시라 그의 이름은 만군의 여호와이시며… (사 54:5)

당신도 분명히 들었는가? 이 성경 구절들은 주님이 우리의 남편이심을 명확하게 진술한다. 주님은 결혼 언약 가운데에 영원히 우리와 결혼한 사이로 지내실 것이다. 어떤 이들은 결혼 언약에 관한 이러한 약속들은 오직 이스라엘과만 맺으신 것이라고 말할지도 모른다. 그렇지 않다. 성경은 예수님의 희생과 보혈로 말미암아 우리도 하나님의 가족으로 접붙여졌고 주님과 화해하였다고 밝힌다.

그때에 너희는 그리스도 밖에 있었고 이스라엘 나라 밖의 사람이라 약속의 언약들에 대하여는 외인이요 세상에서 소망이 없고 하나님도 없는 자이더니 이제는 전에 멀리 있던 너희가 그리스도 예수 안에서 그리스도의 피로 가까워졌느니라 (엡 2:12-13)

호세아에 나오는 성경 구절을 읽는 순간, 나는 전에 예수님이 들려주신 말씀이 무슨 의미였는지 깨닫게 되었다. "데이비드야, 나는 다른 일반적인 신자들보다 언약으로 맺어진 나의 신부에게 훨씬 더 깊이 헌신한단다." 성경에서 주님의 신부는 '택하심을 받은 부녀'(elect lady)라고도 표현된다.

장로인 나는 택하심을 받은 부녀[unto the elect lady]와 그의 자녀들에게 편지하노니… (요이 1:1)

예수님은 선택받은 신자들에 관해서도 언급하신다.

그 날들을 감하지 아니하면 모든 육체가 구원을 얻지 못할 것이나 그러나 택하신 자들을 위하여[for the elect's sake] 그 날들을 감하시리라 (마 24:22)

약혼이나 결혼을 통해 주님께 헌신한 자들은 주님과 더 깊이 위탁된 관계를 누린다. 물론 여기서 내가 단순히 신자로서 주님께 헌신하는 사람들은 구원도 받지 못했고 천국에도 갈 수 없다고 말하려는 것은 결코 아니다. 그러나 결혼 관계 안에서 주님과 연합한 사람들은 주님께 훨씬 더 깊이 헌신한다. 하나님도 이런 자들에게는 더 심오한 수준의 신실하심으로 대하신다. 호세아가 우리를 주님과 진실함과 긍휼히 여김과 정의로 약혼한 자들이라고 표현한 이유도 여기에 있다. 당신과 주님이 결혼 관계라면 주님은 일반 신자들보다 당신에게 훨씬 더 강한 책임감으로 대하신다. 특히 주님은 당신의 구원을 계속 유지시키기 위해 각별히 신경을 쓰신다. 당신이 주님과 결혼할 때, 주님은 진실하심과 정의로 당신에게 헌신하실 것이라고 약속하신다.

주님은 이러한 약속들을 지키시고자 일들의 시한마저 움직이고 변경할 것이다. 특히 우리의 구원이나 영속적인 안전이 미래의 상황들로 인해 위협당하는 모습이라면 더욱더 그렇게 하실 것이다. 왜냐하면 주님은 우리를 사랑하시기 때문이다. 이 점은 예수님도 '큰 환난'(great tribulation) 동안에는 구원 얻을 육체가 없을 것이라고 말씀하시면서 언급하셨다(마 24:21 참조). 그런 다음 주님은 다음과 같이 말씀하셨다(이제 이 말씀을 주의 깊게 듣기 바란다). "그러나 택하신 자들을 위하여 그 날들을 감하시리라"(마 24:22 참조). 주님이 그 날들을 감하시고 시한을 변경시키시는 이유는 택하신 자들을 구원하기 위함이다. 주님은 기간을 줄여주심으로써 시간을 통제하고 다스릴 것이다. 주님이 이렇게 하시는 이유는 선택하신 자들과 맺으신 언약 때문이다. 정말 경이롭지 않은가! 주님과 결혼하는 것이 얼마나 큰 특권인지 모른다.

우리가 눈여겨볼 또 하나의 핵심 요지가 있다. 주님은 결혼 언약의 일부로서 우리를 심판하시는 일에도 헌신적이시다. 다시 말해, 우리의 삶 속에 영혼이나 구원 혹은 영원한 생명을 위협하는 무언가가 존재한다면, 주님은 특별히 우리를 심판하지 않을 수 없다.

호세아에서 주님이 우리에게 장가들어 영원토록 함께 사시겠다고 하신 내용을 기억할 것이다. 이 말씀은 주님이 우리와 영원한 언약을 맺으신다는 의미다. 사람들 사이에 '한 번 구원은 영원한 구원'이라는 주장이 공공연히 떠돈다. 나는 이런 거짓된 교리를 믿지 않는다. 다만 나는 우리가 주님과의 결혼 언약 관계로 말미암아 구원을 더 확실하고 안전하게 보호하고 지킬 수는 있게 된다고 믿는다. 이러한 사례를 바울의 메시지에서 찾아볼 수 있다. 바울은 어느 한 죄인을 사탄에게 넘겨줌으로써 그의 육신은 멸하되 그의 영은 구원을 얻게 했다고 선언했다. 또한 주님은 우리에게 스스로를 살피라고 권고하신다. 우리가 자신을 살피지 않는다면 하나님이 우리를 심판하실 것이다.

> 우리가 우리를 살폈으면 판단을 받지 아니하려니와 우리가 판단 받는 것은 주께 징계를 받는 것이니 이는 우리로 세상과 함께 정죄함을 받지 않게 하려 하심이라 (고전 11:31-32)

주님은 만일 우리가 자신을 살피지 않는다면, 주님이 우리를 판단하실 것이라고 말씀하신다. 이때 주님이 우리를 판단하시는 목적은 우리가 세상과 함께 멸망하거나 정죄당하지 않도록 도와주시기 위함이다. 이 얼마나 놀라운 특권인가! 주님은 이러한 결혼 언약 안에서 우리에게 정말 깊이 전념하신다. 그리하여 주님은 우리가 멸망당하지 않도록 기꺼이 우리를 징계하시고 심판하신다. 나는 이 두 구절을 읽고 난 후에야 비로소 주님이 나를 사탄에게 넘겨주겠다고 말씀하신 방문과 나를 지옥으로 데려가서 심판하신 방문의 의미를 명확히 깨닫게 되었다. 주님은 나와의 결혼 언약 안에서 주님에게 주어진 역할을 감당하고 계셨던 것이다. 언제까지나 신자의 단계에만 머물러 있지 마라. 주님은 당신과 결혼하기를 원하신다. 그러나 주님은 이 일을 당신에게 강요하지는 않으실 것이다. 성경은 "주와 합하는 자는"(He that is joined to the Lord)이라고 표현한다. 이는 당신이 이런 방식으로 주님과 연합하거나 주님께 헌신하는 일에 자발적인 태도를 보여야 함을 의미한다(고전 6:17 참조). 나에게 주님과 함께 이런 관계 안에서 동행하는 삶은 정말 놀라운 일이었다. 이제야 나는 지난날들을 되돌아보며 깨닫게 된다. 주님이 나를 심판하셨을 때는 언제나 나와의 결혼 언약이 가시적으로 나타나는 순간들이었다는 사실을! 나는 아주 특별한 방식으로 주님과 연합되어있었다.

당신은 주님과 결혼하였는가?
Are you married to the Lord yet?

이제 당신에게 묻고 싶은 것이 있다. 당신은 주님과 결혼하였는가, 아니면 아직도 단순한 신자에 불과한가? 만일 당신이 기꺼이 주님과 결혼하려 한다면, 당신도 하나님과 이런 식의 관계를 누릴 수 있다. 다만 주님께 구하기만 하면 된다. 단지 구하라! 지금 당장 당신의 양 손을 들고 주님께 기도하라. "주님, 저는 주님과 결혼하기 원합니다."

당시만 해도 나는 하나님 아버지께서 앉아계신 보좌의 방을 경험한 일이 내 생애 중 가장 놀라운 사건이라고 생각했다. 그러나 불과 몇 년이 지난 뒤 이보다 훨씬 더 위대한 체험을 하게 될 줄 그때는 미처 알지 못했다.

예수님이 천국 가장자리까지 배웅하시고 손을 흔들어 작별 인사를 하시다
Jesus walks me back to the edge of heaven and waves goodbye

예수님이 실제로 나에게 손을 흔들어 작별 인사를 하시다

예수님이 나를 천국의 가장자리까지 바래다주셨을 때, 예수님과 나는 둘 다 헤어지고 싶은 마음이 전혀 들지 않았다. 예수님은 얼굴에 환한 미소를 지으시면서 마지막으로 당부하셨다. "중보 기도자들로 하여금 너를 위해 기도하게 하여라." 내가 이 세상으로 돌아오기 위해 예수님에게서 점점 멀어지는 동안 주님은 잘 가라는 뜻으로 나를 향해 손을 흔드셨다. 주님의 마지막 말씀을 들은 후에, 나는 다시 세상으로 돌아와 몸 안으로 들어갔고, 곧바로 잠에서 깨어났다. 내 몸이며 방,

주변의 모든 것이 온통 전기와 능력과 하나님의 영광으로 충만했다. 이 얼마나 크신 은혜인가!

예수님은 대면하는 우리의 관계는 대가를 지불하는 일에서 내가 실패했던 부분들마저도 얼마든지 보충해줄 수 있는 것임을 알게 하셨다. 주님은 내 부족함이 충분히 보완되고도 남게 하셨다. 또한 내가 세상에서 수많은 집회를 인도할 때마다 주님은 직접 개입하셔서 나와 동역하셨다. 진정한 친구 관계란 바로 이런 게 아니겠는가? 참된 친구들은 당신이 실패한 순간에도 여전히 당신을 위해 일할 뿐 아니라 당신을 감싸주기도 한다. 언젠가 내 삶에 임했던 개인적인 기름 부으심이 집회 때 훨씬 줄어들었음을 눈치 챘다. 그러나 주님이 집회 현장에 직접 나타나주심으로써 내 삶과 사역에는 주님의 영광이 다시 임했다. 주님의 영광은 감소된 나의 기름 부으심을 천문학적인 수준으로까지 만회하고도 남았다. 사람들은 무슨 일이 일어났었는지 알지 못할 것이다. 주님의 영광이 현저히 증가되었다. 사랑이 언제나 끊이지 않는 것이 친구 관계다(잠 17:17 참조). 성경이 말하듯이 친구의 사랑은 허다한 죄를 덮어준다(잠 10:12 참조). 주님은 수많은 내 허물을 덮어주심으로써 나의 진정한 친구가 되어주셨다. 예수님과의 관계가 그토록 소중한 이유가 바로 여기에 있다. 예수님과의 관계는 설령 당신에게 무언가가 부족하고 모자란 순간이라 할지라도 여전히 당신을 온전케 할 것이다. 기억하라. 우리는 주님 안에서 온전한 자들이 될 수 있다.

7

Jesus' greatest goal and focus in life
-The right hand seat of intimacy
with the Father

예수님의 인생 최대의 목적과 초점
-하나님 아버지와 친밀함을 누리는 오른편 자리

"주님이 나타나셔서
'하나님 아버지와의 친밀함'이라는
주님의 인생 최대의 초점을 알려주시다."

Face-to-Face with Jesus

07

예수님의 인생 최대의 목적과 초점
-하나님 아버지와 친밀함을 누리는 오른편 자리

Jesus' greatest goal and focus in life
–The right hand seat of intimacy with the Father

"주님이 나타나셔서 '하나님 아버지와의 친밀함' 이라는 주님의 인생 최대의 초점을 알려주시다."

최고의 친밀함의 자리
The greatest place of closeness

본서에서 나는 주님과 대면하는 방문들과 나타나심을 다루었다. 이제는 주님의 나타나심과 방문들이 가져온 모든 파급효과를 보충적으로 설명함으로써 당신의 이해를 돕고자 한다. 이 일들이 일어난 방식들을 연대기적인 순서에 따라 나열하고 싶은 생각은 없다. 다만 나는 성숙하고 포괄적인 이해의 관점에서 주님이 나로 하여금 통과하게 하신 과정들을 설명하려고 한다. 내가 회심을 체험한 후 팔 년이 지났을 무렵에 예수님이 다시 나타나셨다. 또 한 번 방문을 받았을 때만 해도 나는 그 방문의 의미를 완전히 이해하지 못했다. 이후로 여러 해가 지나서 좀 더 온전한 모습으로 성숙했을 때에야 비로소 그 의미를 깨달았다. 나는 성령님이 주님과의 이번 만남에 관해 당신과 나누도록 인도하고 계신 것을 실제로 느꼈다. 그래야만 당신이 본서에 소개된 많은 가르침의 유익을 충분히 누릴 수 있기 때문이다. 주님이 지속적으로 나를 훈련시키시는 동안 주님과 나와의 관계는 계속 깊어졌다. 마침내 주님은 이 모든 훈련 과정의 궁극적인 목적이 무엇인지 계시하시기 시작하셨다.

전에도 언급한 바 있으나, 처음에 나는 주님이 무슨 일을 하고 계신지 잘 이해하지 못했다. 주님은 나의 관심이 빌립보서의 말씀에 이끌리도록 하셨다.

> 그러나 무엇이든지 내게 유익하던 것을 내가 그리스도를 위하여 다 해로 여길 뿐더러 또한 모든 것을 해로 여김은 내 주 그리스도 예수를 아는 지식이 가장 고상하기 때문이라 내가 그를 위하여 모든 것을 잃어버리고 배설물로 여김은 그리스도를 얻고
> (빌 3:7-8)

바울이 그리스도를 아는 '지식'(knowledge)을 위해서라면 모든 것을 잃어버려도 상관치 않았다는 표현에 주목하라. 그의 관심은 오직 그리스도를 아는 지식이 '가장 고상함'을 알게 되는 것에 있었다. 예수

님에 관한 이 같은 최고의 지식은 오직 친밀한 체험을 통해서만 얻을 수 있다.

나는 모든 것을 해로 여겼다
I counted all things loss

솔직히 말해서 예수님 외에는 아무것도 중요하지 않았다

 이미 여러 해 전부터 성령님은 나를 이러한 성경 구절들로 인도하셨다. 이 구절들은 깊은 통찰을 주기는 했지만, 그 심오한 의미를 모두 깨닫지는 못했다. 주님은 이 말씀의 의미를 이해할 수 있도록 도와주셨다. 나는 주님을 알아가는 노력을 가장 귀한 것으로 생각하면서 나머지 모든 것을 해로 여기기 시작했다. 나는 모든 것을 주님 앞에 내려놓았다. 여기에는 가족들과의 친밀한 관계, 내 경력 등도 포함된다. 내가 삶 속에서 소원하던 것마저 기꺼이 희생했다. 어느 시점에 이르자 내 안에는 더 이상 야망이나 포부가 남아있지 않았다. 솔직히 말하자면, 내게는 주님을 알아가는 일 외에는 달리 소중한 것이 없었다. 도대체 내게 무슨 일이 일어나고 있는지 알지도 못한 채, 어쩌다 보니 나는 주님과 함께 오직 주님을 아는 것만이 유일한 열망이자 야심인 새로운 자리에 도달했다. 당신의 유일한 야망이자 바람도 주님을 아는 것이어야 한다. 이것은 당신의 인생이 지향할 수 있는 최고의 목적이다. 인생에서 이룰 수 있는 최대의 성공은 바로 주님을 아는 것이다.

오른편 자리와 등급
The right hand position seat and rank

주님과 가장 깊이 친밀감을 주고받던 관계는 칠 년 내지 팔 년간 지속적으로 이어졌다. 그러던 어느 시점부터 주님은 친밀함에 내재된 또 다른 측면을 내게 계시하셨다. 우리는 매년 영적으로 동일한 지점에 머물러 있을 수 없다. 당신과 주님과의 관계는 점점 향상될 수도 있고, 또는 해마다 퇴보할 수도 있다. 주님과의 관계에서 한곳에 그대로 머물러 있는 법은 없다. 당신이 타협하고 중립적이 되는 순간(미지근한 태도, 당신의 첫사랑을 버린 상태), 당신과 주님과의 관계는 악화되고 만다. 주님과 사귀면서 함께 멍에를 메는 일은 조금도 힘들지 않다. 주님과의 관계는 결코 우리에게 터무니없는 스트레스와 가혹한 노력을 요구하지 않는다. 오히려 그와는 정반대다. 주님과의 사귐은 점점 더 즐거워지고 점점 더 기뻐하게 되고 점점 더 달콤해질 수밖에 없다.

1997년에 주님이 나를 찾아오셨다. 이 방문에서 주님은 우리의 관계가 어느 지점에 도달했는지 말씀하셨다. 이전에 나는 주님께 나를 좀 검열해달라고 요청한 적이 있었다. 그런데 주님은 내가 삶의 여러 영역과 신앙생활 면에서 성장하고 있다는 점을 크게 격려하셨다. 여전히 내게는 부족한 점들이 매우 많았다. 주님은 내가 주님과 함께 영

안에서 새로운 자리로 승진하게 되었다고 말씀하셨다. 그 자리는 이제껏 내가 한 번도 들어본 적도 없고 알지도 못했던 자리였다. 하나님은 언제나 내 삶 속에서 칠 년을 주기로 일하고 계셨다. 어쩌면 당신도 하나님과의 지나온 관계를 대충 훑어본다면 나와 동일한 패턴을 발견할 수도 있다. 나는 주님이 우리 중 많은 사람을 칠 년을 주기로 다루신다고 믿는다. 다시 말해 칠 년마다 주님은 우리 삶의 한 구간이나 한 계절을 종결지으시고 다음 단계로 승진시키신다. 내 경우에는 매번 칠 년의 주기가 끝날 때마다 이런 승진을 경험했다. 주님은 칠 년이 될 때마다 당신의 성공들과 실패들을 평가하심으로써, 현재 당신이 주님과 어느 지점에 서있는지 보여주실 것이다. 또한 주님은 당신이 잘한 부분이 무엇인지도 알려주셔서 계속해서 그쪽으로 진보할 수 있도록 하신다. 기본적으로 이는 개인적인 승진의 때다. 이번 방문이 이루어진 시점은 내가 구원을 받은 후 칠 년이 약간 지났을 무렵이었다. 나는 주님과 동행을 시작했던 초창기부터 거리에서 설교와 사역을 지속하고 있었다. 주님의 방문은 내게 있어 매우 특별한 순간이었다. 그러나 나는 하나님과 동행하는 삶 속에서 영적으로 내게 무슨 일이 일어났는지 거의 알지 못했다.

가장 중요했던 예수님의 나타나심
The most important appearance from Jesus

위대한 승진

　이 방문의 전반부는 본서 3장과 4장에서 소개했다. 하나님은 나를 심판하셨고 내가 그동안 성경 말씀 연구를 게을리 했다고 말씀하셨다. 나는 나도 모르는 사이에 하나님과 어느 한 영역 안으로 들어가 있었다. 이 영역은 전혀 들어본 적도 없는 곳이었다. 심지어 내가 이런 걸 경험할 수 있으리라고는 생각지도 못했다. 주님의 방문은 내가 잠을 자는 사이에 이루어졌다. 예수님은 나를 찾아오셔서 내가 새벽에 주님과 시간을 보내는 일도 게을러졌고, 충분한 시간을 투자하여 하나님의 말씀을 연구하는 일에서도 태만하다고 지적하셨다. 그러나 한편으로는 내가 그동안 주님만을 추구하며 지내왔으므로 나를 승진시키겠다고 말씀하셨다. "데이비드야, 너를 축복하는 것은 중요한 일이지만, 네가 내 오른편에 앉도록 축복하는 것은 훨씬 더 중요한 일이란다." 주님은 계속해서 말씀하셨다. "이제부터 너는 나의 오른편 친구 중 한 명이란다." 주님은 방문을 마치실 즈음에 이렇게 덧붙이셨다. "나와 함께 오른편에 앉는 은총을 받는 일에는 무언가 특별한 것이 있단다." 이 말씀을 들으며 나는 잠에서 깨어났다. 처음에 나는 주님의 말씀이 무슨 의미인지를 전혀 이해하지 못했다. 곧 나는 주님의 오른편에 앉는 은총이 지니는 중요성을 연구하기 시작했다. 또한 예수님이 방문하실 때마다 매번 내가 주님의 오른쪽에 서있었다는 점도 깨닫게 되었다. 폭포 방문 때도 나는 예수님의 오른쪽에 서있었다. 이번 방문의 전반부에서 주님이 나를 교정하실 때에도 여전히 나는 주님의 오른쪽에 있었다. 주님이 미국에 관한 메시지를 주려고 나타나셨을 때, 우리는 공중에 높이 떠있었는데, 이때도 나는 주님의 오른편에 있었다. 나는 이 모든 것이 무엇을 의미하는지 무척 궁금했다.

우리의 가장 높은 부르심: 상

Our highest calling: The prize

> 형제들아 나는 아직 내가 잡은 줄로 여기지 아니하고 오직 한 일 즉 뒤에 있는 것은 잊어버리고 앞에 있는 것을 잡으려고 푯대를 향하여 그리스도 예수 안에서 하나님이 위에서 부르신 부름의 상을 위하여 달려가노라 (빌 3:13-14)

여러 해 동안 나는 "그리스도 예수 안에서 하나님이 위에서 부르신 부름의 상"이란 사역과 관련이 있다고만 생각했다. 또한 사람들에게도 그렇게 가르쳤다. 여기에 대한 나의 이해는 매우 단순했다. 누군가가 사도와 선지자의 직분 모두를 맡고 있기에 삶에 강력한 기름 부으심이 임했다면, 나보다 더 높은 부르심을 가지고 있음을 의미한다고 생각했다. 그러나 그렇지 않았다. 내가 여러 번 천국을 여행하고 하나님의 영광을 목격한 후에 하나님은 이것에 관해 훨씬 더 깊은 의미를 계시하셨다. 그 의미는 내가 생각했던 것보다 훨씬 더 심오했다.

우리가 얻어야 할 상은 주님이시다
He is the winning prize

우리가 하나님과 동행하는 삶에서 도달할 수 있는 자리가 있다. 성경은 이 자리를 가리켜 상(The Prize)이라고 부른다. 바울이 말하는 상은 예수님이시다. 오직 예수님만이 우리의 상이다. 바울은 빌립보서에서 그리스도를 얻기 위하여 그동안 성취한 모든 것을 잃어버리고 배설물로 여긴다고 고백했다. 그런 다음 그는 하나님이 위에서 부르신 부름의 상을 위하여 달려간다고 언급했다. 상은 우리가 몸을 내밀어 다가가서 잡아야 하는 것이다. 상을 받기 위해 달려가야 마침내 획득할 수 있다. 이 문맥에서 바울이 얻기 원한다고 언급한 상은 바로 예수님이었다.

주님이 상급이시다

He is the Reward

예수님과 최고 수준의 친밀함을 누리는 일은 영원토록 가능하다

그리스도를 얻고 (빌 3:8)

주님은 우리가 삶의 모든 성취를 끝낸 후에 얻게 될 상급이시고 상이시다. 주님이 우리의 유일한 상급이시다. 하나님은 아브라함에게도 이와 동일한 것을 말씀하셨다. "아브람아 두려워하지 말라 나는 네 방패요 너의 지극히 큰 상급이니라"(창 15:1). 이는 아주 특별하고 개인적인 관계 안에서 주님을 얻게 된다는 것을 의미한다. 이 단락들은 주님을 최고 수준의 친밀함으로 아는 것을 뜻한다. 당신이 하나님과 이런 수준의 친밀함에 이르렀을 때, 주님은 이렇게 말씀하실 것이다. "너는 단지 나를 추구하고 발견하는 것에만 그치지 않았다. 너는 나를 열심히 좇아왔고, 나를 얻기 위해 네가 귀하게 여기고 사랑했던 모든 것도 포기했다. 이 모든 희생으로 말미암아 이제 너는 나와 이처럼 개인적인 차원의 친밀함을 누릴 수 있게 되었다." 이는 당신이 주님을 친밀하게 아는 것이 얼마나 소중한 일인지 깨닫게 되었다는 뜻이다.

예수님을 얻다
Winning Jesus

성령님은 (바울을 통하여) 우리가 주님과 이러한 수준의 친밀함을 누릴 수 있으려면 지나간 일들에 마음을 빼앗겨서는 안 된다고 말씀하신다. 우리는 오직 앞에 있는 것을 향해 달려가야 한다. 우리의 가장 높은 부르심은 주님을 알기 위해 달려가는 일이다. 바울은 우리가 도달하기를 기대하며 달려가는 앞에 놓인 목표가 우리 삶의 가장 높은 부르심이라고 강조했다. 성경은 이를 가리켜 "하나님이 위에서 부르신 부름의 상"이라고 표현한다. 주님을 얻기 위해 소중한 모든 것을 버림으로써 우리는 예수님을 이처럼 고상하고 가장 높은 수준으로 알 수 있게 된다. 바울도 '주님을 알기 위해서' (to know Him) 주님 이외의 모든 것을 해로 여겼다고 고백했다(빌 3:10 참조). '주님을 알기 위해서'라는 표현은 주님과의 친밀한 관계를 암시한다. 이는 주님을 모든 수준에서 아는 것은 물론 주님을 아는 지식이 가장 고상함을 깨닫고 주님과 가장 친밀한 관계를 누리는 것을 의미하기도 한다.

예수님의 인생 최대의 초점
The greatest focus of Jesus' life

…그 앞에 있는 기쁨을 위하여… (히 12:2)

예수님의 초점도 이와 마찬가지였다. 주님은 뒤에 있는 것을 잊어버리시고 장차 올 것들을 바라보며 계속해서 전진하셨다.

> 믿음의 주요 또 온전하게 하시는 이인 예수를 바라보자 그는 그 앞에 있는 기쁨을 위하여 십자가를 참으사 부끄러움을 개의치 아니하시더니 하나님 보좌 우편에 앉으셨느니라 (히 12:2)

정말 놀랍지 않은가! 예수님도 상급과 주님의 앞에 놓인 기쁨을 기대하셨다. 과연 예수님이 기대하신 '앞에 있는 기쁨'은 무엇이었을까? 성경을 읽어보면 알 수 있듯이, 예수님은 특히 당대의 종교적인 무리에게 위협당하는 순간에도 여전히 기쁨으로 기대하셨다.

> 그러나 이제부터는 인자가 하나님의 권능의 우편에 앉아 있으리라 하시니 (눅 22:69)

예수님은 주님의 섬김과 희생으로 인해 장차 받으실 보상과 상급을 기대하신다는 말씀을 여러 차례 언급하셨다. 이것이 바로 주님의 비전이요 초점이셨다. 예수님은 단순히 하나님 아버지에 버금가는 권위의 자리에 앉기만을 원하신 게 아니었다. 주님이 원하는 것은 아버지와 친밀함을 누릴 수 있는 오른편 자리에 앉으시는 일이었다. 예수님의 인생 최대의 목적과 초점은 주님의 왕국에서 권세와 권력을 휘두르기 위해 하나님 옆에 나란히 앉는 것이 아니었다. 주님은 하나님 아버지와 친밀함을 주고받기를 원하셨다. 오른편 자리는 주님의 주권적인 나라에서 만왕의 왕과 가장 가까이에 앉아서 최고의 친밀함을 누릴 수 있는 곳이다. 하나님과의 친밀함은 그분의 인생의 목적이셨다. 예수님이 일평생 추구하신 상과 상급은 가장 친밀한 방식으로 하나님 아버지를 아는 것이었다. 주님의 목적은 하나님 아버지의 오른편에 앉으심으로써 성취되었다. 이제 하나님 아버지는 우리에게 하나님의 아들과 친밀함을 나누는 일을 평생의 목적으로 삼아야 한다고 말씀하신다. 성경은 우리가 예수님을 얻는 일에 초점을 맞춘다면, 하나님 아버지께서 우리의 사랑에 관심을 보이실 것이라고 서술한다.

예수님은 우리에게 주님의 기쁨을 소유하라고 권면하신다
Jesus admonishes us to have His joy

성경은 하나님 아버지와의 친밀함을 추구하는 것이 예수님의 기쁨이었다고 언급한다. 예수님은 우리에게도 주님의 기쁨을 소유하라고 격려하셨다. 성경의 여러 곳에서 예수님은 주님의 기쁨이 우리의 기쁨을 충만하고 온전케 해주실 것이라고 밝힌다(요 16:22 참조).

> 내가 이것을 너희에게 이름은 내 기쁨이 너희 안에 있어 너희 기쁨을 충만하게 하려 함이라 (요 15:11)

수많은 그리스도인(그리고 죄인들)이 충만한 기쁨을 경험하지 못하고 살아간다. 그들은 주님의 기쁨이 무엇인지도 알지 못하고, 어떻게 해야 주님의 기쁨 안에 머무를 수 있는지도 알지 못한다. 예수님은 하나님 아버지께 주님의 기쁨이 우리 안에 차고 넘치게 해달라고 간구하셨다.

> …내가 세상에서 이 말을 하옵는 것은 그들로 내 기쁨을 그들 안에 충만히 가지게 하려 함이니이다 (요 17:13)

히브리서는 예수님의 앞에는 기쁨이 놓여있었다고 말한다. 분명 이 기쁨은 하나님의 오른편에 앉으시는 일을 의미하는 것이 틀림없다. 한편 성경은 다음과 같이 선포한다.

> 주께서 생명의 길을 내게 보이시리니 주의 앞에는 충만한 기쁨이 있고 주의 오른쪽에는 영원한 즐거움이 있나이다 (시 16:11)

이 본문에서도 기쁨이 언급된다. 여기에서 기쁨은 주님의 오른편 자리와 관련이 있다. 주님의 기쁨이 우리의 기쁨이 되어야 한다. 주님은 우리가 주님의 기쁨 가운데로 들어가기를 원하신다(마 25:21 참조).

오른편에 앉기를 갈망하라
Desiring to sit at the right hand

영원히 지속되는 자리

하나님의 오른편에 앉는다는 것은 권세의 자리를 의미한다. 그러나 이 자리는 하나님과 친밀함을 나누고 싶어 하는 순수한 마음의 동기를 통해서만 얻을 수 있다. 그 자리로 인해 누리게 될 위상과 능력 때문이 아니라 그 자리가 놓인 위치 자체가 우리의 동기가 되어야 한다. 예수님이 그 자리를 갈망하신 이유는 하나님 아버지와 가장 가까이 앉을 수 있는 곳이었기 때문이다. 예수님의 동기는 결코 하나님의 능력을 얻는 일에 있지 않으셨다. '오른편' 이라는 말은 헬라어 '덱시오스'(de-xios)에서 유래되었다. 이 단어는 '영예와 은총의 자리, 따라서 권세와 능력의 자리' [17]라는 뜻이다. 누군가의 오른편에 앉는다는 것은 영예와 친밀함의 자리에 앉음을 의미한다. 그러므로 하나님의 오른편에 앉는다는 것은 하나님 아버지의 나라에서 누릴 수 있는 최고의 친밀함의 자리에 앉게 됨을 뜻한다. 예수님이 천국에서 받으실 수 있는 최고의 영예는 하나님 아버지의 오른편에 앉음으로써 영원토록 친밀함을 주고받는 것이었다. 이것이 바로 그리스도께서 이 땅에서 추구하셨던 인생 최대의 목적이자 초점이셨다. 주님은 하나님 아버지와의 친밀함을 원하셨다. 주님은 단순히 아버지와 함께 권세의 자리에 오르기를 원하시는 게 아니었다. 사탄과 예수님의 차이점이 여기에 있다. 루시퍼는 더 높은 권세의 자리를 탐했다. 그는 하나님과 동등한 자리를 얻고자 이를 강제로 빼앗으려고 했다. 그는 원하는 자리를 얻기 위해 하나님을 전복시키려는 속셈을 전개시켰다. 루시퍼는 단순히 하나님 바로 옆에 있는 오른편 자리를 원한 것이 아니었다. 그 자리에 앉으면 오히려 하나님과 더욱 친밀해지게 된다. 그가 진정으로 원했던 것은 하나님의 보좌와 권세의 자리 자체였다. 여기서 당신이 이해해야 할 것이 있다. 사탄은 이미 이 오른편 자리를 알고 있었다. 그는 하나님의 보좌와 자리를 탐했기에 이 오른편 자리를 무시한 채 우회하려고 시도한 것이다(사 14:13-14 참조). 예수님은 창세전부터 하나님과 함께 계셨다. 주님은 루시퍼가 천국에서 쫓겨나 번개처럼 떨어지는 모습도 보셨다. 이는 다시 말해 루시퍼도 주님을 보았다는 뜻이기도 하다. 그는 주님이 창세전에 하나님 아버지와 함께 영광을 누리시는 모습을 보았다(요 17:5, 23-24 참조).

주님의 가장 큰 목적: 오른편 자리의 친밀함과 권능

His greatest goal: The right-hand seat of intimacy and power

예수님은 창세전에 하나님과 함께하실 때에도 이미 이 영광의 오른편 자리에 앉아계셨다. 주님의 관심은 온통 하나님과 누리던 친밀감에 있었다. 주님은 초점을 높임을 받는 일이라든지, 권능과 권세, 주님께 주어진 왕국 등에 맞추지 않았다. 주님에게 이 모든 것은 하나님과 친밀하게 앉으시는 일에 비하면 부차적인 것들에 불과했다. 예수님은 새 나라와 영광을 얻으신 후에도 여전히 이런 것들이 주님의 초점이라고 언급하신 적이 없다. 주님의 초점은 오직 하나님과의 친밀함이었다.

자리 대 보좌
The seat versus the throne

예수님은 보좌(throne)가 아닌 자리(seat)를 선택하실 만큼 겸손하신 분이다. 하나님이 예수님을 위대하게 보신 까닭도 여기에 있다. 이런 이유로 하나님은 주님을 높이시어 하나님과 함께 보좌에 앉을 수 있도록 하셨다. 예수님은 몸소 실천하신 것만을 우리에게 가르치신다. 주님은 우리에게 초청을 받은 곳의 많은 자리 중에서 언제나 가장 낮은 자리를 선택하라고 비유를 통해 말씀하셨다.

> 네가 누구에게나 혼인 잔치에 청함을 받았을 때에 높은 자리에 앉지 말라 그렇지 않으면 너보다 더 높은 사람이 청함을 받은 경우에…청함을 받았을 때에 차라리 가서 끝자리에 앉으라 그러면 너를 청한 자가 와서 너더러 벗이여 올라 앉으라 하리니 그때에야 함께 앉은 모든 사람 앞에서 영광이 있으리라 무릇 자기를 높이는 자는 낮아지고 자기를 낮추는 자는 높아지리라 (눅

14:8, 10-11)

처음 구원을 받았을 때 나는 이 말씀이 단순히 예수님이 우리에게 어떻게 살아야 하는지 가르쳐주는 내용이라고 생각했다. 주님의 가르침이 주님 자신의 삶에도 적용되고 있을 줄은 꿈에도 생각하지 못했다. 아니, 여기에는 이보다 훨씬 더 심오한 의미가 담겨있었다. 주님은 실제로 주님이 사셨던 방식을 우리에게 가르치셨다. 나아가 주님은 우리도 주님의 모범을 따라오기를 원하셨다. '어디에 앉을 것이냐' 가 주님의 초점이었다. 결코 하나님의 보좌가 초점이 아니었다. 이 오른편 자리는 가장 낮은 자리다. 그러나 동시에 그곳은 가장 높은 자리이기도 하다. 하나님 아버지는 예수님을 하나님의 보좌에 함께 앉도록 하셨다.

> 이기는 그에게는 내가 내 보좌에 함께 앉게 하여 주기를 내가 이기고 아버지 보좌에 함께 앉은 것과 같이 하리라 (계 3:21)

인간은 하나님 나라의 위대함을 쉽게 이해하지 못한다. 따라서 나 역시 예수님의 말씀이 얼마나 큰 영예를 표현하는지 잘 알지 못한다. 왕의 보좌에 왕과 함께 앉는다는 것은 굉장한 영예다. 이 자리는 루시퍼마저도 강탈하여 차지하기를 원했다. 천국에서는 친밀함을 주고받는 이 오른편 자리를 혹시 우리가 얻을 수도 있을 개인적인 자리보다도 훨씬 더 귀한 것으로 여긴다. 예수님이 말씀하신 상급의 의미도 여기에 있다. 주님은 이기는 사람을 주님의 보좌에 함께 앉을 수 있게 하시겠다고 약속하셨다. 예수님이 이기신 후에 하나님 아버지와 함께 보좌에 앉으셨던 것처럼 말이다. 주님과 함께 주님의 보좌에 앉는다는 것은 온 천국에서 누릴 수 있는 최고의 영예 중 하나다. 사탄은 교만에 가득 차서 멸망시키고 죽이는 방법으로 이를 얻으려 했다. 그러나 예수님은 겸손하게 하나님 아버지의 뜻에 순종하심으로써 이 자리를 얻으셨다.

예수님의 옆 자리: 야망인가, 아니면 친밀함인가?
Seated in heavenly places: ambition or intimacy?

릭 조이너는 『빛과 어둠의 영적 전쟁』[18]에서, 자신이 체험했던 천국 여행을 소개한다. 이 책에서 릭은 천국에서 만난 몇몇 위대한 하나님의 종과 설교자에 관해 이야기한다. 그들은 이 세상에서 이미 사람들로부터 영예를 받아 누린 자들이었다. 그리하여 영원의 영역으로 들어갔을 때 그들은 천국에서 가장 낮은 자리들을 차지하게 되었다. 하나님의 오른편에 앉지도 못했고 결국 그리스도 안에서 하나님의 가장 높은 부르심을 성취하지도 못했다. 이 책에서 릭은 가장 위대한 사역자들과 사람들이 영원토록 예수님의 옆 자리에 앉을 수 없게 되는 모습을 보았다고 했다. 이 내용을 읽으면서 나는 큰 충격을 받았다. 이 위대한 사역자들과 사람 중에는 세상에서 엄청난 영향력을 행사하며 수많은 영혼을 주님께로 이끌었던 이들도 있었다. 그러나 그들은 예수님의 옆 자리에는 영영토록 앉을 수 없게 되었다. 릭이 그들과 대화를 주고받는 동안 그들은 자신들이 저지른 수많은 실수를 릭에게 말해주었다. 어떤 이들은 세상에서 주님께 자신들의 인격을 심판하시도록 허용해드리지 않았다고 고백했다. 당신은 죽기 전에 회개해야 한다. 일단 이 세상을 떠나고 나면 더 이상 변화는 불가능하다.

어떤 이들은 주님의 오른편 자리에 앉을 만한 수준으로 그리스도를 얻지 못하게 된 이유로 동료 사역자나 형제자매들에게 사랑으로 대하지 못한 것을 이야기했다. 오히려 그들은 질투심에 사로잡혀 다른 사람들의 성취에 위협감을 느꼈다. 어떤 이들은 불안감에 근거하여 살았다. 그들은 불안감으로 말미암아 사역을 하면서도 늘 다른 이들과 경쟁을 일삼았다. 또 어떤 이들은 정욕과 성도착으로 실패했다. 대부분의 사람은 교만 때문에 실패했다. 수많은 사람이 가장 높은 부르심을 이루지 못한 가장 결정적인 요인은 교만과 거만과 자만이었다. 교회를 개혁하고 세계사를 변화시킨 위대한 사람들이 정작 자신의 영혼은 개혁시키지 못했기에 실패하고 마는 경우가 얼마나 많은지 모른다. 당신은 자신의 영혼을 변화시키지 않고도 얼마든지 세상을 변화시킬 수 있을지 모른다. 그러나 이때 당신이 이룬 모든 성취는 하나님 앞에서 무용지물이 될 수도 있다.

나중에 아느니 차라리 지금 아는 게 낫지 않겠는가?
Wouldn't you rather know now than later?

　당신도 알다시피, 하나님의 심판은 우리가 생각하는 것과는 매우 다르다. 하나님은 우리의 방식처럼 심판하시는 분이 아니다. 주님은 우리의 마음과 동기들, 인격을 심판하신다. 나는 왜 그토록 많은 사람이 예수님의 옆 자리에 앉을 수 있는 위대한 기회를 영원히 잃어버렸는지 점점 더 알게 되었다. 그들은 오직 예수님께만 헌신하고 예수님만을 사랑하는 삶에서 실패한 자들이었다. 릭의 책을 계기로 내 인생은 변화되었다. 이 책을 읽으며 예수님이 나타나셔서 오른편 자리에 관해 알려주신 교훈이 참된 것이었음을 확증했다. 그러나 하나님을 향한 신실함을 유지하며 살아왔던 이긴 자들은 천국에서 이 오른편 자리의 영예를 누렸다.

　그들은 주님을 경배했고 주님이 가시는 곳은 어디든 따라갔다. 또한 이러한 생활 방식에서 이탈하지도 않았다. 나는 이따금씩 내가 주님을 향한 헌신의 길에서 벗어나곤 했음을 알게 되었다. 하나님은 릭 조이너의 책을 통해 나에게 주님을 향한 사랑의 여정을 끝까지 지속해야 한다고 격려하셨다. 주님이 베푸시는 축복과 심판 덕분에 우리는 계속해서 생명의 길로 걸어갈 수 있다. 수많은 사람이 천국에서 이 위대한 자리를 놓쳐버리는 이유는 세상에서 주님께 자신들을 심판해달라고 요청한 적이 한 번도 없었기 때문이었다. 당신은 지금 바로 여기에서(here and now) 당신의 삶을 심판하시도록 주님께 요구할 수 있다.

주님은 당신의 요구에 반드시 응답하실 것이다. 이렇게 하는 것은 성경적으로도 합당하다. 당신은 살아있으면서도 그리스도의 심판대 앞에 설 수 있다. 만일 지금 주님의 심판대 앞에 서지 않는다면, 나중에 인생을 마감하는 시점에 설 수밖에 없다. 심판은 나중에 받는 것보다 기왕이면 지금 받는 것이 훨씬 낫다. 심판은 당신을 천국에 적합한 사람이 될 수 있도록 준비시킨다. 심판을 통과함으로써 얻게 될 열매는 무척 아름답다. 물론, 심판을 받는다는 말은 얼핏 무서운 소리로 들릴 수도 있다. 나도 천국에 있는 예수님의 심판대 앞에서 심판을 통과했다. 당신도 그렇게 할 수 있다. 심판을 통과할 때 당신은 경이로운 천국의 영광을 영원히 누릴 수 있는 준비를 갖추게 될 것이다.

당신은 하나님의 높은 부르심을 이 세상에서 성취하지만 그 유익은 영원 속에서 누린다
The high calling of God is attained in this world but gained in eternity

릭 조이너는 천국 여행을 하면서 수많은 위대한 사람의 곁을 지나게 되었다. 그들은 주님의 이름으로 중대한 운동들과 교파들을 창시하기도 했던 이들이었다. 그러나 죽기 전에 교만의 문제를 처리하지 않아서 결국 하나님의 오른편에 앉고 하나님의 높은 부르심을 성취할 수 있는 자격을 박탈당했다. 릭은 천국에서 역사상 저명한 사람들과 위대한 작가들도 만났다. 그들도 역시 예수님의 옆 자리에 앉아 친밀함과 권능을 누릴 기회를 얻지 못했다. 그들의 태도와 인격 때문이었다. 그들에게는 다른 사람들을 향한 사랑이 부족했다. 릭은 예수님과 함께 주님의 보좌 옆으로 걸어가고 있었다. 이때 그는 신실한 자들로 입증되어 주님의 오른편에 앉게 된 대부분의 사람이 가정주부라는 사실을 발견했다. 그들은 천국에서도 가장 고급스러운 자리에 앉아있었다. 하나님은 릭에게 우리가 아무리 많은 성취를 이루었을지라도 주님의 사랑과 주님의 십자가를 위해 하지 않았다면 모두 무효라고 말씀하셨다. 나는 이 내용을 읽으면서 아주 큰 충격을 받았다. 이곳 세상의 관점으로는 도저히 가능성이 없어 보이는 사람들, 멸시받고 소외당한 사람들이 천국에서는 영광스럽고 영예로운 대우를 받았다. 그들은 겸손하고 남을 사랑하며 살았던 자들이었다. 릭은 예수님의 옆 자리에 수없이 많은 빈자리가 있는 것을 목격했다. 텅 빈 자리들은 어떤 세대의 사람들이라도 앉을 수 있을 만큼 많이 남아있었다. 지금 나는 당신에게 묻고 싶다. 사랑하는 독자 여러분이여, 당신도 예수님의 옆 자리에 앉는 사람 중의 한 명이 되기를 원하는가? 충분히 당신도 그 자리에 앉을 수 있다. 천국에서 릭은 영광에 둘러싸인 어느 한 특별한 남자를 보았다. 그도 역시 이 특별한 오른편 자리에 앉아있었다.

이제부터 내가 하려는 이야기는 릭의 책에서 가장 놀라운 내용이다. 릭은 예수님께 이 남자가 이런 영예를 얻게 되기까지 한 일이 무엇이냐고 여쭈어보았다. 세상에서 그 남자는 노숙자로 지냈던 그리스도인이었다. 세상 사람들은 그를 부랑아라고 불렀을 것이다. 그는 집도 없이 길에서 생활했다. 예수님은 릭에게 그가 주류교단의 교회에서도 쫓겨났다고 말씀하셨다. 그의 복장이 형편없다는 이유 때문이었다. 그는 자신이 주님을 향해 키워왔던 사랑을 십분 활용하며 살았다. 사실 교회에 다니는 우리의 사랑에 비하면 그의 사랑은 미미했다. 우리는 하나님의 말씀에 대한 지식으로 하나님을 향해 훨씬 더 심오한 차원의 사랑을 키워가지 않는가. 그는 거리에서 노숙자들에게 복음을 전하는 사역자가 되었다. 예수님은 릭에게 오늘날의 주류교회가 이 남자를 어떻게 거절했는지 설명하셨다. 주류교회는 그가 행색도 초라한데다 대성당에서 사역하는 우리 시대의 위대한 사역자들처럼 세련되지도 못하다는 이유로 거부했다. 하지만 결국 그는 주님의 옆 자리에 앉는 자격을 얻었다. 그를 통해 구원을 얻은 사람은 유일하게 한 명이었다. 처음에 릭은 이 사람이 수많은 영혼을 주님께로 이끌었기 때문에 이렇게 영예로운 자리를 얻었을 것이라고 추측했다. 그런데 알고 보니 그는 이렇다 할 만큼 위대한 사역을 한 것도 아니었고, 릭이 이전에 만났던 몇몇 저명한 사역자처럼 수천 명의 영혼을 주님께로 인도한 것도 아니었다. 이 남자가 주님께 인도한 사람은 겨우 한 명이었다. 예수님은 릭에게 그 이야기를 들려주셨다. 어느 날 그는 거리에서 어떤 사람이 추위로 죽어가는 모습을 발견했다. 몹시도 추운 겨울밤이었다. 그 사람은 따뜻하게 해주지 않으면 그대로 죽을 수도 있었다. 결국 그는 자신의 체온을 나눠주기 위해 밤새도록 몸으로 그 사람을 감싸 안아주었다. 마침내 그 사람은 온기로 인해 목숨을 구할 수 있었지만, 그는 그날 밤 죽고 말았다. 이 노숙자는 사랑에서 우러나온 깊은 긍휼을 유감없이 표현했다. 그는 다른 사람을 위해 자신의 생명을 내놓았다. 하나님의 오른편에 앉은 사람들 대부분은 자신들이 행했던 사랑의 행위들로 말미암아 그 자리를 차지했다.

그들이 하나님 아버지의 오른편 자리를 얻게 된 중대한 이유가 있다. 그들은 이 세상에서 주님을 사랑했고 다른 사람들을 사랑했다.

예수님도 이와 동일한 일을 우리를 위해 해주셨다. 주님은 우리를 살리시고 우리를 주님이 앉으신 자리, 곧 하나님 아버지의 오른편에 앉히시기 위해 죽으셨다. 사랑이 열쇠다. 사랑은 죽음이나 죽음에 대한 두려움보다도 강하다. 이 얼마나 놀라운 일인가! 이 책을 읽은 사람은 누구라도 이 영광스러운 자리에 앉을 수 있다. 그러나 이를 위해 당신은 주님만을 온전히 추구해야 한다. 명성이나 거대한 사역, 또는 성공을 따라가서는 안 된다. 오직 주님만을 따르라! 오로지 주님만이 당신의 초점이 되어야 한다. 마음과 몸과 뜻과 혼을 다해 예수님을 사랑하는 일에서 결코 벗어나지 않는 것이 열쇠다.

당신도 하나님의 오른편에 계신 예수님의 옆 자리에 앉아 친밀함을 누릴 수 있다

You too can have the place of closeness seated next to Jesus at God's right hand

골로새서에서 바울은 우리에게 위에 있는 것들을 기대하고 추구하라고 격려한다. 우리의 애정과 열망은 땅에 있는 것들, 물질적인 것들에 고정되어서는 안 된다.

> 그러므로 너희가 그리스도와 함께 다시 살리심을 받았으면 위의 것을 찾으라 거기는 그리스도께서 하나님 우편에 앉아 계시느니라 위의 것을 생각하고 땅의 것을 생각하지 말라 (골 3:1-2)

하나님은 우리에게 위에 있는 것들을 추구하며 찾으라고 권면하시며 초청하신다. 당신이 바라보는 곳은 어디인가? 그리스도께서 앉아 계신 오른편은 주 예수님과 하나님 아버지가 가장 가깝게 앉아서 최고 수준의 친밀함과 우정을 나눌 수 있는 자리다. 당신은 이 자리를 바라보고 있는가? 성경은 하나님의 오른편에 있는 자리를 차지하려고 열심히 노력하고 달려가고 추구하는 것을 결코 잘못됐다거나 야망에 찬 모습이라고 말하지 않는다. 어떤 이들은 주님의 오른편에 앉으려고 애쓰는 것을 교만과 야망에 찬 모습으로 생각하는 사고의 틀에서 벗어나지 못한다. 이는 야고보와 요한의 어머니가 야심차게 예수님께 구했던 내용과도 관련이 있다(마 4:21 참조).

> 그때에 세베대의 아들의 어머니가 그 아들들을 데리고 예수께 와서 절하며 무엇을 구하니 예수께서 이르시되 무엇을 원하느냐 이르되 나의 이 두 아들을 주의 나라에서 하나는 주의 우편에 하나는 주의 좌편에 앉게 명하소서 (마 20:20-21)

그녀는 자신의 아들인 야고보와 요한이 예수님의 오른편과 왼편에 앉을 수 있게 해달라고 구했다. 하지만 그녀는 자신이 구하는 것이 실제로 무엇을 의미하는지 알지 못했다.

…너희는 너희가 구하는 것을 알지 못하는도다… (마 20:22)

이 요구는 자신의 아들들이 예수님의 나라에서 권세를 얻는 모습을 보고 싶어 하는 한 어머니의 야망에서 우러나왔을 뿐, 결코 주님과의 관계에 바탕을 둔 것은 아니었다. 그러나 여기서 이해하고 넘어가야 할 것은 그녀가 이런 요구를 하게 된 것도 이전에 예수님이 주님의 나라에 관한 교훈들을 말씀하셨기 때문이었다. 주님은 당신도 하나님 아버지의 오른편에 앉을 수 있다고 이미 말씀하셨다. 후에 예수님은 누가복음 22장 29-30절에서 이 주제를 가르치신다. 예수님은 주님이 몸소 첫 번째 모범이 되어주심으로써, 또한 주님도 하나님의 오른편에 앉아 다스리기를 원한다고 말씀하심으로써, 우리를 격려하셨다.

우리는 그리스도께서 하나님 우편에 앉아계신 하늘에 있는 것들을 추구하라는 명령과 권고를 받았다. 대체로 수많은 사람은 위에 있는 천국을 생각할 때면 주님이 짓고 계신 자신들의 저택을 떠올린다. 어떤 이들은 황금 거리를 걷는다거나 자신들이 세상에서 행한 섬김으로 인해 받을 여러 보상을 생각할지도 모른다. 어떤 이들은 사랑했던 사람들과의 재회를 우선순위로 삼는다. 또 다른 이들은 죽지 않고 영원히 살아가는 기쁨에만 관심을 둔다. 물론 이 모든 것은 훌륭하다. 그러나 이것들 자체가 주님은 아니며 주님과의 친밀함을 증진시키는 것들도 아니다. 성경이 우리에게 그리스도께서 앉아계신 하나님의 오른편에 있는 '것들을'(things) 추구하라고 권면하는 이유도 여기에 있다. 주님의 오른편은 친밀함의 자리다. 무엇보다도 주님의 오른편은 주님과 영원한 즐거움을 누리는 자리다.

…주의 오른쪽에는 영원한 즐거움이 있나이다 (시 16:11)

한편 성경은 그리스도께서 앉으신 하나님의 오른편에는 어떤 '것들'(things)이 존재한다고 말씀한다. 당신이 이것들이 무엇인지 발견해야 한다. 하나님과 친밀함을 누리며 함께 다스리는 우정의 자리에는 자연히 수많은 것이 수반되게 마련이다. 그야말로 이곳은 권능의 자리다. 그러나 예수님이 하나님 아버지의 옆 자리를 추구하신 목적은 그곳에서 누릴 권능이 아니었다. 예수님이 하나님 아버지와 가장 가깝게 앉을 수 있는 자리를 추구하신 동기는 사랑이었다. 예수님은 오늘 우리에게도 주님의 오른편에 앉는 것을 삶의 목적과 목표로 삼으라고 초청하신다.

이 자리에 앉을 자를 결정하시는 분은 하나님 아버지시다
The Father makes this call

한 가지 놀라운 사실이 있다. 예수님은 주님의 오른편과 왼편에 누가 앉게 될지는 아직 정해지지 않았다고 말씀하셨다.

> 이르시되 너희가 과연 내 잔을 마시려니와 내 좌우편에 앉는 것은 내가 주는 것이 아니라 내 아버지께서 누구를 위하여 예비하셨든지 그들이 얻을 것이니라 (마 20:23)

이 자리는 우리를 위해 하나님 아버지께서 예비해두셨다
This place is prepared for us by the Father

예수님은 자신의 두 아들을 주님의 오른편과 왼편에 앉을 수 있도록 승진시켜달라는 여인에게 그 일은 오직 하나님이 결정하시는 일이라고 답변하셨다. 주님은 이런 일을 결정할 권세가 없으시다. 예수님을 하나님의 오른편에 앉히신 분도 하나님 아버지셨다. 마찬가지로 예수님의 좌우편 자리에 누구를 앉힐 것인지도 하나님 아버지께서 결정하신다(엡 1:20 참조). 예수님의 권세와 등급은 하나님 아버지의 권세와 등급과 다르다.

> …아버지는 나보다 크심이라 (요 14:28)

예수님은 몇몇 사항은 전적으로 하나님 아버지의 손에 달려있다고 말씀하신다.

> 이르시되 때와 시기는 아버지께서 자기의 권한에 두셨으니 너희가 알 바 아니요 (행 1:7)

> 그러나 그 날과 그 때는 아무도 모르나니 하늘에 있는 천사들도 아들도 모르고 아버지만 아시느니라 (막 13:32)

나는 여기서 빌립보서 3장 14절의 말씀을 떠올려본다.

> 푯대를 향하여 그리스도 예수 안에서 하나님이 위에서 부르신 부름의 상을 위하여 달려가노라

주님의 오른편에 앉으라는 부르심과 초청은 예수님이 아닌 하나님 아버지로부터 말미암았다. 하나님 아버지께서 이 자리를 우리를 위해 마련해두셨다. 성부 하나님께서는 성자 예수님을 위해서 이 자리를 예비하셨다. 하나님 아버지는 우리를 위해서도 이 자리를 준비하셨다.

당신도 그중의 한 사람이 되고자 하는가?
Will you be one of them?

그 자리는 당신을 위해 준비되어있다: "당신도 주님을 얻으려는가?"

> 이르시되 너희가 과연 내 잔을 마시려니와 내 좌우편에 앉는 것은 내가 주는 것이 아니라 내 아버지께서 누구를 위하여 예비하셨든지 그들이 얻을 것이니라 (마 20:23)

예수님이 이 자리를 하나님 아버지께서 그들을 위해 예비하셨다고 말씀하고 계신 점에 주목하라! 수많은 사람이 하나님으로부터의 이 높은 부르심에 응답할 것이다. 그 부르심은 무엇인가? 하나님은 우리가 이 세상에서 하나님의 아들 예수님을 아는 지식이 가장 고상함을 아는 일에 열심을 내라고 부르신다. 하나님은 과연 우리가 가장 친밀한 관계로 예수님을 얻기에 충분한 자들로 입증될 것인지 지켜보신다. 하나님의 아들을 사랑하고 그분의 말씀에 귀 기울이고 그분과의 관계를 추구하는 것이 우리를 향한 하나님의 부르심이다.

> 나의 계명을 지키는 자라야 나를 사랑하는 자니 나를 사랑하는 자는 내 아버지께 사랑을 받을 것이요 나도 그를 사랑하여 그에게 나를 나타내리라…예수께서 대답하여 이르시되 사람이 나를 사랑하면 내 말을 지키리니 내 아버지께서 그를 사랑하실 것

이요 우리가 그에게 가서 거처를 그와 함께 하리라 (요 14:21-23)

구름 속에서 소리가 나서 이르되 이는 나의 아들 곧 택함을 받은 자니 너희는 그의 말을 들으라 하고 (눅 9:35)

우리는 하나님 아버지를 사랑하기 전에 우선 하나님의 아들을 사랑한다. 우리가 예수님을 사랑할 때 하나님 아버지는 기뻐하신다. 예수님과의 이 같은 친밀한 경험은 황홀함을 넘어서는 것일 뿐 아니라, 다른 모든 것을 아는 지식보다도 훨씬 더 고상하다. 하나님 아버지는 우선적으로 우리가 하나님의 아들인 예수님을 알기를 원하신다.

이에 그들이 묻되 네 아버지가 어디 있느냐 예수께서 대답하시되 너희는 나를 알지 못하고 내 아버지도 알지 못하는도다 나를 알았더라면 내 아버지도 알았으리라 (요 8:19)

이는 모든 사람으로 아버지를 공경하는 것같이 아들을 공경하게 하려 하심이라 아들을 공경하지 아니하는 자는 그를 보내신 아버지도 공경하지 아니하느니라 (요 5:23)

하나님은 하나님의 아들을 가장 우선시하신다. 이와 마찬가지로 예수님은 하나님을 가장 우선시하시며, 우리에게 하나님 아버지에 관해 말씀하시고, 하나님 아버지를 계시하신다.

> 내 아버지께서 모든 것을 내게 주셨으니 아버지 외에는 아들을 아는 자가 없고 아들과 또 아들의 소원대로 계시를 받는 자 외에는 아버지를 아는 자가 없느니라 (마 11:27)

우리의 가장 높은 부르심은 예수님을 사랑하는 것
The highest call in life is loving Jesus

내가 이 책을 저술한 궁극적인 목적은 주님이 당신을 위해 예비하신 것이 무엇인지를 알려주기 위함이다. 우리 인생의 최종 목적은 예수님과 이런 형태의 관계를 누리는 것이 되어야 한다. 주님과 나누는 친밀함은 이 세상에서 경험할 수 있는 황홀함을 훨씬 뛰어넘는다. 나는 그동안 내가 누렸던 주님과의 친밀함을 당신도 동일하게 체험하기를 원한다. 당신도 주님과 이러한 관계를 주고받을 수 있다. 예수님이 나와 함께 천국을 이리저리 거니시며 주님과 하나님 아버지의 오른편 자리에 관한 모든 내용을 보여주셨을 때, 나는 오늘날의 교회가 주님의 마음의 초점과 요지를 얼마나 심각하게 놓치고 있는지 알게 되었다. 당신은 이러한 형태의 친밀감이 천국에서 당신을 기다리고 있음을 반드시 인식해야 한다. 당신은 주님과의 친밀한 관계를 이 세상에서 구축해야 한다. 이를 위해 당신은 주님과의 친밀함을 방해하는 것은 무엇이든지 희생할 수 있어야 한다. 주님의 옆 자리에 앉아 친밀함을 주고받는 일을 방해하는 것이라면 아무리 소중하다 할지라도 기꺼이 포기할 수 있어야 한다. 이런 일은 결코 희생이 아니다. 당신이 포기해야 하는 것에만 초점을 맞추지 마라. 이렇게 하는 것은 결국 주님을 향한 사랑 때문이다. 만일 당신이 주님을 사랑한다면 이런 희생쯤은 당신이 할 수 있는 지극히 작은 일에 불과하다고 느낄 것이다. 사랑은 죽음보다 강하다(아 8:6 참조). 사랑은 희생보다도 강하다. 우리의 삶에 있어 가장 높은 부르심은 예수님을 사랑하는 것이다.

한 번 얻은 친밀감은 결코 빼앗기지 않는다
Once gained, intimacy shall never be taken away

> 몇 가지만 하든지 혹은 한 가지만이라도 족하니라 마리아는 이 좋은 편을 택하였으니 빼앗기지 아니하리라 하시니라 (눅 10:42)

마리아는 하나님과 친밀한 관계를 누리고 있었기에 주님의 발치에 앉아 시간을 보냈다. 주님은 그녀와 우리에게 이런 형태의 친밀함은 결코 빼앗기지 않을 것이라고 약속하신다. 릭 조이너가 천국에 이끌려갔을 때 예수님께 들었던 말씀에 귀 기울여보자.

너는 질그릇이다. 너는 세상에서 계속 질그릇으로 살아갈 것이다. 그러나 너는 그곳(이 세상)에서도 여기서와 마찬가지로 나를 선명하게 볼 수 있다. 네가 마음의 눈으로 바라보기만 한다면 말이다. 너는 그곳에서도 이제껏 나와 친밀함을 주고받았던 다른 누구 못지않게 나와 친밀하게 지낼 수 있다. 아니 그들보다 훨씬 더 깊은 친밀함을 나누게 될 수도 있다. 나는 누구든지 진정으로 원하는 만큼 나와 친밀해질 수 있도록 길을 열어놓았다. 만일 네가 나와 바울의 사이보다 훨씬 더 깊은 친밀함을 나누기를 진심으로 원한다면, 너는 그렇게 할 수 있다. 어떤 이들은 실제로 이런 친밀함을 원할 것이다. 그들은 나와의 친밀함을 무척 절실히 원한 나머지 나와의 친밀함을 방해하는 것들은 무엇이든지 기꺼이 포기하려 할 것이다. 그들은 이 일에 전적으로 헌신하여 마침내 자신들이 추구하는 바를 얻게 될 것이다.

네가 여기서 나와 거닐듯이 그곳에서도 나와의 동행을 추구한다면, 나는 여기에서와 마찬가지로 그곳에서도 여전히 너와 친밀한 사이로 지낼 것이다. 만일 네가 나를 찾는다면 너는 반드시 나를 만나게 될 것이다. 네가 나에게 가까이 나아온다면, 나도 너를 내게로 가까이 이끌 것이다. 나는 네 원수의 목전에서 네게 상을 베풀기를 원한다. 나의 이런 갈망은 비단 나의 지도자들을 향한 것만이 아니라, 내 이름을 부르는 모든 사람을 향한 것이기도 하단다. 나는 과거에 살았던 그 누군가가 했던 것보다 훨씬 더 깊은 친밀함으로 너에게 가까이 가고 싶다. 나는 내 이름을 부르는 모든 사람에게 이렇게 가까이 가기를 원한다. 우리가 얼마나 친밀할 수 있는지는 네 결정에 달려있지, 내게 달려있는 게 아니다. 나는 나를 간절히 찾는 자에게 반드시 나타날 것이다.[19]

내가 주님을 알고자 하여
That I may know Him

우리의 진정한 자랑은 오직 주님에 관한 것이 되어야 한다

> 내가 그리스도를 알고자 하여… (빌 3:10)

주님을 알기 위하여

우리는 우리의 영적인 은사들, 영적인 자원들, 기름 부으심, 물질적인 소유들, 혹은 덧없이 지나가는 온갖 것을 결코 자랑치 말아야 한다. 주님은 영원무궁하신 분이다. 오직 우리는 예수님을 개인적인 친구로서 친밀하게 아는 것만을 자랑해야 한다. 우리는 우리의 힘과 능력이 발휘되는 영역들에 관해서 교만해서는 안 된다.

여호와께서 이와 같이 말씀하시되 지혜로운 자는 그의 지혜를 자랑하지 말라 용사는 그의 용맹을 자랑하지 말라 부자는 그의 부함을 자랑하지 말라 자랑하는 자는 이것으로 자랑할지니 곧 명철하여 나를 아는 것과 나 여호와는 사랑과 정의와 공의를 땅에 행하는 자인 줄 깨닫는 것이라 나는 이 일을 기뻐하노라 여호와의 말씀이니라 (렘 9:23-24)

이 말씀은 역사 전반에 걸쳐 울려 퍼지면서 오랜 세월 동안 이스라엘 백성에게 전해 내려오던 하나님의 간절한 요청이셨다. "나는…번제보다 하나님을 아는 것을 원하노라"(호 6:6). 주님은 그 땅에 주님을 아는 지식이 없다는 사실에 당황하셨다(호 4:1 참조). 주님은 우리가 주님을 알기를 원하신다. 바울이 외친 최고의 부르짖음도 이것이었다. 주님은 우리도 이 외침을 가장 큰소리로 부르짖기 원하신다. "내가 그리스도를 알고자 하여"(빌 3:10 참조). 주님을 아는 것이 우리 삶의 최고의 자랑이자 영광이고 찬송이 되어야 한다.

이 모든 것 후에도 여전히 또 무언가가 있다
After all this…there's still more!

하나님 아버지는 우리가 예수님과 친밀해지기 전에는 결코 하나님 아버지와의 친밀함을 추구하도록 허락하지 않으실 것이다. 예수님도 하나님 아버지와의 친밀함의 자리로 나아가기 위해 열심히 애쓰셨다.

하나님 아버지는 우리에게도 하나님께로 오기 전에 우선 그분의 아들을 믿고 영접하고 사랑하라고 명령하신다. 하나님 아버지는 예수님이 하나님과의 친밀함을 추구하시고 모든 인류를 위해 고난받으심으로써 하나님의 뜻에 순종하신 모습을 기뻐하셨다. 그로 말미암아 하나님은 예수님을 주님의 나라에서 최고의 친밀함을 누릴 수 있는 자리로 승격시키셨다. 예수님과 이러한 친밀함을 추구하는 것이 우리가 해야 할 일이다. 예수님과 친밀함을 누리는 자리에 다다를 때, 우리는 하나님 아버지와의 친밀함을 포함하여 주님이 이미 확보하신 승리도 자연히 함께 누리게 될 것이다.

주님은 내가 미처 알아차리기도 전에 나를 하나님 아버지와의 친밀함으로 인도해가셨다. 나는 예수님과의 사랑에 푹 빠져있었으므로 삼위일체의 하나님과 누리는 친밀함에 또 다른 수준이 존재하리라고는 생각지도 못했다. 주님은 내가 놀라운 수준으로 주님을 사랑하는 지점에까지 이르렀으므로, 주님의 마음이 아주 특별한 방식으로 감동을 받으셨다고 말씀하셨다. 계속해서 주님은 다음과 같이 말씀하셨다. "데이비드야, 이제 네게 내 아버지를 계시해주려고 한단다. 그분은 지금 이 순간까지도 내 삶이 추구하는 최고의 목적이시란다. 그분은 나에게 가장 위대한 상급이자 보상이시다." 주님은 애정으로 가득 찬 부드러운 목소리로 말씀하셨다. "내게는 오직 그분밖에 없단다." 나는 주님이 하나님 아버지에 관해 말씀하신다는 것을 알고 있었다. 주님은 하나님 아버지와 누리는 친밀함을 이야기하고 계셨다. 주님은 다음과 같이 덧붙이셨다. "나는 오늘날까지 여전히 내 아버지의 명령과 갈망을 추구하고 따르고 순종하고 있단다." 나는 앞에 서계신 예수님의 모습에서 하나님 아버지를 향한 깊은 경외감과 당당함이 어우러진 존경과 사랑을 보았다. 나는 하나님 아버지께서도 예수님을 깊이 사랑하고 계신 것을 알 수 있었다. 나는 이제 곧 그 장면을 직접 목격하려 하고 있었다.

8

Jesus introduces me
to the Father in person

예수님이 친히 나를
하나님 아버지께 소개하시다

"예수님이 인생 최대의
갈망을 보여주시다."

Face-to-Face with Jesus

08

예수님이 친히 나를
하나님 아버지께 소개하시다

Jesus introduces me to the Father in person

"예수님이 인생 최대의 갈망을 보여주시다."

예수님이 하나님 아버지가 내게 어떤 분이셨는지 계시하시다
Jesus reveals who His Father was to me

언젠가 교회 안에 틀어박혀 꼬박 칠 일간을 금식하며 기도하고 있을 때였다. 이 기간 중의 어느 날 밤, 나는 그동안 주님과 함께했던 일 중에서 가장 감격스러운 체험을 했다. 밤늦은 시간까지 잠자리에 들지 않고 주님의 말씀을 읽으며 연구하고 있을 때였다. 갑자기 예수님이 내 앞에 나타나셨다. 방문은 굳게 닫혀있었다. 다른 때는 주님이 문을 통해 걸어 들어오시는 모습을 보기도 했었는데, 이번에는 달랐다.

이번에는 주님이 걸어오시는 모습을 못 보았다. 그날은 주님이 그냥 갑작스럽게 내 앞에 나타나셨다. 나는 찬양과 경배를 드리고 주님과 함께 공부를 한 후에 잠시 앉았다. 예수님은 평소와 마찬가지로 매우 영광스러운 모습을 하고 계셨다. 주님이 이렇게 말씀하셨다. "데이비드야, 몇 년 전에 천국에서 나와 맺은 언약을 기억하고 있니? 내 아버지와 내가 이제는 이 땅에 직접 내려와서 너와 함께 일하겠다고 약속했었지. 나와 내 아버지는 모세와도 그렇게 동역했었단다. 그 언약이 이제 곧 이 땅에 이루어지려고 한단다. 이제 나는 내 아버지가 네게 어떤 분이신지 계시하기로 하겠다. 그뿐 아니라 내 아버지께서도 너와 함께 일하실 것이란다."

사실 그동안 나는 예수님의 약속이 늘 궁금했다.

> 나의 계명을 지키는 자라야 나를 사랑하는 자니 나를 사랑하는 자는 내 아버지께 사랑을 받을 것이요 나도 그를 사랑하여 그에게 나를 나타내리라…예수께서 대답하여 이르시되 사람이 나를 사랑하면 내 말을 지키리니 내 아버지께서 그를 사랑하실 것이요 우리가 그에게 가서 거처를 그와 함께 하리라 (요 14:21, 23)

예수님은 만일 우리가 계속해서 주님을 사랑하면 주님과 하나님 아버지께서 우리에게 오셔서 처소를 마련하시고 우리와 함께 거하실 것이라고 말씀하신다.

나는 이것이 바로 "나로 말미암지 않고는 아버지께로 올 자가 없느니라"(요 14:6)는 말씀에 근거하여 예수님이 나를 데려가시려는 다음 수준임을 알 수 있었다. "나로 말미암지 않고는"이라는 표현은 '예외'를 암시한다. 예수님만은 예외다. 성경은 예수님만이 하나님 아버지를 우리에게 보여주실 수 있는 유일한 분이라고 밝힌다.

> 우리 주 예수 그리스도께서 나타나실 때까지 흠도 없고 책망 받을 것도 없이 이 명령을 지키라 기약이 이르면 하나님이 그의 나타나심을 보이시리니 하나님은 복되시고 유일하신 주권자이시며 만왕의 왕이시며 만주의 주시요 오직 그에게만 죽지 아니함이 있고 가까이 가지 못할 빛에 거하시고 어떤 사람도 보지 못하였고 또 볼 수 없는 이시니 그에게 존귀와 영원한 권능을 돌릴지어다 아멘 (딤전 6:14-16)

그동안 나는 예수님과 대면하는 경이로운 관계 안에서 즐거움을 누렸다. 따라서 이번에 주님이 하신 말씀은 내게 굉장한 놀라움으로 다가왔다. 나는 예수님보다 더 위대한 누군가를 만나게 되리라고는 전혀 생각도 못했다. 예수님은 내게 다음과 같이 말씀하셨다. "내가 너를 내 아버지께 소개하겠다." 예수님은 나를 하나님 아버지께 소개하고 싶어 하셨다. 주님의 말씀을 들으면서 나는 삼위일체 하나님은 과연 말씀대로 살아가는 분임을 알게 되었다. "타인이 너를 칭찬하게 하고 네 입으로는 하지 말며 외인이 너를 칭찬하게 하고 네 입술로는 하지 말지니라"(잠 27:2). 삼위일체 하나님의 세 위격은 결코 스스로에 대해 이야기하는 법이 없으시며, 언제나 서로에 관해 말씀하신다.

이는 성경을 잘 살펴보아도 알 수 있다. 성령님은 결코 스스로에 관해 말씀하지 않으시고, 언제나 예수님에 관해 말씀하시며 하나님 아버지께 영광을 돌린다. 예수님도 결코 스스로에 관해 말씀하는 법이 없으시고, 늘 하나님 아버지와 성령님을 증거하신다. 마찬가지로 하나님 아버지께서도 늘 성자 예수님과 성령님에 관해 이야기하신다. 이 얼마나 경이로운 모습인가! 잠시 후 예수님은 나와 함께 천국에 계신 하나님 아버지를 만나기 위한 여정을 시작하셨다. 예수님은 내게 "너는 네가 누구와 함께 일하는지를 반드시 잘 알고 이해해야 한다"고 말씀하셨다. 그때까지 나는 꼬박 십육 년간 예수님과 동행하는 삶을 살고 있었다. 예수님과 대면하는 방문들을 통해 우리는 친밀한 우정을 가꾸어오고 있었다. 그런데 이제 예수님은 내게 하나님 아버지를 소개해주려고 하셨다. 그분은 바로 내 아버지이시고 내 하나님이시다. 즉시 예수님과 나는 하나님의 보좌가 있는 곳으로 올라갔다. 내가 '올라갔다'(ascend)는 표현을 사용한 데에는 이유가 있다. 하나님의 보좌는 아주 높은 곳에 있기 때문에, 모든 것이 그곳을 향해 이끌려 올라간다. 우리는 네 얼굴을 가진 아름다운 네 생물 옆으로도 지나갔다. 그들의 외양은 매우 강력해 보였다. 그들은 경외감 속에서 하나님 아버지의 거룩하심을 소리 높여 외치고 있었다.

그분은 영광스러우셨고 위엄 가운데에 보좌 위에 앉아계셨다
He was glorious and enthroned in majesty above

　우리는 위대한 하나님의 보좌 앞에 펼쳐진 유리 바다를 지나갔다. 유리 바다는 마치 수정처럼 맑았고 반투명 다이아몬드처럼 매우 깨끗했다. 하나님 아버지의 보좌는 이 경이롭고 아름다운 바다를 내려다볼 수 있는 곳에 있었다. 매우 찬란하고 눈부신 모습이었다. 마치 이층 집에서 창문 너머로 뒷마당에 있는 아름다운 연못을 내려다보는 풍경 같았다. 단 예외가 있다면 천국의 유리 바다가 십억 배 정도는 더 아름답다. 나의 첫 번째 책인 『예수님의 얼굴』에서, 나는 예수님의 뒷마당에 있는 폭포를 보러 갔던 여행을 소개했다. 이 유리 바다를 본 이후에 비로소 내 안의 의문점이 풀리기 시작했다. 하나님 아버지도 예수님처럼 물가에 계시는 걸 매우 좋아하시는 분이다. 우리는 이십사 장로가 앉아있는 자리들을 우회하여 지나갔다. 이십사 장로는 모두 머리에 금으로 된 관을 쓰고 있었다. 하나님의 보좌로부터 아주 강력한 전기와 번개와 천둥과 음성들이 흘러나왔다. 하나님의 보좌에서 나오는 이 모든 에너지와 권능은 하나님에 대한 숭배와 경외감의 분위기를 조성했다. 마치 십억 대의 화물열차가 움직이면서 내는 소리와, 번개를 동반한 일조 개의 토네이도가 낮게 포효하며 우직거리는 소리 등이 한데 어우러진 것만 같았다. 뇌우가 내리치는 동안에 쿵쿵 터져대는 천둥소리처럼 들리기도 했다. 무척 아름다우면서도 무시무시했다. 참으로 경이로운 광경이었다. 이때 나는 그동안 궁금했던 몇몇 성경 구절의 의미를 이해할 수 있었다.

> 보좌로부터 번개와 음성과 우렛소리가 나고… (계 4:5)

> …나 여호와가 온 백성의 목전에서 시내 산에 강림할 것임이니 (출 19:11)

> 셋째 날 아침에 우레와 번개와 빽빽한 구름이 산 위에 있고 나팔 소리가 매우 크게 들리니 진중에 있는 모든 백성이 다 떨더라 (출 19:16)

> 뭇 백성이 우레와 번개와 나팔 소리와 산의 연기를 본지라 그들이 볼 때에 떨며 멀리 서서 (출 20:18)

성경은 모세의 시대에도 하나님 아버지께서 온 백성의 목전에 강림하시던 순간에는 천둥과 번개가 수반되었다고 기록한다. 만일 당신이 성경의 역사를 연구한다면, 성부 하나님께서 나타나실 때에는 전기와 번개와 천둥, 지진, 보석들, 음성들, 눈부신 빛, 불 등이 하나님의 임재와 영광의 표시로 언제나 수반되었음을 알게 될 것이다. 하나님 아버지는 무척 아름다우신 분이다. 이제 나는 그분을 더 선명하게 바라볼 수 있는 기회를 누리고 있었다. 하나님 앞에 엎드려 있으면서 보좌에 앉아계신 성부 하나님의 손가락에 있는 결혼반지를 보았다. 성부 하나님으로부터 발산되는 빛이 어찌나 눈부시던지, 얼굴을 바닥에 대고 엎드려 있는 동안 나는 단지 그분의 손과 다리와 발만을 볼 수 있었다. 하나님의 보좌 주변의 바닥은 아름다운 대리석으로 되어있었다.

예수님이 하나님 아버지의 영광을 나에게 계시하시다
Jesus reveals the Father's glory to me

지극히 큰 영광

> 지극히 큰 영광 중에서 이러한 소리가 그에게 나기를 이는 내 사랑하는 아들이요 내 기뻐하는 자라 하실 때에 그가 하나님 아버지께 존귀와 영광을 받으셨느니라 (벧후 1:17)

주님의 몸은 마치 헤아릴 수 없이 많은 수의 찬란한 다이아몬드와 보석이 아주 멋지게 어우러져 주님의 존재 자체 안에 심겨진 모습처럼 보였다. 좀 더 면밀히 바라보았더니, 주님의 몸은 계속해서 다양한 색상으로 변화되었다. 보석들 안에서 끊임없이 달라지는 빛의 반사현상 때문이었다. 주님은 눈부실 정도로 찬란하고 아름다우셨다. 나는 에스겔과 사도 요한이 하나님 아버지에 관해 묘사한 성경 구절의 의미를 깨달았다.

그 머리 위에 있는 궁창 위에 보좌의 형상이 있는데 그 모양이 남보석 같고 그 보좌의 형상 위에 한 형상이 있어 사람의 모양 같더라 (겔 1:26)

내가 곧 성령에 감동되었더니 보라 하늘에 보좌를 베풀었고 그 보좌 위에 앉으신 이가 있는데 앉으신 이의 모양이 벽옥과 홍보석 같고 또 무지개가 있어 보좌에 둘렸는데 그 모양이 녹보석 같더라 (계 4:2-3)

모세도 보석들에 관해 언급하였다.

이스라엘의 하나님을 보니 그의 발 아래에는 청옥을 편 듯하고 하늘같이 청명하더라 (출 24:10)

이 보석들과 다이아몬드들에서 발산되고 반사되는 빛은 눈부실 정도로 찬란하고 강력했다. 따라서 만일 예수님이 나를 강건케 하시고 하나님 앞으로 좀 더 가까이 나아가도록 이끌어주지 않으셨더라면, 나는 하나님 아버지 쪽으로는 한 발자국도 움직이지 못했을 것이다. 그 때 나는 "나로 말미암지 않고는 아버지께로 올 자가 없느니라" (요 14:6) 는 성경 말씀의 의미를 이해하게 되었다. 이전에는 미처 알아차리지 못했던 또 하나의 흥미로운 사실도 발견했다. 하나님 아버지의 보좌는 움직일 수도 있고 이동 가능하도록 되어있었다. 하나님이 앉아계신 보좌는 네 사람이 운반하던 고대의 왕좌처럼 움직일 수 있게 되어 있었다.

하나님의 보좌에는 바퀴들이 있었다. 주님이 앉아계신 이 희고 아름다운 보좌를 운반하는 이들은 네 생물이었다. 주님의 보좌는 심히 아름다웠다. 나중에야 나는 다음과 같은 성경의 기록이 참된 것임을 깨달았다.

> 내가 보니 왕좌가 놓이고 옛적부터 항상 계신 이가 좌정하셨는데 그의 옷은 희기가 눈 같고 그의 머리털은 깨끗한 양의 털 같고 그의 보좌는 불꽃이요 그의 바퀴는 타오르는 불이며 (단 7:9)
>
> 그 생물들이 갈 때에 바퀴들도 그 곁에서 가고 그 생물들이 땅에서 들릴 때에 바퀴들도 들려서 영이 어떤 쪽으로 가면 생물들도 영이 가려 하는 곳으로 가고 바퀴들도 그 곁에서 들리니 이는 생물의 영이 그 바퀴들 가운데에 있음이니라 (겔 1:19-20)

나는 하나님의 영광을 마음껏 쬐고 있었다. 내가 바라보는 분과 목격하는 광경으로 인해, 내 안과 주변은 온통 깊은 경외감으로 충만했다. 주님의 외양은 마치 불타는 듯한 모습이었다. 그분은 사람과 동일한 모양과 형상을 하고 계신 아름다운 불이셨다. 하나님의 모습을 보았을 때 나는 이러한 성경 말씀을 떠올렸다. "하나님이 이르시되 우리의 형상을 따라 우리의 모양대로 우리가 사람을 만들고" (창 1:26). 우리는 하나님의 형상과 모양대로 지음 받은 존재들이다.

그분은 불로 된 영의 사람이시다
He's a Spirit man of fire

내가 이 불을 묘사할 수 있는 방법은 오직 하나밖에 없다. 그 불은 마치 태양처럼 빛났는데, 다만 그 밝기는 태양보다 일조 배 이상은 될 것 같았다. 우리 인간의 몸으로는 도저히 그 정도의 빛과 영광을 감당할 수가 없다. 나의 경우는 주님이 내게 그 광경을 보여주시려고 내 영을 몸에서 취하셔서 천국으로 데려가셨기 때문에 견딜 수 있었다. 불이 하나님 아버지로부터 뿜어져 나왔다. 태양으로부터 나온 불이 수 마일 떨어진 공간으로 방출되는 것과도 같았다. 성부 하나님께서 시내 산 위에 불로 임하셨을 때, 이스라엘 백성도 이러한 모습을 목격했다. 주님은 사람의 형태를 갖춘 타오르는 불과 같은 형상을 하고 계신다. 그러나 진정한 주님의 인격(Person)은 이 모든 눈부신 타오름 이면에 숨어있다. 주님은 단지 여느 것과 같은 평범한 불이 아니라 소멸하는 불이셨다. 주님의 불은 주변의 모든 것 위에 휙 옮겨 붙는다. 주님께 접촉된 것은 무엇이든지 완전히 불에 휩싸여 연소한다. 주님은 주님이 가시는 길에 놓인 모든 것을 태워버리신다. 이스라엘 백성에게 주님이 산에 강림하실 때에 너무 가까이 다가오지 말라고 경고하신 이유도 이 때문이었다. 주님은 모세에게 백성이 주님을 보려고 경계선을 넘어 너무 가까이 오지 못하게 하라고 주의를 주셨다. 혹시라도 주님이 그들에게 돌진하셔서 불로 살라버리실 수도 있기 때문이었다. 주님은 이스라엘 백성이 경계선을 넘어 지나치게 가까이 오지 않기를 원하셨다. 당신은 어떤 건물이 불에 활활 타오를 때 사람들이 멀찍이 서서 지켜보는 광경을 본 적이 있는가? 성경도 이와 동일한 진리를 기록한다.

> 내가 보니 그 허리 위의 모양은 단 쇠 같아서 그 속과 주위가 불 같고 내가 보니 그 허리 아래의 모양도 불 같아서 사방으로 광채가 나며 (겔 1:27)

> 시내 산에 연기가 자욱하니 여호와께서 불 가운데서 거기 강림하심이라 그 연기가 옹기 가마 연기 같이 떠오르고 온 산이 크게 진동하며 (출 19:18)

> 우리 하나님은 소멸하는 불이심이라 (히 12:29)

> 또 여호와에게 가까이 하는 제사장들에게 그 몸을 성결히 하게 하라 나 여호와가 그들을 칠까 하노라 (출 19:22)

한편 나는 주변을 둘러싼 대기에서 매우 강력한 자기력을 느꼈다.

하나님의 강력한 자기력

His powerful, magnetic attraction

　점차 나는 하나님 아버지의 성품에 관해 언급하는 성경 구절들의 의미를 이해할 수 있게 되었다. "나를 보내신 아버지께서 이끌지 아니하시면 아무도 내게 올 수 없으니…"(요 6:44) 성부 하나님의 임재와 인격 안에는 끌어당기는 자기력이 존재한다. 이 끌어당기는 힘은 예수님도 언급하신 적이 있다(요 12:32 참조). 하나님 아버지는 매우 강력한 자기력과 매력을 가지고 계셨다. 이때야 비로소 나는 태양의 인력에 의해 모든 행성이 제 궤도를 지키며 미묘한 균형을 유지하는 과학적 원리를 깨달을 수 있었다. 우리 하나님 아버지는 얼마나 강력하시고 놀라우신 분인지 모른다. 이번 방문에서 내가 본 하나님은 매우 거대한 분이었다. 하나님 아버지는 위대한 분이며, 완벽한 불이고 빛이었다. 그러나 그분의 임재는 사랑으로 충만했다. 그분은 형언할 수 없을 정도로 경탄스러우시고 굉장한 분이었으며, 숨 막힐 정도로 멋진 분이었다. 예수님은 내게 말씀하셨다. "이분이 나의 아버지시다. 그분은 너를 해치지 않으신다. 그분은 너를 무척 사랑하신단다. 두려워하지 마라!" 예수님은 내가 엄청난 경외감과 경건한 두려움을 느끼는 것을 잘 알고 계셨다. 예수님이 나를 하나님 아버지께로 데려가시는 동안 나는 얼마나 두려웠는지 모른다. 내가 느낀 두려움은 매우 순수한 두려움이었다. 변화 산에 성부 하나님께서 임하셨을 때 베드로와 야고보와 요한이 왜 그토록 두려워했는지를 이제야 알 수 있었다(눅 9:34 참조).

  하나님 아버지는 경이로우신 분이다. 그분은 어디를 가시든지 경외의 임재와 함께하신다. 나는 경이로움을 느끼지 않을 수 없었다. 예수님 주변에는 어떠한 실수와 허물도 가려질 수 있는 자비가 감돌고 있었다. 지금 예수님은 나를 데리고 하나님 아버지께로 가고 계셨다. 주님의 영광과 인격의 무게가 이전에 경험했던 것과는 사뭇 다른 방식으로 느껴졌다. 예수님이 "내 아버지는 만물보다 크시매"(요 10:29)라고 말씀하신 이유가 무엇인지 알 수 있었다. 나는 하나님의 영광을 목격했다. 베드로는 변화 산에서 예수님과 함께 본 하나님 아버지의 영광에 대하여 지극히 큰 영광이었다고 고백했다(벧후 1:17-18 참조). 하나님 아버지는 예수님의 영광과 성령님의 영광을 훨씬 더 능가하는 영광을 가지셨다. 성경이 하나님의 영광을 가리켜 지극히 큰 영광이라고 말씀하는 이유가 여기에 있다. 하나님 아버지의 영광과 위엄이 지극히 크지 않다면 성경이 무엇 때문에 그렇게 설명하겠는가. 내가 뵌 하나님 아버지는 엄청난 위엄을 가진 분이었다. 이렇게 최초로 하나님 아버지를 만나 뵌 이후로, 나는 그분이 보좌에 앉아계신 모습을 수없이 많이 보았다. 만일 당신이 삼위일체 하나님 안에는 등급이 존재하지 않는다고 생각한다면, 이는 큰 오산이다.

  여호와 하나님께서 내 앞에 계셨다. 나는 그분의 얼굴은 볼 수가 없었다. 그분은 내가 할 수 있는 한 가장 가까이 다가가도록 허락하셨다. 그러나 그분의 임재로부터 나오는 능력과 빛과 영광이 어찌나 압도적이었던지, 나는 오직 그분의 발치까지만 갈 수 있었다. 예수님은 바로 옆에 서계시면서 내가 하나님 아버지로부터 나오는 영광을 잘 견디도록 도와주셨다.

하나님 아버지는 경배받으시기를 무척 좋아하신다
The Father loves worship

나는 최대한 하나님 아버지께 가까이 다가갔다. 나는 그분이 어느 특정한 방식으로 경배와 숭배받으시는 것을 매우 열망하시고 좋아하시는 모습을 보았다. 그분의 모습과 인격을 바라보며 나는 그분이 단순히 찬양 이상의 것을 원하고 계신 것을 알 수 있었다. 그분은 숭배와 흠모와 경배와 영예를 받으시기를 갈망하셨다. 그분은 찬양 그 이상의 것을 원하셨다. 그분은 영과 진리 안에 가시적으로 나타난 참된 예배를 원하셨다. 그분의 보좌 주위에서는 네 생물과 이십사 장로와 천국의 천군들이 계속해서 경배를 드리고 있었다. 그분은 경외감으로 드리는 예배를 원하셨다. 구름들과 연기가 그분을 둘러싸고 있었다. 천국의 천군들이 드리는 경배가 올라감에 따라, 그분의 보좌에서는 천둥과 번개가 쏟아져 나왔다.

전능하신 하나님 여호와께 가까이 다가가다
Approaching the almighty God: Jehovah

나로 말미암지 않고는 아버지께로 올 자가 없느니라 (요 14:6)

예수님이 나를 하나님 아버지께 데려가시다

처음에 나는 하나님 주위를 에워싸던, 태양보다 십억 배 이상은 밝은 빛 사이를 통과해 지나갔다. 뿌연 안개와도 같은 그분의 영광을 지나고, 구름들과 수증기를 지나고, 그분으로부터 방출되어 나오면서 환하게 타오르는 소멸하는 불도 지나갔다. 그분의 보좌로부터 나와서 그분을 감싸고 있는 듯한 번개와 우직거리는 천둥을 지나서 계속해서 전진했다. 아름다운 네 생물 옆으로도 지나갔다. 그들은 큰소리로 이렇게 외쳤다. "거룩하다 거룩하다 거룩하다 주 하나님 곧 전능하신 이여 전에도 계셨고 이제도 계시고 장차 오실 이시라!" 이 천사들은 아름다운 날개들을 가지고 있었다. 그들이 집단적으로 발하는 목소리들은 마치 전능하신 하나님의 목소리처럼 들렸다. 많은 물과 대양과 바다의 소리와도 흡사했다. 나는 아름다운 수정과도 같은 유리 바다를 지나갔다. 유리 바다는 하나님의 보좌 앞으로까지 펼쳐져 있었다. 하나님을 둘러싸고 있는 모든 영광을 통과했다. 하나님의 보좌 앞에서 경배를 드리는 이십사 장로 곁으로도 지나갔다. 그리고 드디어 하나님을 뵙게 되었다. 이 모든 것을 통과하고 난 다음에, 나는 인격이신 그분을 뵈었다.

하나님 아버지께 소개되다
Being introduced to the Father

예수님의 눈은 불꽃들이었다. 주님은 하나님 아버지를 보여주시려고 나를 데리고 하나님 아버지를 둘러싼 이 모든 외부적인 요소를 통과하시고 넘어가셨다. 우리가 이 모든 것을 지나왔을 때, 하나님 아버지께서 나를 안쪽으로 들어오도록 허락하셨다. 그곳에 하나님이 계셨다. 내가 서있는 곳에는 예수님과 하나님 아버지 외에는 아무도 없었다. 하나님 아버지는 사랑이셨다. 그분은 친구셨다. 하나님 아버지는 나로 하여금 그분의 임재에 수반된 이 모든 외부적인 경이로운 현상을 통과케 하시고, 마침내 주님의 인격을 직접 볼 수 있도록 허락하셨다. 그분은 인격(Person)이시다. 잠시 후 전능하신 분의 목소리가 말씀을 시작하셨다.

> 내가 너로 하여금 나와 관련된 이 모든 국면을 통과케 하여 이곳으로 데려왔다. 어떤 이들은 세상에서 평생을 살아도 결코 나를 인격이나 친구로 보지 못하고 이해하지 못하기도 한다. 데이비드야, 네 아버지인 나도 사람의 친구가 되기를 갈망하고 있단다. 나는 네 친구다. 너는 나와 친밀해지기를 몹시 바라고 있지.

그런 네 마음이 내 마음을 감동시켰단다. 이제까지 너는 줄곧 나를 추구했다. 너는 나와의 궁극적인 우정을 원했다. 이제 드디어 너는 나를 찾아냈고 나를 친구로 얻게 되었다. 네가 돌아가면 더 많은 네 형제자매를 이끌어 나를 친구로서 인격적으로 아는 이 자리에 올 수 있도록 해주어라. 그들이 단지 겉으로 드러나는 내 영광의 가시적인 현상과 빛에만 머물지 말고 그 너머에 있는 이 자리까지 들어올 수 있도록 해주어라. 이 책임을 네게 맡기겠다. 데이비드야, 나를 단지 아버지나 왕, 구세주나 황제, 하나님 혹은 주님으로만 알지 않고 친구로서 안다는 것은 인간이 나와 누릴 수 있는 가장 큰 영예란다. 이제 세상으로 돌아가 이 영역에서 열매를 산출할 책임을 네게 위임하겠다.

그런 다음 갑자기 하나님 아버지는 예수님의 바로 옆 한 아름다운 자리를 내게 보여주셨다. 그 자리는 주님의 오른편에 있었는데 다른 수많은 자리 중의 하나였다. 몹시도 아름답고 영광스러워 보이는 자리였다. 잠시 후 하나님 아버지의 목소리가 들려왔다. "내 아들을 향한 네 사랑은 나마저 감동시켰단다. 그리하여 나는 내 아들 바로 옆에 있는 이 오른편 자리를 너만을 위해 천국에 영원토록 예비해두었단다." 나는 이 자리가 지난 1997년에 예수님이 찾아오셔서 보여주신 오른편 자리와 동일하다는 것을 알 수 있었다. 그때의 방문에 관해서는 이전에 언급한 바 있다. 몇 년이 흐른 지금 이 순간, 주님은 예수님과 친밀함을 주고받을 수 있는 이 오른편 자리를 두 번째로 보여주셨다.

그러나 이번에는 하나님 아버지께서 직접 소개하셨다. 나는 주님의 오른편 자리를 다시 보게 되어 정말 기뻤다. 주님이 말씀을 마치시자, 나는 돌아가기 위해 다시금 눈부신 빛과 영광, 불, 전기, 번개 등을 통과해 지나갔다. 우리는 계속해서 천둥, 음성들이 만들어내는 소리들, 아름다운 외침들, 주님을 둘러싸고 있는 형언할 수 없는 찬란함 등을 통과했다. 그런 다음에 주님은 내게 한 성경 구절을 계시하셨다. "오직 그에게만 죽지 아니함이 있고 가까이 가지 못할 빛에 거하신다." 주님의 보좌와 주님의 몸을 둘러싼 이 모든 것은 주님이 아니었다. 하나님 아버지는 빛 가운데에 거하신다. 사람은 오직 예수님을 통해서만 하나님 아버지께로 가까이 갈 수 있다.

불멸하시는 하나님의 빛과 영광 이면에
Behind the light of His immortality and glory

나는 혼자의 힘으로는 결코 하나님 아버지께로 가까이 갈 수 없었다. 내가 인격이신 하나님을 참모습 그대로 더 친밀하게 볼 수 있으려면, 예수님이 하나님 아버지를 둘러싼 이 모든 것의 휘장 너머로 나를 데려다 주셔야만 했다. 그분은 사랑이시고 내게는 친구이시다. 하나님 아버지의 임재로부터 발산되는 이 영광의 영역을 벗어나서 돌아오는 길에, 예수님은 내게 말씀을 시작하셨다. 그런데 이번에는 마치 하나님 아버지께서 일인칭 목소리로 예수님을 통해 예언적으로 말씀하시는 것만 같았다. "타락 이전의 아담과 우리와의 관계가 바로 이러했단다. 데이비드야, 아담은 나를 이런 식으로 경험했었다. 이제 너는 내 아들이 십자가를 통해 맺은 피의 언약 덕분에 우리와 이런 식의 관계를 주고받을 수 있게 되었단다." 확실히 예수님이 말씀하기는 하셨지만, 하나님 아버지께서 주님의 목소리를 통해 예언적인 말씀을 들려주고 계신 듯했다. 이때 예수님과 나는 하나님 아버지의 임재에서 발산되는 이 영광의 영역 밖으로 걸어 나오는 중이었다. 그 순간 나는 성경에 나오는 "나로 말미암지 않고는 아버지께로 올 자가 없느니라"(요 14:6 참조)는 예수님의 말씀을 더 깊이 깨닫게 되었다. 우리가 하나님 아버지와 이러한 관계를 누릴 수 있게 해주신 분은 예수님이다. 죄로 말미암아 우리는 아담과 하와가 에덴동산에서 누렸던 하나님의 임재를 더 이상 경험하거나 즐길 수 없다. 예수님이 오신 것은 우리가 다시 전능하신 하나님의 임재 가운데로 들어갈 수 있는 길을 회복시키기 위함이었다. 우리 주 예수 그리스도의 아버지이신 전능하신 하나님이 나를 친구이며 선택받은 자라고 불러주셨다. 당신도 나와 동일한 경험을 할 수 있다. 당신도 나처럼 예수님과 하나님 아버지와의 만남들과 방문들로 점철된 특별한 삶을 살 수 있다. 이 차원은 단지 관계에 관한 것이 아니라 삶 그 자체다. 이는 인격이신 하나님과 누리는 풍성한 삶이다. 여러 해 동안 나는 예수님을 매우 열정적으로 사랑하며 살았다. 내가 주님의 징계를 견딜 수 있었던 것도 바로 사랑 때문이었다. 나는 주님을 향한 마음이 식지 않아야겠다고 다짐했다. 주님은 나를 아들로서 다루어주셨다. 주님은 나를 성숙한 자가 되게 해주셨다. 주님의 심판들을 통과함으로써 나는 주님과 아들 됨의 관계 안으로 들어갔다. 예수님은 수많은 나타나심을 통해 내 삶에서 여러 일을 행하시며 계속해서 나를 하나님 아버지 앞에 설 수 있는 자로 준비시키셨다. 주님은 나를 아들로서 대우하셨다. 주님은 나로 하여금 성숙의 과정을 통과케 하셨다.

하나님 아버지와 누린 팔 년간의 지극한 행복
Eight years of bliss with the Father

마침내 주님은 나를 새로운 체험의 단계로 이동시키셨다. 나는 하나님의 아들이신 주님과의 관계를 넘어서, 이제는 하나님 아버지와 친밀함을 주고받는 수준으로 옮겨갔다. 무엇이 이보다 더 좋을 수 있을까? 이후 팔 년간 나는 주님과 지속적인 만남을 경험했다. 그러나 이제부터는 예수님과만 얼굴을 대면하는 것에 그치지 않고, 하나님 아버지와의 만남도 시작되었다. 예수님이 요한복음에서 말씀하신 대로 성부 하나님과 성자 예수님이 모두 나에게 오셔서 나와 함께 살고 계신다.

> 예수께서 대답하여 이르시되 사람이 나를 사랑하면 내 말을 지키리니 내 아버지께서 그를 사랑하실 것이요 우리가 그에게 가서 거처를 그와 함께 하리라 (요 14:23)

미주

01

1. Strong's Concordance, "mathetas," #3101, www.eliyah.com/lexicon.html.
2. Strong's Concordance, "austeros," #840, www.eliyah.com/lexicon.html.
3. Strong's Concordance, "agonizomai," #75, www.eliyah.com/lexicon.html.
4. Strong's Concordance, "zeteo," #2212, www.eliyah.com/lexicon.html.
5. Rick Renner, *Sparkling Gems from the Greek* (Dayton, OH: Teach All Nations, Publi-sher, 2003).
6. Strong's Concordance, "zealous," www.eliyah.com/lexicon.html.

02

7. Strong's Concordance, "phaneros," #5318, www.eliyah.com/lexicon.html. My Trip to Heaven TEXT.indd 217 12/29/10 2:41 PM My Trip to Heaven 218
8. Strong's Concordance, "eidos," #1491, www.eliyah.com/lexicon.html.
9. Strong's Concordance, "grace," #5485, www.eliyah.com/lexicon.html.
10. Benny Hinn, *Good Morning Holy Spirit* (Nashville, TN: Thomas Nelson, 2004).

03

11. Kenneth E. Hagin, *Plans, Purposes, and Pursuits* (Broken Arrow, OK: Faith Library Publications, 1988).
12. Rick Joyner, *The Final Quest* (Ft. Mill, SC: Morning Star Publishing Co.).
13. Strong's Concordance, "spoudaz," www.eliyah.com/lexicon.html.

05

14. Strong's Concordance, "epiphanies," #2016, www.eliyah.com/lexicon.html.
15. T.L. Osborn, *Healing the Sick* (Tulsa, OK: Harrison House, 1986).

06

16. Merriam Webster Online, "desecrate," merriam-webster.com.

07

17. Strong's Concordance, "dexios," #1188, www.eliyah.com/lexicon.html.
18. Rick Joyner, *The Final Quest* (Ft. Mill, SC: Morning Star Publishing Co.), 140.
19. Ibid.

순전한 나드 도서안내   02-574-6702

No.	도서명	저자	정가
1	강력한 능력전도의 비결	체 안	11,000
2	광야에서의 승리(개정판)	존 비비어	10,000
3	교회, 그 연합의 비밀	프랜시스 프랜지팬	10,000
4	교회를 뒤흔드는 악령을 대적하라	프랜시스 프랜지팬	5,000
5	교회를 어지럽히는 험담의 악령을 추방하라	프랜시스 프랜지팬	5,000
6	그리스도인의 삶의 비결	진 에드워드	8,000
7	기름부으심	스미스 위글스워스	8,000
8	꿈을 통해 말씀하시는 하나님	헤피만 리플	10,000
9	날마다 하나님께로 더 가까이	존 비비어	13,000
10	내 백성을 자유케 하라	허철	10,000
11	내게 신선한 기름을 부으셨나이다	허철	9,000
12	내어드림	페늘롱	7,000
13	다가온 예언의 혁명	짐 골	13,000
14	다가올 전환	래리 랜돌프	9,000
15	당신도 예언할 수 있다	스티브 탐슨	12,000
16	당신은 예수님의 재림에 준비가 되어 있습니까?	메릴린 히키	13,000
17	당신은 치유받기 원하는가	체 안	8,000
18	당신의 기도에 영적 권위가 있습니까?	바바라 윈트로블	9,000
19	더넓게 더깊게	메릴린 앤드레스	13,000
20	동성애 치유될 수 있는가?	프랜시스 맥너트	7,000
21	두려움을 조장하는 악령을 물리치라	드니스 프랜지팬	5,000
22	마지막 시대에 악을 정복하는 법	릭 조이너	9,000
23	마켓플레이스 크리스천(개정판)	로버트 프레이저	9,000
24	무시되어 온 축복의 통로	존 비비어	6,000
25	믿음으로 질병을 치유하라(개정판)	T.L. 오스본	20,000
26	부서트리고 무너트리는 기름 부으심	바바라 J. 요더	8,000
27	부자 하나님의 부자 자녀들	T.D 제이크	8,000
28	사도적 사역	릭 조이너	12,000
29	사랑하는 자가 병들었나이다	허 철	8,000
30	사사기	잔느 귀용	7,000
31	사업을 위한 기름 부으심(개정판)	에드 실보소	10,000
32	상한 마음을 치유하는 기도	마크 버클러	15,000
33	상한 영의 치유1	존&폴라 샌드포드	17,000
34	상한 영의 치유2	존&폴라 샌드포드	13,000
35	성령님을 아는 놀라운 지식	허 철	10,000
36	세계를 변화시키는 능력	릭 조이너	10,000
37	속사람의 변화 1	존&폴라 샌드포드	11,000
38	속사람의 변화 2	존&폴라 샌드포드	13,000
39	신부의 중보기도	게리 윈스	11,000
40	십자가의 왕도	페늘롱	8,000
41	아가서	잔느 귀용	11,000
42	악의 속박으로부터의 자유	릭 조이너	9,000
43	어머니의 소명	리사 하텔	12,000
44	여정의 시작	릭 조이너	13,000
45	영광스러운 교회에 보내는 메시지 1	릭 조이너	10,000
46	영광스러운 교회에 보내는 메시지 2	릭 조이너	10,000
47	영분별	프랜시스 프랜지팬	3,500
48	영으로 대화하시는 하나님	래리 랜돌프	8,000
49	영적 전투의 세 영역(개정판)	프랜시스 프랜지팬	10,000
50	예레미야	잔느 귀용	6,000
51	예수 그리스도와의 친밀함	잔느 귀용	7,000
52	예수님 마음찾기	페늘롱	8,000
53	예수님을 닮은 삶의 능력	프랜시스 프랜지팬	9,000
54	예수님을 향한 열정(개정판)	마이크 비클	12,000
55	요한계시록	잔느 귀용	11,000
56	인간의 7가지 갈망하는 마음	마이크 비클	11,000
57	저주에서 축복으로	데릭 프린스	6,000

PURE NARD BOOKS

No.	도서명	저자	정가
58	주님! 내 눈을 열어주소서	게리 오츠	8,000
59	주님, 내 마음을 열어주소서	캐티 오츠/로버트 폴 램	9,000
60	지구상에서 가장 강력한 기도	피터 호로빈	7,500
61	지금은 싸워야 할 때	프랜시스 프랜지팬	8,000
62	천국경제의 열쇠	샨 볼츠	8,000
63	천국방문〈개정판〉	애나 로운튜리	11,000
64	축사사역과 내적치유의 이해 가이드	존&마크 샌드포드	18,000
65	출애굽기	잔느 귀용	10,000
66	하나님과 동행하는 사람들〈개정판〉	샨 볼츠	9,000
67	하나님과 사람에게 더욱 사랑스러운 자	듀안 벤더 클럭	10,000
68	하나님과의 연합	잔느 귀용	7,000
69	하나님으로부터 오는 능력	찰스 피니	9,000
70	하나님을 연인으로 사랑하는 즐거움	마이크 비클	13,000
71	하나님의 마음에 합한 사람	마이크 비클	13,000
72	하나님의 심정 묵상집	페늘롱	8,500
73	하나님의 아름다움을 바라보는 축복	허 철	10,000
74	하나님의 요새	프랜시스 프랜지팬	8,000
75	하나님의 음성을 듣는 방법〈개정판〉	마크&패티 버클러	15,000
76	하나님의 장군의 일기	잔 G. 레이크	6,000
77	항상 배가하는 믿음	스미스 위글스워스	10,000
78	항상 부족함이 없으리로다	하이디 베이커	8,000
79	혼동으로부터의 자유	릭 조이너	5,000
80	혼의 묶임을 파쇄하라	빌&수 뱅크스	10,000
81	화 있을진저 외식하는 서기관과 바리새인들	존 비비어	8,000
82	횃불과 검	릭 조이너	8,000
83	21C 어린이 사역의 재정립	베키 피셔	13,000
84	금식이 주는 축복	마이크 비클&다나 캔들러	12,000
85	승리하는 삶	릭 조이너	12,000
86	부활	벤 R. 피터스	8,000
87	거절의 상처를 치유하시는 하나님	데릭 프린스	6,000
88	그리스도의 제사장적 신부	애나 로운튜리	13,000
89	마귀의 출입구를 차단하라	존 비비어	13,000
90	통제 불능의 상황에서도 난 즐겁기만 하다	리사 비비어	12,000
91	어린이와 십대를 위한 축사사역	빌 뱅크스	11,000
92	알려지지 않은 신약성경 교회 이야기	프랭크 바이올라	12,000
93	빛은 어둠 속에 있다	패트리샤 킹	10,000
94	가족을 위한 영적 능력	베벌리 라헤이	12,000
95	목적으로 나아가는 길	드보라 조이너 존슨	8,000
96	컴 투 파파	게리 윈스	13,000
97	러쉬 아워	슈프레자 싯홀	9,000
98	그리스도 안에 거하는 삶	앤드류 머레이	10,000
99	지도자의 넘어짐과 회복	웨이드 굿데일	12,000
100	하나님의 일곱 영	키이스 밀러	13,000
101	너희 지체를 의의 병기로 하나님께 드리라	허 철	8,000
102	신부	론다 캘혼	15,000
103	추수의 비전	릭 조이너	8,000
104	하나님이 이 땅 위를 걸으셨을 때	릭 조이너	9,000
105	하나님의 집	프랜시스 프랜지팬	11,000
106	도시를 변화시키는 전략적 중보기도	밥 하트리	8,000
107	왕의 자녀의 초자연적인 삶	빌 존슨 & 크리스 밸러턴	13,000
108	초자연적 능력의 회전하는 그림자	줄리아 로렌 & 빌 존슨 & 마헤쉬 차브다	13,000
109	언약기도의 능력	프랜시스 프랜지팬	8,000
110	꿈의 언어	짐 골 & 미쉘 앤 골	13,000
111	믿음으로 산 증인들	허 철	12,000
112	욥기	잔느 귀용	13,000
113	포로들을 해방시키라	앨리스 스미스	13,000
114	나라를 변화시킨 비전: 윌리엄 테넌트의 영적인 유산	존 한센	8,000

No.	도서명	저자	정가
115	세상을 다스리는 권세의 회복	레베카 그린우드	10,000
116	예언적 계약, 잇사갈의 명령	오비 팍스 해리	13,000
117	창세기 주석	잔느 귀용	12,000
118	하나님의 강	더치 쉬츠	13,000
119	당신의 운명을 장악하라	알렌 키란	13,000
120	용서를 선택하기	존 로렌 & 폴라 샌드포드 & 리 바우먼	11,000
121	자살	로렌 타운젠드	10,000
122	레위기/민수기/신명기 주석	잔느 귀용	12,000
123	그리스도인의 영적혁명	패트리샤 킹	11,000
124	초자연적 중보기도	레이첼 힉슨	13,000
125	꿈과 환상들	조 이보지	12,000
126	나는 하나님의 음성을 듣는다	킴 클레멘트	11,000
127	엘리야의 임무	존 & 폴라 샌드포드	13,000
128	하나님의 초자연적인 능력	바비 코너	11,000
129	거룩과 진리와 하나님의 임재	프랜시스 프랜지팬	9,000
130	사랑하는 하나님	마이크 비클	15,000
131	천사와의 만남	짐 골 & 미쉘 앤 골	12,000
132	과거로부터의 자유	존 & 폴라 샌드포드	13,000
133	일곱 교회 이기는 자에게 주시는 축복	허 철	9,000
134	은밀한 처소	데일 파이프	13,000
135	일곱 산에 관한 예언	조니 앤로우	13,000
136	일터에 영광이 회복되다	리차드 플레밍	12,000
137	악의 삼겹줄을 파쇄하라	샌디 프리드	11,000
138	초자연적 경험의 신비	짐 골 & 줄리아 로렌	13,000
139	웃겨야 살아난다	피터 와그너	8,000
140	폭풍의 전사	마헤쉬 & 보니 차브다	13,000
141	천국 보좌로부터 온 전략	샌디 프리드	11,000
142	영향력	윌리엄 L. 포드 3세	11,000
143	속죄	데릭 프린스	13,000
144	신의 성품에 참예하는 자	허 철	8,000
145	예언, 꿈, 그리고 전도	덕 애디슨	13,000
146	아가페, 사랑의 길	밥 멈포드	13,000
147	불타오르는 사랑	스티브 해리슨	12,000
148	그 이상을 갈망하라!	랜디 클락	13,000
149	순결	크리스 밸러턴	11,000
150	능력, 성결, 그리고 전도	랜디 클락	13,000
151	종교의 영	토미 펨라이트	11,000
152	예기치 못한 사랑	스티브 J. 힐	10,000
153	모르드개의 통곡	로버트 스턴스	13,500
154	예언사전	폴라 A. 프라이스	28,000
155	1세기 교회사	릭 조이너	12,000
156	예수님의 얼굴	데이비드 E. 테일러	13,000
157	토기장이 하나님	마크 핸비	8,000
158	존중의 문화	대니 실크	12,000
159	제발 좀 성장하라!	데이비드 레이븐힐	11,000
160	정치의 영	파이살 말릭	12,000
161	이기는 자의 기름 부으심	바바라 J. 요더	12,000
162	치유 사역 훈련 지침서	랜디 클락	12,000

모닝스타 코리아 저널 morningstar KOREA JOURNAL

No.	도서명	저자	정가
1	모닝스타저널 제1호	릭 조이너 외	7,000
2	모닝스타저널 제2호	릭 조이너 외	7,000
3	모닝스타저널 제3호 승전가를 울릴 지도자들	릭 조이너 외	7,000
4	모닝스타저널 제4호 하나님의 능력	릭 조이너 외	7,000
5	모닝스타저널 제5호 믿음과 하나님의 영광	릭 조이너 외	7,000
6	모닝스타저널 제6호 성숙에 이르는 길	릭 조이너 외	7,000
7	모닝스타저널 제7호 마지막 때를 위한 나침반	릭 조이너 외	7,000
8	모닝스타저널 제8호 회오리 바람	릭 조이너 외	8,000
9	모닝스타저널 제9호 하늘 위의 선물	릭 조이너 외	8,000
10	모닝스타저널 제10호 천상의 언어	릭 조이너 외	8,000
11	모닝스타저널 제11호 신의 성품에 참예하는 자	릭 조이너 외	8,000
12	모닝스타저널 제12호 언약의 사람들	릭 조이너 외	8,000
13	모닝스타저널 제13호 열린 하나님의 나라	릭 조이너 외	8,000
14	모닝스타저널 제14호 하나님 나라의 능력	릭 조이너 외	8,000
15	모닝스타저널 제15호 하나님 나라의 복음	릭 조이너 외	8,000
16	모닝스타저널 제16호 성령 안에서 사는 삶	릭 조이너 외	8,000
17	모닝스타저널 제17호 성령 충만한 사역	릭 조이너 외	8,000
18	모닝스타저널 제18호 초자연적인 세계	릭 조이너 외	8,000
19	모닝스타저널 제19호 하늘을 이 땅으로 이끌어내다	릭 조이너 외	8,000
20	모닝스타저널 제20호 견고한 토대 세우기	릭 조이너 외	8,000
21	모닝스타저널 제21호 부서지는 세상에서 견고히 서기	릭 조이너 외	8,000
22	모닝스타저널 제22호 소집령	릭 조이너 외	8,000
23	모닝스타저널 제23호 성도들을 구비시키라	릭 조이너 외	8,000
24	모닝스타저널 제24호 자유의 투사들	릭 조이너 외	8,000
25	모닝스타저널 제25호 땅을 차지하기	릭 조이너 외	8,000
26	모닝스타저널 제26호 도래할 시기를 준비하라	릭 조이너 외	8,000
27	모닝스타저널 제27호 하나님을 즐거워하라	릭 조이너 외	8,000
28	모닝스타저널 제28호 하나님을 영화롭게 해야 할 이유	릭 조이너 외	8,000

※모닝스타 코리아 저널은 한정판으로 출간되기 때문에 품절될 경우 구매하실 수가 없습니다. 그러므로 **품절 여부**를 확인하신 후 구매하시기 바랍니다.